U0500939

古代地图中的图像与历史

任昳霏·著

·陕西舆图（局部）·第一轴

陕西舆图

清康熙年间，绢底彩绘本，
五轴拼成一幅，256cm×321cm

本图系清代康熙年间绘制的陕西省普通区域地图。地图采用上南下北，左东右西的图向。所绘范围包括今陕西省全境、甘肃省大部、青海省东部及宁夏回族自治区大部地区。《陕西舆图》采用中国古代地图传统形象画法绘制，画工精细，色彩绚丽，详实地反映了清康熙年间西北地区历史地理、交通军事等情况，是中国古代大型分省地图的优秀代表。陕西舆图第一轴所绘区域，以黄河作为山西、陕西分界，展现黄河以西陕西省东部地图的山川地貌。巍巍秦岭位于画面的最上方，成为南北方分界的地标。蜿蜒长城位于画面的下方，成为游牧与农耕分界的地标。

• 陕西舆图（局部）• 第一轴

金頂

均州附近名胜图

清前期，绢底彩绘本，一幅，

36cm×633cm

本图是一幅采用传统形象画法绘制的巡幸道路地图，形象精细地画出从襄阳府城至武当山的巡幸路程，反映了清代前期一次未能实现的帝王巡幸计划。图上山水、寺庙、古塔等名胜古迹绘制详细，色彩艳丽。《均州附近名胜图》描绘了清代前期汉江中游一带的水陆通道，是学术界研究清代帝王巡幸路程规划的一手资料。《均州附近名胜图·武当山金顶附近》画出了武当山主峰天柱峰上的大岳太和宫，形象地展示了武当山雄险奇峻的地势。

•均州附近名胜图（局部）•武当山金顶附近

黑龙江东部屯垦图

清咸丰七年（1857），彩绘本，一幅，57cm×79cm

《黑龙江东部屯垦图》是清代官方调查黑龙江将军下辖呼兰地方荒地情况的地图，反映了咸丰年间招民屯垦政策艰难起步的历史进程。咸丰七年，黑龙江将军奕山委派萨英额等人实地踏查，并绘制荒地调查示意图，上奏给咸丰皇帝。此图采用山水形象画法，以河流水系为纲，以林地山脉为辅，主要绘制出清代黑龙江将军下辖呼兰地区的山川形势、驿路交通、城池卡伦等地理要素。地图整体画风简约淡雅，符合清代中后期官绘地图风格。随图应另有实地调查的文字说明或奏折。

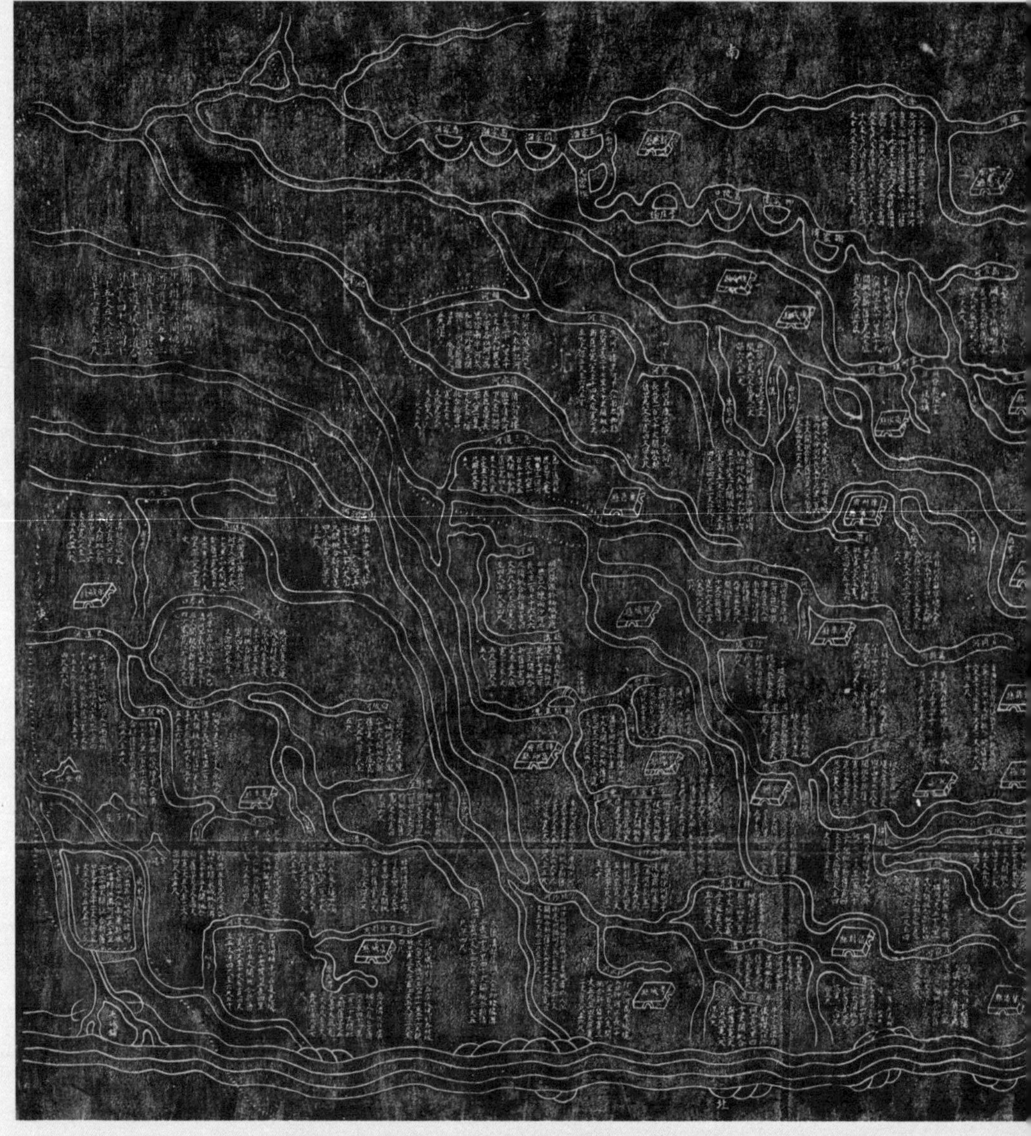

开归陈汝四府治河图

清乾隆三十三年（1758）刻石，旧拓本，

一幅，84cm×159cm

《开归陈汝四府治河图》旧拓本，展示了乾隆二十二年至二十三年豫东水患治理的成果。此次豫东水患，与乾隆皇帝第二次南巡的历史事件有关。此图用简略的线条和符号刻绘了乾隆年间开封府、归德府、陈州府、汝宁府以及许州、汝州等周边地区，共四十一个州县的河流形势，是我们了解乾隆年间豫东水道的珍贵史料。乾隆皇帝主导此次治水工程，采用以疏导干流，排解洪水为主，辅以新开沟渠引流水源，以供农耕的做法。此次治水在极短的时间内完成，成为乾隆朝应对水患的经典案例，为后世豫东治水提供借鉴。

• 开归陈汝四府治河图（局部）

湖南西路常辰沅靖河图

清光绪年间，李洪斌绘，彩绘本，一幅，57cm×95cm

全图采用山水形象画法，绘出注入洞庭湖的两条支流——沅江和湘江。两条河流流经山脉、平原、各级治所等，均细致标绘。此图与相关公文搭配上呈相关衙门，折成奏事文书的形式，并在图背贴红签，题写图名。从画面来看，地图所绘的区域，以洞庭湖为界，右半部分展现的是沅江流经地区的山川地貌、河道支流、行政建置，左半部分展现的是湘江下游湘潭至洞庭湖之间，流经地区的山川地貌和行政建置。除此之外，此图对沅江和湘江下游的描绘具有重沅江、轻湘江的特点，以晚清湖南西路为主体，重点标注沅江沿途水师驻防情况。

• 湖南西路常辰沅靖河图（局部）• 沅江河道

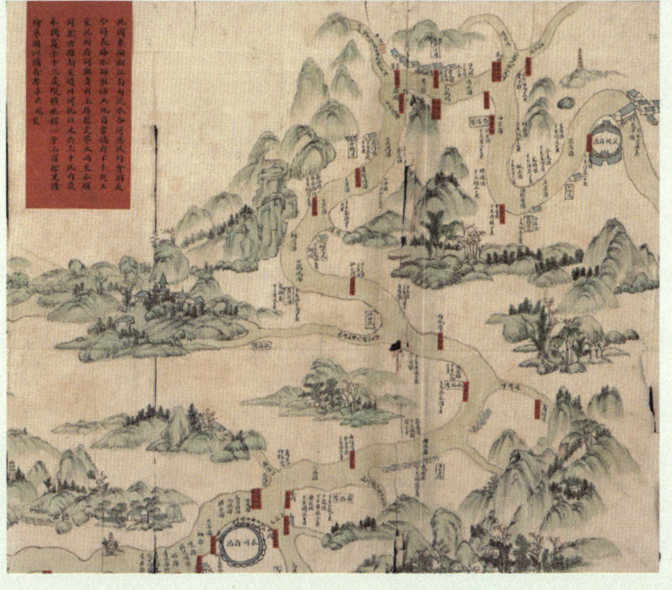

• 海运全图（局部）

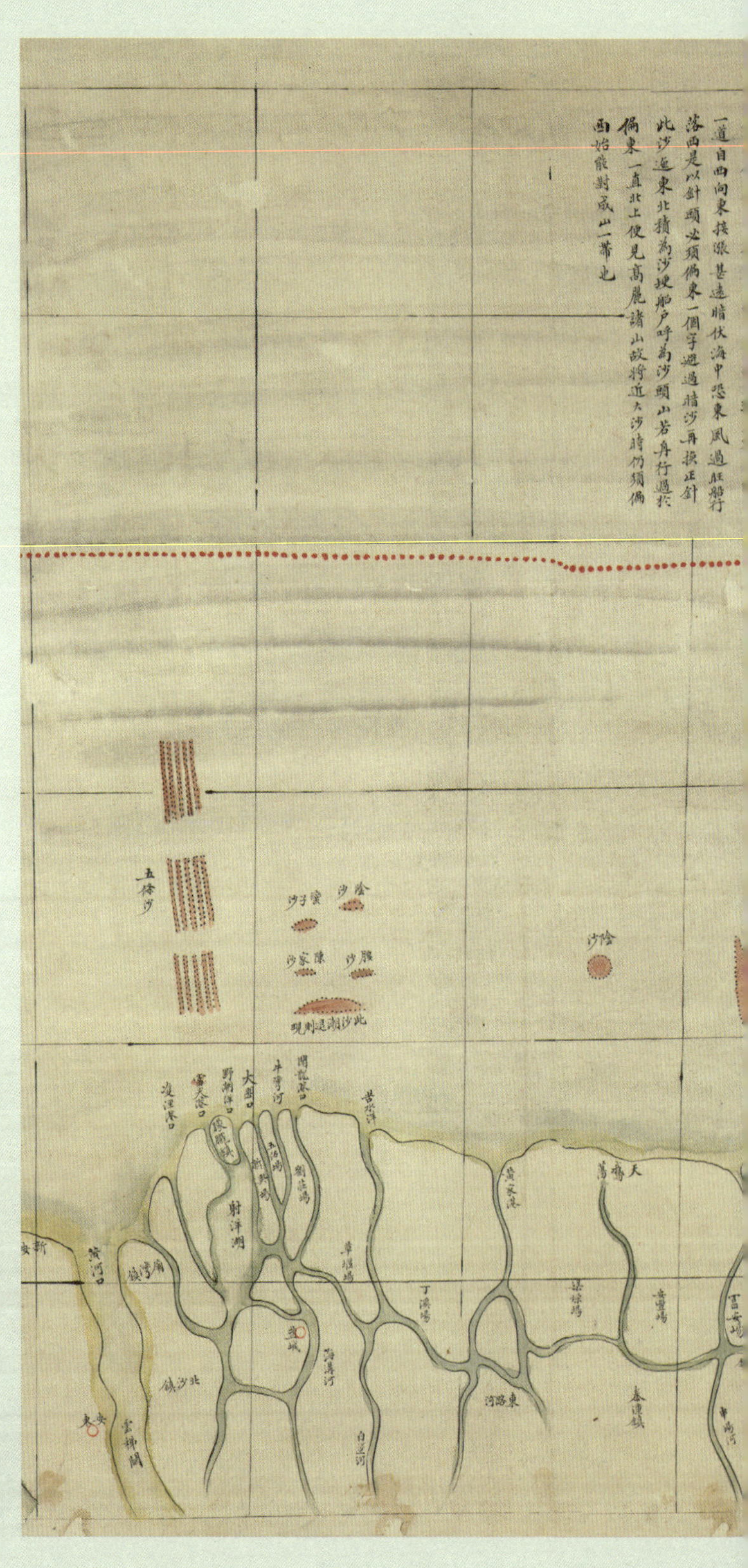

海运全图

清同治十三年（1874），
胡振馨绘，彩绘本，
一幅，45cm×126cm

《海运全图》是道光年间试行海运之后绘制的漕粮海运地图，系画者胡振馨根据其父胡德璐所绘海运图摹绘而成，遵循上东下西，左北右南的图向，画面视角海洋在上，陆地在下。此图采用形象与示意相结合的画法，画出南自钱塘江口，北至辽东漫长海岸线的走势，并标绘沿岸的沙洲、岛屿及海运航线情况。各段海运航路走势、里程和影响航运的关键地点，均附详细图说。图上钤印有“胡振馨印”、“辛斋”、“诵先人之清芬”、“家在黄山白岳间”和“婺原清华胡氏家藏之”。

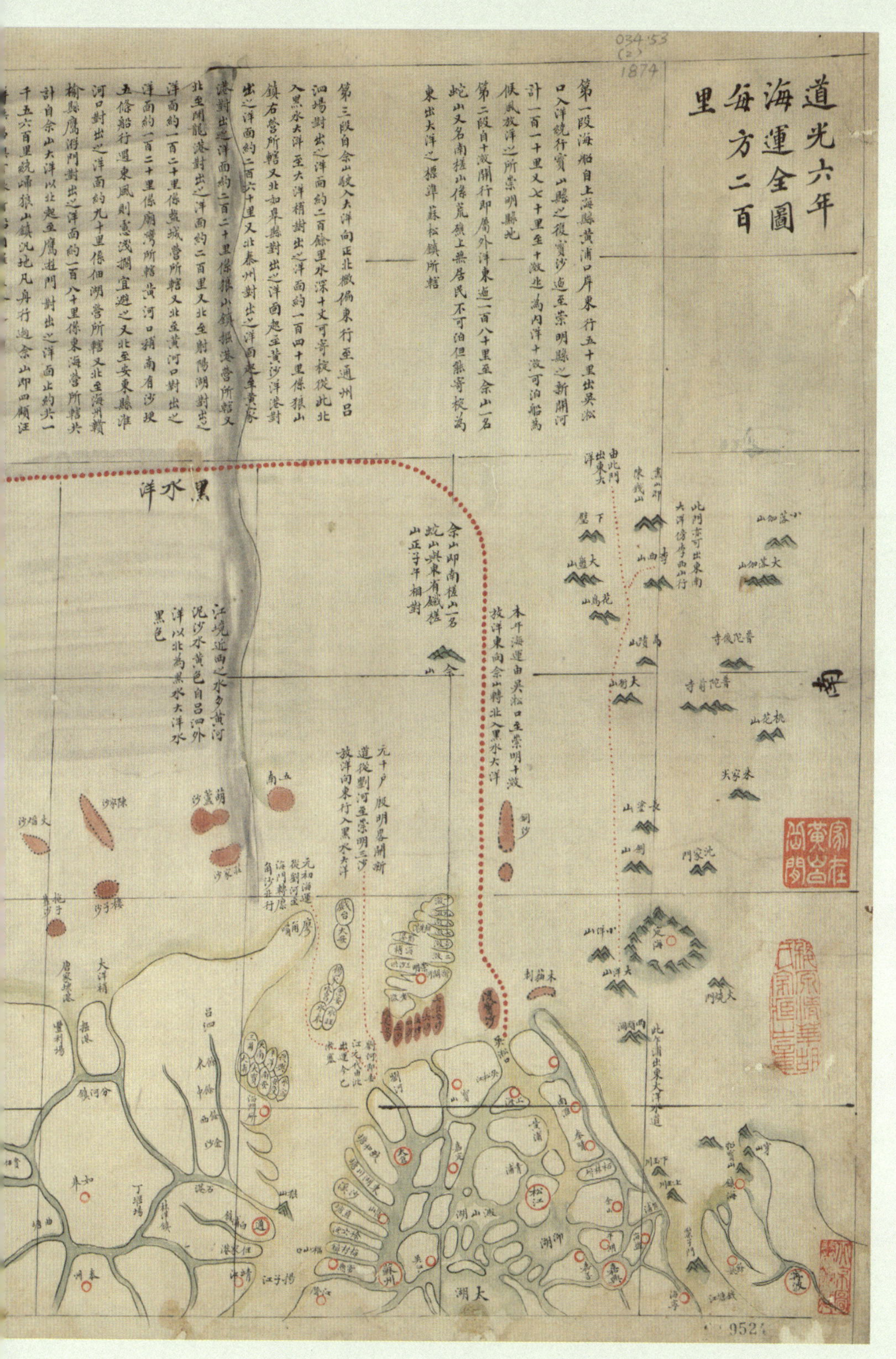
道光六年海運全圖每方二百里
第一段海船自上海縣黃浦口斥東行五十里出吳淞口入洋就行寶山縣之復實沙迤至崇明縣之新開河計一百一十里又七十里至十滧止為內洋十滧可泊船為候風放洋之所崇明縣地
第二段自十滧開行即屬外洋東迤一百八十里至佘山一名蛇山又名南槎山係荒礁上無居民不可泊但能寄椗為東出大洋之標準蘇松鎮所轄
第三段自佘山駛入大洋向正北微偏東行至通州呂泗場對出之洋面約二百餘里水深十丈可寄椗從此北入黑水大洋至大洋稍對出之洋面約一百四十里係狼山鎮右營所轄又北如皋縣對出之洋面起至黃沙洋港對出之洋面約二百六十里又北泰州對出之洋面起至黃家港對出之洋面約二百二十里係狼山鎮掘港營所轄又北至斗龍港對出之洋面約二百里又北至射陽湖對出之洋面約一百二十里係鹽城營所轄又北至黃河口對出之洋面約一百二十里係廟灣所轄黃河口稍南有沙埂五條船行遇東風則慮淺擱宜避之又北至安東縣淮河口對出之洋面約九十里係佃湖營所轄又北至海州贛榆縣鷹游門對出之洋面約一百八十里係東海營所轄共計自佘山大洋以北起至鷹遊門對出之洋面止約共一千五六百里統歸狼山鎮汎地凡舟行過佘山即四顧汪
黑水洋
江境近面之水多黃河泥沙水黃色自呂泗外洋以北為黑水大洋水黑色
佘山即南槎山一名蛇山與東有鐵槎山正子午相對
本年海運由吳淞口至崇明十滧放洋東向佘山轉北入黑水大洋
元十戶殷明略開新道從劉河至崇明三沙放洋向東行入黑水大洋
由此門出東大洋
普陀寺
南
太湖

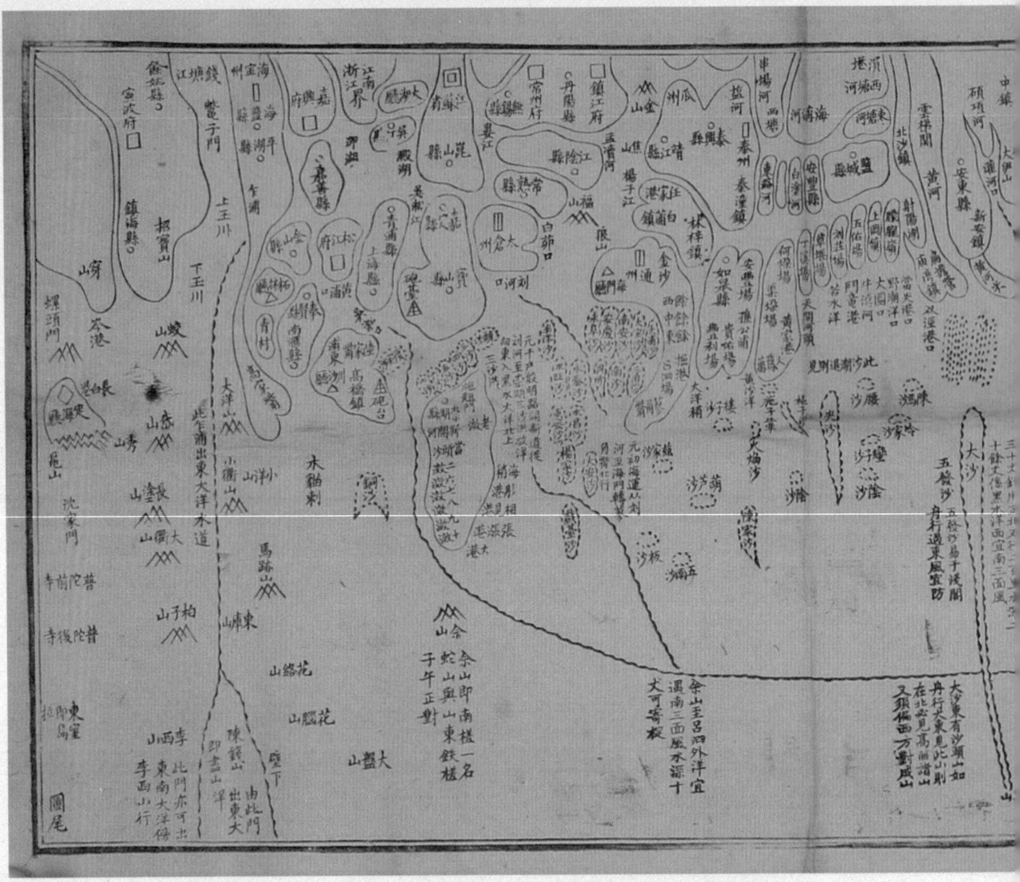

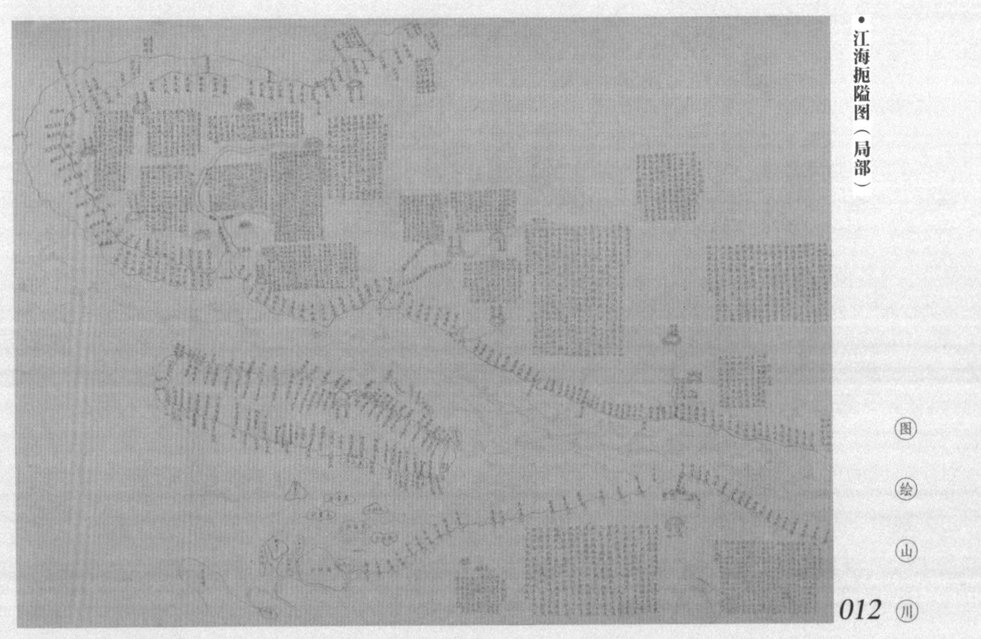

• 江海扼隘图（局部）

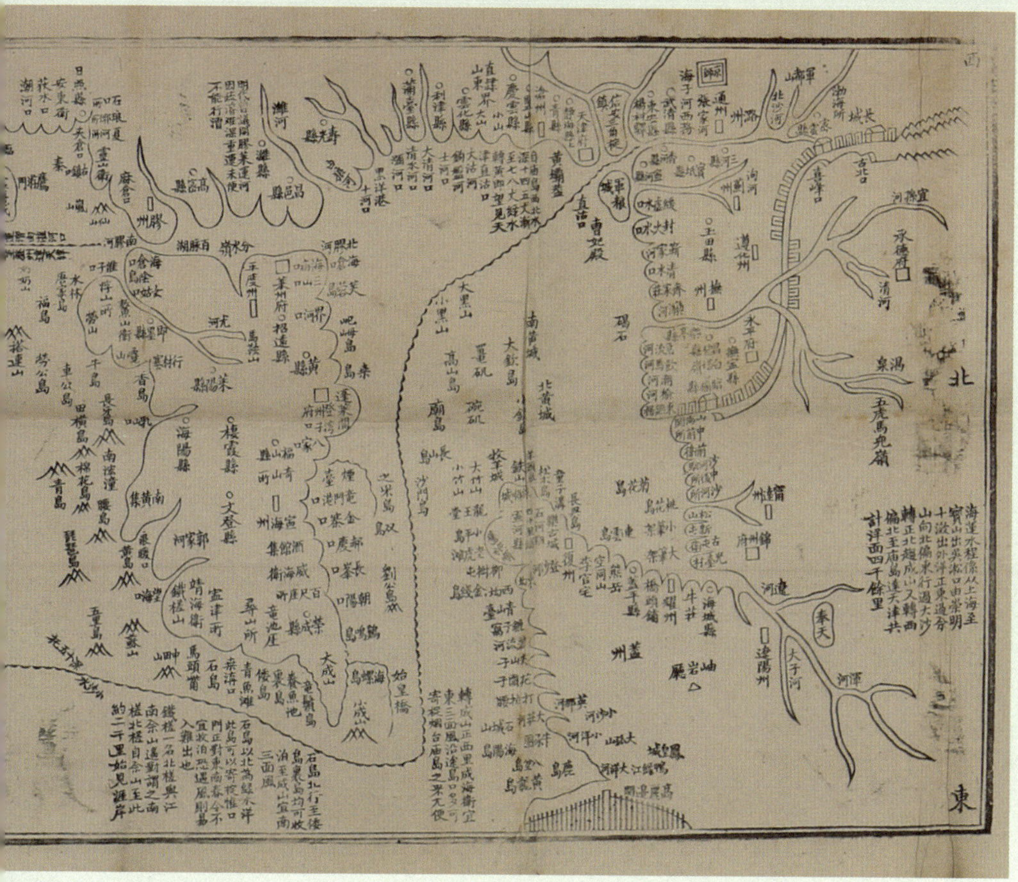

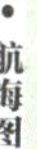

江海扼隘图

清嘉庆十四年（1809），高培源绘，单色绘本，一幅，39.8cm×173cm

《江海扼隘图》采用示意与形象画法相结合的方式，绘制长江入海口的江海形势，反映了嘉庆年间长江口沿岸及近海岛屿的江防海防要塞及各营驻防布局情况。图上要塞布防以缉盗为中心，为主政者提供参考。同时，此图还标绘了长江口沿江的河流走势、港口位置及近海岛屿航路，反映了绘图者主张"海运不可废"的观点，是道光年间重开海运的重要参考。卷首有金石学家翁方纲题写的图名，图末有嘉庆年间陈廷庆、王蔚宗等人跋文十八篇。

航海图

清同治年间，胡凤丹校梓，单色刻印本，一幅，33cm×113.5cm

此图采用形象与示意相结合的画法，绘制道光年间开海运之后的航路走势。《航海图》遵循上西下东，左南右北的图向，画面视角海洋在上，陆地在下。这样的视角符合传统航海地图的视角。图上标绘河流走势、入海口位置、各级行政建置，沿岸军事设施标绘更为细致。

• 江海扼隘图（局部）放大

•大沽沿海至山海关图（局部）•大沽口、北塘附近

大沽沿海至山海关图

清光绪七年（1881），经折装彩绘本，一幅，19cm×177cm

此图采用传统形象画法，绘制光绪年间直隶省辖境内，大沽口至山海关一段的海陆形势。图上，漫长的海岸线、诸河入海口、沿海城池村落、营盘炮台、陆上道路及近海浅滩等地理要素均一一标绘，是晚清时期直隶沿海形势地图的代表。地图首页下贴题签，一面上书图题“大沽沿海至山海关图”，另一面题写地图来源“叶署卿军门赠”。两次鸦片战争之后，清政府决心加强直隶海防。此图的绘制与清政府加强海防，筹备北洋水师的历史背景有关，既反映了同光年间的直隶海防形势，又描绘了海陆交汇地带的航海情况，是我们了解晚清直隶沿海形势的重要图像资料。

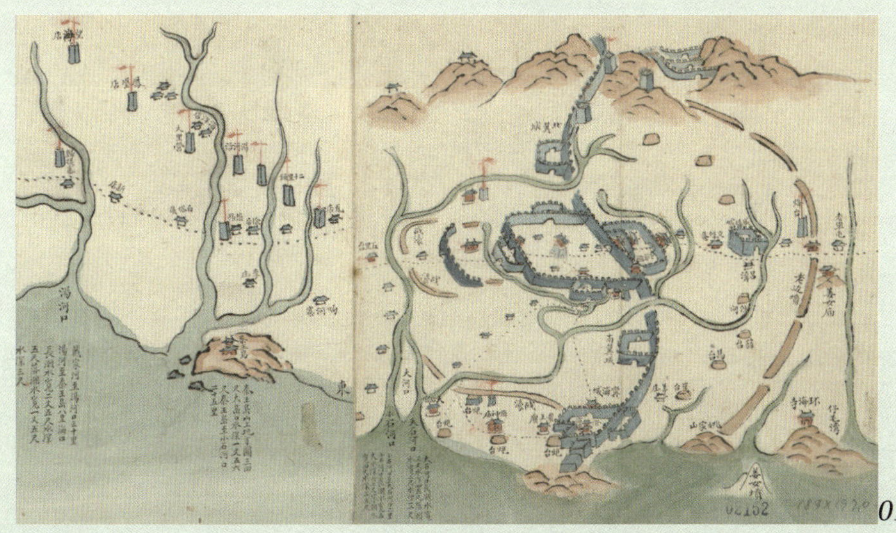

•大沽沿海至山海关图（局部）•山海关附近

•大沽沿海至山海关图（局部）•刘家河口至清河口

前　言

形象画法是中国古代地图最常见的地图绘制方法。以形象画法绘制的地图，见山画山，见水画水，城池、村落散布在山水之间，颇具艺术气息。与实测地图相比，形象画法的地图起源时间更早，表现地形地貌更为直观，成为中国古代地图的主流。魏晋年间，制图学家裴秀总结了以往制图经验，提出地图绘制的基本理论“制图六体”。在此基础上，计里画方的画法逐渐在传统地图中流传下来。计里画方地图比形象画法地图更为精确，但图上地理要素的标绘采用抽象的符号来表示，缺少了山水意境的表达。形象画法比实测画法更容易实现，于是，在传统制图理论形成之后的漫长岁月里，形象画法仍然是传统地图最常用的绘图方法。传统形象画法的地图大都以水系为脉络。历史时期，如果河流水系发生变化，山脉就成为地图绘制中，除水系之外最重要的参照。无论是城池、村落的分布，还是道路走向、区划分界，都以水系、山脉为地理参照物。正因为山与水在传统地图中如此重要，所以流传至今的大部分政区图、综合地理图中，山水几乎成为标配。与此同时，以山水为主题的古代地图，还形成了一个专门的地图分类——山川地图。

由于手绘地图涉及地域广大，绘制极为不易，流传至今的古代地图，基本上都属于明清时期。当我们试图读懂地图，了解地图背后的历史时，却发现这些地图无论是以山川河流为主题的山川地图，还是以传统形象画法绘制的其他门类地图，很多都缺少最基本的著录信息。很难想象，笔画千里，山河意境，洋洋洒洒地布满幅面，我们却不知道这幅地图是什么时候绘制的，绘图的人是谁，绘图人为什么要绘制这幅地图，甚至是地图的名字，我们都不真的了解，所以我们就很难读懂这些地图。正因为如此，考证每幅古代地图的绘制年代、作者、历史背景、绘图缘由，成了必须要做的事情。本书试图将地图的基本信息一一考证，把地图置于当时绘图的历史背景之中去考察。国家图书馆藏中国古代地图，数量庞大，本书以国家图书馆藏古代地图为研究对象，通过考证，试图为读者查阅地图提供基本参考。

然而，由于地图上提供的线索有限，并不是每幅地图的著录信息都能准确判断出来。本书选取著录信息基本清晰的地图和其他图像资料，将每幅地图的考证情况独立成篇，并将部分类别地图的源流谱系进行梳理。根据图像资料展现的内容不同，全书将这些文章分为名山政区、江河湖海及交通工具三个篇章，以示区分。书中涉及的地图，并不只有山川地图，还包含了传统地图的多个门类。除地图之外，清代皇家游览山川园林的舟楫图像，也一并梳理考证。这些图像资料，直观地表现了名山大川的意境，也保存了特定时代背景下的历史事件和地图思想。只有将这些图像与相关文献记载相对应，历史才能更加形象立体地展现出来。

目　录

黑虎廟

胡风与汉家

——《陕西舆图》中的边墙与河西走廊的胡汉表达

一、《陕西舆图》的主要内容

国家图书馆馆藏《陕西舆图》，一幅分切五轴，绢底彩绘本。五轴地图拼成全图，幅面横向长321厘米，纵向宽256厘米。此图采用传统青绿山水画法，浓墨重彩地画出明代陕西布政使司的辖区范围，包括现在陕西省全境、甘肃省大部、青海省东部及宁夏回族自治区的大部地区。全图采用上南下北、左东右西的图向，画工精细，色彩绚丽，真实描绘了明清时期西北地区地形地势、城池位置、交通驿路、军事驻守等情况。《陕西舆图》是中国古代大型分省政区地图的经典之作。

元明清三朝，《陕西舆图》所绘地区的行政区划经过多次调整，分分合合。明代陕西布政使司的辖境，在继承元代陕西行省的基础上，还包含元代甘肃行中书省、宣政院辖地的一部分区域。明洪武年间，元代甘肃行省辖境划归陕西。鉴于河西走廊地理位置的特殊性，明朝又将陕西行都司移至甘州，加强对河西走廊的军事控制。此时，明代陕西布政使司辖境，东起黄河晋陕大峡谷，西到肃州卫嘉峪关，北至明长城沿线，南达秦岭以南汉中府，与四川交界。其中，军事建置陕西行都司的辖境范围，东南从小积石山起，沿河西走廊西北行，西北至嘉峪关为止。陕西行都司辖境就是传统河西走廊的东段和中段。这里是沟通中原与西域的重要廊道。无论是自然风貌还是区位形势，都与传统关中地区大相径庭。明清易代，清初陕西省的辖境承袭了明代旧貌。康熙七年（1668），明代陕西布政使司辖境正式分为陕西、甘肃两省。八百里秦川与大漠孤烟的河西走廊再次分治。雍正年间《陕西通志》转引《史记》对陕西辖境形势的描述："秦四塞之国，被山带渭，东有关河，西有汉中。北有甘泉谷口之固，南有泾渭之沃，巴汉之饶。右陇蜀之山，左关崤之险。"[1]这段说明反映了陕甘分治之后，陕西省所在地理区位的重要性。乾隆年间《甘肃通志》描述了陕甘分治之后甘肃的地理形胜："版宇辽阔，四塞为固，河西卫所近改设郡邑，同于内地。控引崇山，联络河渭。"[2]分治后的甘肃省，在明代陕西行都司辖境的基础上，增加了嘉峪关至甘肃与新疆交界的安西州。河西走廊的西段与中段、东段同时划归甘肃省管辖。河西，就是大河之西。河西走廊就是位于黄河北流段以西，夹在祁连山与合黎山之间，形成的天然廊道。河西走廊东连关中，西通西域，北达蒙古高原，南至青藏高原。农耕文化与游牧文化在这里交汇，农耕民族与游牧民族在这里融合。河西走廊还是陆上丝绸之路的重要组成部分，亚欧大陆的经济文化交流也随着这条廊道连接起来。这样的地理位置造就了河西走廊独具特色的过渡文化特征，也造成了过渡地带独特的治理方式和政区变革。

《陕西舆图》是典型的大型省区行政区划图，画面独特的青绿山水风格，具有显著的明代舆图特征。正因为如此，这幅地图被收入《中国古代地图集·明代卷》中。地图上城池、卫所、道路等要素的标绘，以河流水系为主要参照，山脉为辅助参照。这一特点继承了传统舆图的普遍画法。但与大部分政区图不同的是，《陕西舆图》特别重视长城和黄河

1 [清]刘於义修，沈青崖等纂：《陕西通志》，雍正十三年刻本。
2 [清]李迪、许容等纂：《甘肃通志》，乾隆元年刻本。

两个标志性地理要素的绘制。长城又成为水系和群山之外，另一个重要的地理参照。

以长城为界，《陕西舆图》画出了边墙内外完全不同的自然地理风貌。明长城之内，是黄土为底色的传统农耕地区。这里河流纵横，山脉错落。山河之间，城池林立，驿路纵横。图上所绘城池，无论是府州县，还是边镇营堡，都画出城墙形制和城门位置。城墙形制和城门位置基本反映了明代晚期陕西辖境内城池结构的真实情况。城墙之内，用各种不同的颜色代表城址的等级。其中，府一级用红色为底，州、县、镇、堡均用淡粉色为底。驿路连接各城城门。相邻城池之间的驿路上，标注两地路程距离。如果相邻城池间驿路较长，在沿途设有驿站。驿站统一用白底长方形表示，并标注驿站名称。相邻驿站，以及驿站与城池之间的路程也都一一标注。黄土为底的驿路与形象画法的青绿山水形成鲜明对比。驿路所经河流、山脉等地形地势情形因此一目了然。黄河犹如一条巨龙贯穿陕西辖境。重要的山峰、河流以及驿路途经重要地点用灰底长方形表示，并标注名称。与城池、驿路的标注相比，山峰、河流的标注并非面面俱到。这也反映出《陕西舆图》政区地图的特征，对政区驿路类要素尽量做到详细标绘，而对自然地理类要素强调的是突出重点。明长城之外，是以草绿为底色的传统游牧地区。这里，河流、湖泊和山峰仍然用青绿山水来表示，但由于地图底色的变化，反而凸显出草原上道路的走向。广袤的草原之上，山峰点缀其间，并未影响草原一望无际的地形。红色和棕色的蒙古包星星点点，遍布草原。一些低矮的黄土丘形象地表示蒙古包周边高低起伏的地形地貌。长城内外，黄土与草原的地貌，城池与毡帐的居所，直观而强烈地反映出农耕文化与游牧文化的差异。由长城关口延伸至草原的黄土道路，又成为沟通长城内外的主要通道，反映出农耕文化与游牧文化的互通交流。作为农耕与游牧区地理分界线的明长城，是《陕西舆图》描绘的重点。图上的长城东起晋陕大峡谷黄河西岸的黄甫营，西到嘉峪关，分属明代九边重镇的延绥镇、宁夏镇、固原镇、甘肃镇。其中，分属甘肃镇黄河西岸一段边墙，又可明显区分出新边墙和旧边墙的标绘。与大部分全国和分省政区图上长城的画法不同，《陕西舆图》对长城沿线边墙走向、烽燧位置、沿途营堡、关口驿路，乃至旧有边墙位置，均详细标绘。长城沿线的画法详细程度，比长城之内城池、驿路的画法还要详细。这种表达方式与绘制九边沿线的军事地图十分相似。显然，《陕西舆图》的绘图者希望凸显长城在这个区域的重要性。

二、《陕西舆图》的绘图年代

《陕西舆图》浓墨重彩的青绿山水，具有明代形象画法地图的普遍特征，但这并不能证明《陕西舆图》就是明代绘制的。一方面，浓墨重彩的地图风格不是明代所独有，也影响到清初很长一段时间的地图创作。传统舆图青绿山水画风的延续性，增加了学术界对《陕西舆图》创作时间判断的难度。另一方面，清承明制。清军入关之后，清朝在政治制度、礼乐制度、行政区划等方面都继承了明代。明代陕西布政使司的辖境和地方行政区划也延续下来。所以从地图上看，陕西辖境之内，府州县与卫所营堡并存，地方行政区划与军事区划兼具的情况，也可以反映清初顺治、康熙年间，陕西省行政区划的真实状态。这无疑再次增加了《陕西舆图》年代判断的难度。通过本文分析，笔者认为《陕西舆图》的绘图年代介于康熙三十六年至六十年（1697—1721）之间，是保留青绿山水遗风的清初大型行政区划图。

（一）《陕西舆图》的年代上限

《陕西舆图》绘制年代上限的判断，主要依据图上长城以北地理要素的标绘来确定。长城以北，是以草原景观为主体的游牧生活区。与长城以南的城池林立、驿路纵横的人文景观不同，长城以北基本以草原、河流、山峰等自然景观为主。从长城延伸至草原的几条道路，通向长城以北的边堡和坐落在草原上的蒙古包。道路、边堡、寺庙和毡帐构成了草原独具特色的人文景观。

首先来看草原上毡帐位置的标注。这些毡帐的位置并不是随意标绘，而是在游牧部落大致确定的游牧范围内来标绘。根据图上所示，在宁夏镇黄河东岸横城堡附近长城，有两个出入关口。关口内外各有一条道路沟通长城内外。西侧一个关口标注“进口”，连接长城之内沿线的横城堡、临河堡、红山堡等营堡。长城之外，这条道路向东延伸，直到延绥镇靖边营附近的毡帐。东侧关口同样连接营堡与草原毡帐。在这两条道路连接的毡帐之间，标注“此系宋喇王驻牧处，设喇布罗多地方”。由此可知在横城堡，经花马池，至靖边营一线的长城之外，有相对固定的蒙古部落在此游牧，并划定大致游牧范围。游牧部落的标注在长城之外多处出现。例如，在平罗营以东的草原毡帐标注“寅春台吉驻牧处”，在中卫营至镇番卫一线以北的草原毡帐标注“阿喇占巴喇嘛驻牧处”“阿喇占巴喇嘛部落游牧”“祝囊部落游牧”“合宜劳义驻牧处”“达筵台吉驻牧处”等。这些蒙古游牧部落游牧范围的标绘，说明绘图者对长城南北两侧的人群活动情况都比较了解。这种情况在明朝长城沿线的军事局势长期紧张的情况下，很难实现。但如果是蒙古诸部归属清廷之后，长城内外均为清朝疆域。详细标注蒙古部落游牧地的情况就更容易实现。此外，这些标绘的游牧部落地点均靠近沟通长城内外的道路附近，间接说明了长城内外的交流互动频繁，而不应该是军事对立的状态。

根据图上标注蒙古部落人名，可大致判断此图绘制时间。其一，图上定边营北侧，长城之外，标注“此系宋喇王驻牧处，设喇布罗多地方”（图1–1）。图注中的“宋喇王”应该就是鄂托克旗第二任扎萨克“松喇布”。他在康熙二十一年（1682）至四十八年（1709）期间执政，称扎萨克多罗贝勒。康熙三十五年（1696），康熙皇帝亲征准噶尔部噶尔丹大军。松喇布负责转运随军粮草相关事宜。康熙三十六年（1697），平定准噶尔部之后，康熙皇帝巡边宁夏。驻跸横城时，松喇布至横城堡长城边口，晋谒康熙皇帝。《清实录》记载：“鄂尔多斯贝勒松阿喇布，奏向准臣等于横城贸易，今乞于定边、花马池、平罗城三处，令诸蒙古就近贸易。又边外车林他拉苏海阿鲁等处，乞发边内汉人，与蒙古人一同耕种。”[1]从地图上看，标注“宋喇王驻牧处”的地点正好位于定边营、花马池和平罗营一线，长城之外的近边处。从此以后，长城两侧，边贸自由，游牧与农耕两种生产方式共处一地。由“宋喇王驻牧处”标注可知，《陕西舆图》绘制时间很有可能在康熙三十六年，松喇布觐见康熙皇帝，划定驻牧范围，开通边贸之后。

其二，在贺兰山西路草原上标注“阿喇占巴喇嘛驻牧处”“阿喇占巴喇嘛部落游牧”的字样，并绘制毡帐（图1–2）。在“阿喇占巴喇嘛驻牧处”与中卫营之间，有一条沟通长城内外的道路，沿贺兰山西麓和北路东行。“阿喇占巴”，是藏传佛教喇嘛的学位称号。据当地（阿拉善）传言，“阿喇占巴喇嘛”是阿拉善厄鲁特第一任扎萨克和啰理时期的大德高僧，曾为和啰理出谋划策，地位很高，功劳很大。和啰理是卫拉特蒙古和硕特部台吉。他也与康熙三十五年平

1 《清实录·圣祖实录》卷181，康熙三十六年三月，中华书局，1985年，第939页。

图 1-1 《陕西舆图》（局部）· 宋喇王驻牧处

定准噶尔部的历史事件有关。康熙年间，在噶尔丹率准噶尔部扩张，不断侵扰周边蒙古各部。漠北喀尔喀三部和青海和硕特部归附清廷，由原来传统游牧区迁徙至近边地带。清廷划归相应地带供这些部落游牧。康熙二十四年（1685），厄鲁特和啰理率部归附清廷。《清史稿》记载："二十四年，和啰理请赐敕印钤部众。廷臣以游牧未定，议不允。"[1]由于游牧地域没有划定，厄鲁特和啰理部归附之事搁置。显然，边墙之外游牧区域的划定问题，是蒙古诸部归附清廷最核心的问题。清廷对蒙古诸部游牧区域划定的重视程度，与边墙之内行政区划的划定同等重要。康熙三十五年（1696），清廷平定噶尔丹大军之后，受到准噶尔部压制的部分蒙古诸部屯驻近边。《清史稿》对此次游牧区的划分有详细记载："三十五年，所部兵随西路大军败噶尔丹于昭莫多，副都统阿南达奉命设哨，以和啰理属布尔噶齐达尔汉宰桑玛赖额尔克哈什哈、齐劳墨尔根萨里呼纳沁齐伦珲塔汉占哈什哈、布达哩杜喇勒和硕齐等，分屯额布格特、阿木格特、昆都伦、额济纳及布隆吉尔之博罗椿济敖齐、喀喇莽奈诸地。"[2]此次蒙古诸部

1 赵尔巽等撰：《清史稿》卷520《列传三百七·藩部三》，中华书局，1985年，第14382页。

2 赵尔巽等撰：《清史稿》卷520《列传三百七·藩部三》，中华书局，1985年，第14386页。

游牧区域的划定，保证了清朝长城沿线的稳定，此前归附清廷的厄鲁特和啰理部在贺兰山以西、以北处驻牧。和啰理上奏康熙皇帝，说明蒙古诸部的驻牧位置和驻牧的政治含义。“皇上令臣等聚处，乃殊恩。达赖喇嘛亦谓罗卜藏衮布阿喇布坦居布隆吉尔，地隘草恶，不若与臣同处。臣等欲环居阿喇克山阴，遏寇盗，靖边疆。令部众从此地而北，当喀尔喀台吉毕玛里吉哩谛牧地，由噶尔拜瀚海、额济讷河、姑喇柰河、雅布赖山、巴颜努鲁、喀尔占、布尔古特、洪果尔鄂隆以内，东倚喀尔喀丹津喇嘛牧，西极高河居之。”[1] 遏寇盗、靖边疆，成为蒙古诸部近边驻牧的重要功用。明代沿边防御的局面被彻底改变。此后，这些近边驻牧的蒙古部落停止迁徙，在特定的范围之内游牧。后世蒙古诸部设旗划界，由此而来。《陕西舆图》上，为和啰理出谋划策的“阿喇占巴喇嘛”标注在贺兰山以西的草场上，反映了蒙古诸部屯驻近边的历史事实。这一历史事件发生在康熙三十五年之后。

除了草原上标绘的毡帐，图上还画出了沟通长城内外的道路，并且在长城以外段标注了重要的地名和历史事件。这些信息都是判断地图绘制年代的关键依据。其中，在平罗营以东，沿黄河走向，有一条向东北房县延伸，沟通长城内外的道路。在道路一侧标注“三十五年出口进剿大路”（图1-3）。这一标注将《陕西舆图》的绘制年代上限直接确定在康熙三十五年。康熙二十九年至三十五年，清军前后三次西征漠西蒙古准噶尔部。清代文献《亲政平定朔漠方略》曾对此次康熙皇帝亲征做出详细记载。其中，康熙三十五年，康熙皇帝亲征。“命将军萨布素率东三省兵出东路，遏其冲；大将军费扬古、振武将军孙思克等率陕甘兵出宁夏西路，邀其归，上亲统禁旅由独石口出中路，皆赴瀚海而北，约期夹攻。”[2] 西路军在昭莫多战胜噶尔丹率领的准噶尔部

1 赵尔巽等撰：《清史稿》卷520《列传三百七·藩部三》，中华书局，1985年，第14386—14387页。

2 魏源：《康熙亲征准噶尔记》，《圣武记》卷3《外藩》，中华书局，1984年，第118页。

图 1-2 《陕西舆图》（局部）·阿喇占巴喇嘛驻牧处

军[1]，成为康熙皇帝平定准噶尔部的关键之战。此次战争期间，由孙思克带领的一部分西路军，从宁夏出发[2]，出长城向东北方向行军。这条在草原上行进的路线，就应该是《陕西舆图》标注的“三十五年出口进剿大路”。由此可以确定，《陕西舆图》的绘制时间一定晚于康熙三十五年。

这条连接宁夏卫长城内外的进剿大路，与康熙三十六年康熙皇帝沿边巡幸西北，由陕西神木，沿长城一线到达宁夏的巡幸大道方向相反，路线相近。《清实录》对康熙巡边的道路有比较细致的记载：“（康熙三十六年）先是命主事萨哈连，出神木边往询从边外至榆林，及至宁夏之路，计几宿，水草何如。至是覆奏，自神木出边至榆林，共三百二十里，凡五宿，俱砂路。自边关外至宁夏之正路，无人知之。但由神木过鄂尔多斯贝勒汪舒克所居阿都海之地，接摆站大道，有一路。从此而往，则自神木至宁夏，计八百七十里，凡十四宿。但自神木边至察罕扎达海五十家驿。路中水草柴

1 赵尔巽等撰：《清史稿》卷520《列传三百七·藩部三》，中华书局，1977年，第14386页。

2 赵尔巽等撰：《清史稿·列传四十二·孙思克》。三十五年，上亲征，大将军费扬古当西路，思克率师出宁夏，与会于翁金。上驻跸克鲁伦河，噶尔丹遁去，费扬古督兵邀击，战于昭莫多。

薪无误，行道砂多。自察罕扎达海至横城口，路平，水略少。”[1]康熙三十五年，孙思克率陕甘兵出宁夏西路北上。康熙三十六年，康熙皇帝试图在长城以北，沿几乎相似的道路反向而行，由神木县境孤山堡出发西行。沿途多次命人先行踏查，确定巡幸路线、每日行程及驻跸地点。但由于勘察路线的人员回奏沿这条道路安排驻跸处缺乏水草，不适宜皇帝巡幸，遂临时调整了巡幸路线，榆林至横城口段由边墙之外改为边墙之内[2]。当康熙皇帝至宁夏卫横城驻跸时，松喇布晋谒康熙皇帝，提出划定驻牧范围，开通边墙内外贸易的请求，并得到康熙皇帝的认可。在横城堡至“宋喇布驻牧处”之间，有一条沟通两地的道路，并在横城口处标注“进口”。这条道路与标注“三十五年出口进剿大路”的草原道路，分别位于黄河两岸。这条道路应该就是康熙三十六年松喇布在横城晋谒康熙皇帝所走的道路。也是后来鄂尔多斯部游牧的主要草场。

从《陕西舆图》边墙以外“三十五年出口进剿大路”和蒙古诸部近边驻牧地点的标注推测，《陕西舆图》的绘图年代不早于康熙三十六年，应在松喇布横城口晋谒康熙皇帝之后。

（二）《陕西舆图》的年代下限

《陕西舆图》绘制年代下限的判断，主要依据图上长城以南地理要素的标绘。清朝初年，地方行政区划基本承袭了明朝。本文对比《明史·地理志》《清史稿·地理志》和《陕西舆图》对同一区域行政区划记录的异同，来确定《陕西舆图》绘制年代的下限。

延安府。《明史·地理志》记载延安府领州三县十六。明代延安府的辖境范围在《清史稿·地理志》中分属延安府、榆林府、鄜州直隶州、绥德州直隶州。《陕西舆图》延

1 [清]刘於义修、沈青崖等纂：《陕西通志》，雍正十三年刻本。

2 [清]李迪、许容等纂：《甘肃通志》，乾隆元年刻本。

图 1–3 《陕西舆图》(局部)·草原大路

安府的标绘，同样是三州十六县，与《明史·地理志》的记载相同。榆林府为雍正九年（1731）改置[1]。鄜州直隶州和绥德州直隶州均为雍正三年（1725）升直隶州[2]。

西安府。《明史·地理志》记载西安府领州六县三十一。明代西安府的辖境范围在《清史稿·地理志》中分属西安府、同州府、乾州直隶州、商州直隶州、邠州直隶州。《陕西舆图》西安府的标绘是六州三十一县，与《明史·地理志》的记载相同。同州、乾州直隶州、商州直隶州、邠州直隶州均为雍正三年升直隶州[3]。同州府又于雍正十年（1732）升府[4]。

汉中府。《明史·地理志》记载汉中府领州一县八。《清史稿·地理志》汉中府领厅三州一县八。其中增加的三厅，乾隆三十八年（1773）置留坝厅，嘉庆七年（1802）置定远厅，道光五年（1825）置佛坪厅[5]。

兴安州（府）。《明史·地理志》记载兴安州领六县。《清史稿·地理志》升兴安州为府，领厅一县六。《陕西舆图》兴安州的标绘是六县，与《明史·地理志》的记载

1 赵尔巽等撰:《清史稿·地理志》,中华书局,1985年,第2103页。

2 赵尔巽等撰:《清史稿·地理志》,中华书局,1985年,第2107—2108页。

3 赵尔巽等撰:《清史稿·地理志》,中华书局,1985年,第2095—2097页。
赵尔巽等撰:《清史稿·地理志》,中华书局,1985年,第2105页。
赵尔巽等撰:《清史稿·地理志》,中华书局,1985年,第2105页。
赵尔巽等撰:《清史稿·地理志》,中华书局,1985年,第2106页。

4 赵尔巽等撰:《清史稿·地理志》,中华书局,1985年,第2095—2097页。

5 赵尔巽等撰:《清史稿·地理志》,中华书局,1985年,第2098页。

相同。乾隆四十七年（1782）兴安州升府，乾隆五十五年（1790）置汉阴厅[1]。

庆阳府。《明史·地理志》和《清史稿·地理志》记载的庆阳府均领州一县四。二者的区别在于明代的真宁县改为清代的正宁县。这一变化当发生在雍正皇帝即位之后，为避讳字而改县名。《陕西舆图》可辨识的地名为一州三县，分别为宁州、安化、环县和真宁。因为真宁没有避讳，所以推测此图的绘制年代当早于雍正即位的时间。

平凉府。《明史·地理志》记载平凉府领州三县七。明代平凉府的辖境范围在《清史稿·地理志》中分属平凉府和泾州直隶州。《陕西舆图》平凉府的标绘是三州七县，与《明史·地理志》的记载相同。泾州于乾隆四十二年（1777）升直隶州[2]。

巩昌府。《明史·地理志》记载巩昌府领州三县十四。明代巩昌府的辖境范围在《清史稿·地理志》中分属巩昌府、阶州直隶州和秦州直隶州。其中，清代巩昌府领厅一州一县七。《陕西舆图》巩昌府标绘的是两州十三县，这样的行政区划建置与《明史·地理志》和《清史稿·地理志》的记载均不相同。《陕西舆图》巩昌府的政区建置是从明代三州十四县向巩昌府、阶州直隶州、秦州直隶州沿革的过渡阶段。巩昌府明清时期行政区划变革发生在雍正七年。这一年，升秦、阶二州为直隶州，降徽州为县[3]。

临洮府（兰州府）。《明史·地理志》记载临洮府领州二县三。乾隆三年（1738），临洮府迁徙府治至兰州，改为兰州府[4]。《清史稿·地理志》记载兰州府下辖州二县四。《陕西舆图》标绘的是兰州升府之前的临洮府，下辖二州三县，与《明史·地理志》的记载相同。

宁夏卫（府）。《明史·地理志》记载宁夏卫下辖千

[1] 赵尔巽等撰：《清史稿·地理志》，中华书局，1985年，第2100页。

[2] 赵尔巽等撰：《清史稿·地理志》，中华书局，1985年，第2121页。

[3] 赵尔巽等撰：《清史稿·地理志》，中华书局，1985年，第2113页。

[4] 赵尔巽等撰：《清史稿·地理志》，中华书局，1985年，第2100页。

户所四处。此外，另有宁夏五卫分布在宁夏卫周围。《清史稿·地理志》记载宁夏府下辖厅一州一县四。顺治十五年（1658），宁夏卫与宁夏五卫进行了一次合并。雍正三年（1725），省卫、所，置府及宁夏、宁朔、平罗、中卫四县，以灵州直隶州来属[1]。《陕西舆图》对宁夏卫（府）的标绘，与明清地理志均有差别。在此区域标注宁夏镇、灵州营、中卫营、平罗营等地。显然，绘制《陕西舆图》时，宁夏卫下辖诸多军事机构，并未完成府州县改制。

甘州卫（甘州府）。明代陕西行都司治所在甘州卫，《明史·地理志》记载甘州卫下辖卫十二千户所四。明代甘州卫辖境在《清史稿·地理志》记载分为甘州府、凉州府、肃州直隶州等地。其中，甘州府下辖厅一县二。明清时期，从甘州卫到甘州府的变化发生在雍正二年（1724）。凉州府，雍正二年升府，置厅、县[2]。《清史稿》记载，顺治初，因明制。雍正二年，罢行都司，置府及张掖、山丹、高台二县[3]。肃州直隶州，雍正二年，省卫并入甘州府。七年，置直隶州，割甘州至高台县来属[4]。清代甘州府的地方行政机构调整，与陕西行都司的撤销直接相关。《陕西舆图》在甘州卫辖境标绘甘州镇、山丹卫、永昌卫、古浪所、高台营、碾伯堡等军事驻防机构。这样的军事建置同样反映清代府州县改制之前的情形。

通过对《明史·地理志》《清史稿·地理志》和《陕西舆图》标绘行政区划的对比来看，《陕西舆图》所绘行政区划大部分沿用明代，保持了府州县与卫营堡并存的局面。雍正初年，是陕甘地区卫营堡等军事驻防改制为府州县的关键时期。根据这次地方政区改制时间判断，《陕西舆图》的绘制时间应该在雍正二年之前。又根据庆阳府真宁县没有避讳字的情况推测，这幅地图应该绘制于康熙年间。因此，本文将《陕西舆图》的绘制年代下限确定为康熙六十年（1721）。

1 赵尔巽等撰：《清史稿·地理志》，中华书局，1985年，第2115页。

2 赵尔巽等撰：《清史稿·地理志》，中华书局，1985年，第2119页。

3 赵尔巽等撰：《清史稿·地理志》，中华书局，1985年，第2120页。

4 赵尔巽等撰：《清史稿·地理志》，中华书局，1985年，第2124页。

三、多元文化与胡汉一家

明清时期，中原王朝实际控制的河西走廊地理范围略有区别，主要区别在于是否拥有对河西走廊西段的实际控制权。《陕西舆图》反映了明代陕西布政使司的行政区划范围，这里包括河西走廊的东段和中段，而嘉峪关以西的西段并不在地图描绘之中。《陕西舆图》对陕西行都司所辖区域的描绘，占据整幅地图一半的幅面，足见河西走廊的重要地位。明代方孔炤撰《全边略记》，反映了明代万历年间边墙内外的军事情况。其中对甘肃地理位置的记载，可以反映河西走廊战略位置的重要性。《全边略记·甘肃略》记载："甘肃，即汉之河西四郡。武帝所开，以断匈奴右臂者。盖自兰州为金城郡，过河而西，历红城子、庄浪、镇羌、古浪六百余里至凉州，为汉武威郡。凉州之西，历永昌、山丹四百余里至甘州，为汉张掖郡。甘州之西，历高台、镇夷四百余里至肃州，为汉酒泉郡。肃州西千里，出嘉峪关，为沙、瓜、赤斤、苦峪，以至哈密，则皆汉敦煌郡地也。"《全边略记》对甘肃的记载，包括西汉河西四郡，也就是河西走廊的全部，这与明代实际控制范围仅到嘉峪关的历史事实略有差异。另外，"断匈奴右臂"是河西走廊最重要的军事价值。

《陕西舆图》对河西走廊的描绘，体现了明代河西走廊实际控制区的真实情况，也反映了河西走廊在明代近边军事防御上的重要作用，还突出了河西走廊作为连接传统农耕区、草原游牧区以及高原游猎区廊道的互动交流意义。《陕西舆图》对河西走廊的空间表达，充斥着多民族文化碰撞融合的历史进程。由明至清，河西走廊再次全线贯通，成为沟通中原与西域的廊道。《陕西舆图》所绘的河西走廊地区和生活在这片土地上的民族，最终完成了由"华夏边缘"走向

“华夏认同”的过程。传统中原王朝对河西走廊的控制，也从军事上的被动守卫防御，逐渐走向经济上的主动互动沟通和政治上的积极治理。在这一过程中，中华民族也在不断壮大。汉人以“接纳”为主而日益强大。具有“华夏”认同意识，生活在“华夏边缘”的诸多民族，为清朝西北疆域的最终形成做出巨大贡献。

20世纪80年代，费孝通先生曾提出“中华民族多元一体格局”理论。在这一理论形成过程中，费老认为：“中华民族作为一个自觉的民族实体，是在近百年中国和西方列强对抗中出现的，但作为一个自在的民族实体则是几千年的历史过程所形成的。”[1]王明珂先生将费老的观点总结为：民族有一个从“自在的民族”到“自觉的民族”的演变过程。从费老的“自在民族到自觉民族”理论，到王明珂先生提出的“华夏边缘”理论。实际上是对费老多元一体理论的扩展和补充。王明珂先生认为族群认同最核心的问题在于确定族群的边界。这一边界既不是包括语言、文化、血统等的“内涵”，也不一定是地理边界，而主要是“社会边界”[2]。需要强调族群文化特征的人，常是有族群认同危机的人。

用“自在民族”和“华夏边缘”的观点重新审视《陕西舆图》。图上表现的河西走廊，处于明清易代，清初延续明制的过渡状态。这一时期，生活在河西走廊的人们，处于“自在民族”形成过程的最终完成阶段，也是边疆内地化的最终完成阶段。人们在传统农耕区、草原游牧区和高原游猎区之间，既有碰撞冲突，又有互动交流。清朝初年，随着清朝主政者“满蒙联姻”和“尊崇黄教”的政策调整，在地理位置上处于华夏边缘的蒙古部落，与清朝形成互动交流为主，碰撞冲突渐少的发展趋势。“明修长城清修庙”就是这个道理。一般认为，从西汉张骞通西域，到河西四郡的建

1 费孝通：《中华民族多元一体格局》，中央民族大学出版社，2003年。

2 王明珂：《华夏边缘——历史记忆与族群认同》，允晨文化实业股份有限公司，1997年。

立，河西走廊地区早已完成了“自在民族”的形成过程，成为中原王朝的组成部分。重新审视明清易代前后，河西走廊的华夏与边缘的讨论，并无太大意义，实则不然。西汉以来，中原王朝沟通西域的通道曾多次被打断。生活在河西走廊的人们也在漫长的历史进程中，逐渐完成“自在民族”的进化。明代主政者将“南倭北虏”视为国家防御的核心，因此，明朝的北部防线长期保持在长城沿线。从明代河西走廊地区的防御情况来看，河西走廊沟通中原与西域的通道并不畅通。明朝的大部分时间内，河西走廊的东段和中段均属于陕西行都司辖境。虽然在东段沟通关中地区，但在中段却只能将防御力量分配到长城的西端终点——肃州卫嘉峪关。明朝后期，河西走廊的西段长期由鞑靼和土鲁番控制。也就是说传统的草原游牧区与高原游猎区，通过河西走廊西段连成一片。农耕生产方式在这一区域的影响削弱，同时河西走廊的廊道作用也受到影响。河西走廊，特别是河西走廊西段再次处于地理位置上的“华夏边缘”。明清易代，清代对河西走廊的治理政策调整。陕甘分省之后，河西走廊西段重新划归甘肃省管辖，河西走廊再次成为沟通中原与西北边疆的重要通道。这条通道成为清朝稳定西北边疆不可缺少的廊道。也正因为清初河西走廊的贯通，才奠定了现今中国西北地区的疆域版图。因此，重新审视明末清初，陕甘地区“自在民族”由“边缘”走向“认同”的形成过程，就显得十分重要。《陕西舆图》绘制于康熙三十六年（1697）至六十年（1721）之间。此时，正是清朝主政者开疆拓土，调整治理西北地区政策的关键时期。我们梳理这一时期历史事件与地图表达的线索，解释明清之际，处于“华夏边缘”的河西走廊，怎样逐步完成“族群认同”的演变过程。

（一）过渡地带经济生产方式的互动融合：农耕区的北扩

从自然地理的角度来看，400毫米等降水线是中国半湿润与半干旱地区之间的地理分界线，也是传统中国农耕区与游牧区之间的自然分界。明长城的修建，基本与400毫米等降水线的走向一致。所以，明清时期长城边墙又成为区分农耕区与游牧区的人文分界。但由于中国古代上千年的历史，气候条件并不是一成不变的，所以无论是400毫米等降水线，还是农耕区与游牧区之间的分界，都处在不断变化之中。游牧区与农耕区的分界在南北之间的摆动变化区域，就是两种生产方式的过渡地带。河西走廊恰好位于农耕区与游牧区的过渡地带。生产方式的多样性，是河西走廊多民族杂居在此的物质基础。随着清廷对西北治理政策的调整，处于过渡地带的河西走廊，乃至部分传统游牧区，逐渐接受农耕的生产方式。这些区域是否可以发展农业，客观上受到自然地理条件的制约，但伴随农耕生产方式及中原文化影响力的扩大，使过渡地带和近边游牧区适宜发展农耕的地区，逐渐扩展为新的农耕区。明清之际，农耕区的扩大，在《陕西舆图》中反映出来。过渡地带生产方式的认同，成为“自在民族”族群认同的经济基础。

从《陕西舆图》上看，以边墙为界，草原游牧区、平原农耕区与高原游猎区之间泾渭分明。特别是图上绘制的河西走廊区域，三种不同生产方式在同一幅地图上，地域界线的精准划分，体现了明朝以来人们根深蒂固的传统观念。然而，这种地图画法和反映的思想观念，与河西走廊的真实自然景观并不一致。

《陕西舆图》河西走廊区域的游牧区与农耕区分界，完全依据明代陕西行都司的管辖范围为准。处于草原游牧区、平原农耕区与高原游猎区界线上的，是详细描绘的明代边墙。所以说，《陕西舆图》边墙的画法，更像是陕西行都司的辖域分界，而不是真实的自然景观分界。以《陕西舆图》描绘的最西端边墙为例。明长城以嘉峪关为西端起点。从图上看，嘉峪关以南边墙与祁连山相连。边墙和祁连山成为区分农耕区和游牧区的分界。祁连山以南的高原游猎区与嘉峪关以西、以北的草原游牧区画法并没有太大差别（图 1–4）。也就是说，从《陕西舆图》的画者视角来看，农耕区和游牧区之间的分界意义，远远高于高原游猎区与草原游牧区之间的分界。以草原和毡帐为代表的游牧区连成一片，不同的游牧部落生活在边墙之外，与边墙之内的道路、城池形成鲜明对比。但真实的自然景观，很难如此清晰地依据边墙划定分界。嘉峪关边墙以西以北的大部分近边区域是成片的戈壁和沙漠，这与《陕西舆图》所绘水草丰美的草原景观千差万别。

《陕西舆图》对祁连山以南的画法，与嘉峪关边墙内外非常相似。祁连山以南已经不属于河西走廊的范围，而是高原游猎区的传统分布范围。如果如实反映祁连山以南的自然地理景观，地图上应该是连成一片的草原景观。实际上，《陕西舆图》对祁连山以南的画法并非如此。《陕西舆图》绘制祁连山以南区域，特别是传统的河湟地区，突出西宁镇在这一地区的中心地位。明代西宁卫属于陕西行都司管辖，所以西宁卫与陕西行都司下辖其他卫所的管理体系高度一致。从图上看，以西宁镇为中心的明代西宁卫辖境，环绕在边墙之中。边墙北界沿祁连山脉大雪山南麓一线，西界为西宁卫与鞑靼土默特部分界，南界沿黄河北岸。西宁卫三面边墙，一面与陕西行都司其他辖境相连的表现方式，反映了此地与传统农耕区已经融合的历史事实。边墙之内，城池营

图 1-4 《陕西舆图》（局部）·嘉峪关附近

堡林立。边墙之外，草原毡帐星星点点。显然，图上农耕与游牧生产方式的对比，实际上是行政区划和军事区划的真实分界。

如果说《陕西舆图》嘉峪关附近农耕区和游牧区的划定还基本反映了两种生产方式分布的真实情况，那么西宁卫区域边墙内外农耕区和游牧区的划定，就完全体现了政区分界。一定程度上，西宁卫城池林立的画法，也体现了农耕区对传统高原游猎区生产方式的强烈影响。

《陕西舆图》在基本反映河西走廊农耕区和游牧区范围的同时，也反映了明清时期农耕区范围逐渐扩大的趋势，还反映出清初农耕文化对近边区域的强烈影响。游牧区与农耕区的此消彼长在地图上已初步显现。《陕西舆图》上，在泾渭分明的边墙内外，草原游牧、平原农耕与高原游猎的生产方式并没有按照边墙的划定，保持自身原有的分布范围。受到清廷统治政策的调整、文化宗教方面的影响，不同生产方式的分布范围，也在一直不断变化之中。农牧交错的过渡区域范围早已越过边墙，向北部草原扩展。康熙三十六年（1697），松喇布在横城奏请康熙皇帝开边贸的同时，还奏请“又边外车林他拉、苏海阿鲁等处，乞发边内汉人，与蒙古人一同耕种”。[1]由此可知，康熙三十六年，在清廷开始有意识地允许汉人出边墙，在边墙以北近边地区与蒙古部落一同耕种土地。虽然这次农耕生活方式的扩展，发生在鄂尔多斯地区，但随着近边农耕的政策调整和人员变化，边墙以北大量亦耕亦牧的过渡地带，逐渐接受农耕的生产方式和农耕文化。处于“华夏边缘”的人们，逐渐完成了“边疆内地化”的进程。从《陕西舆图》上看，在具有防御意义的明长城一线，多个关口画出通向草原的互动大通道。比如，从两山口堡、下古城堡出边墙，通向金塔寺堡，再向东行的草原大路。再如，从水泉堡，出宁远堡，再向北行的通道等。同样，在祁连山以南的西宁卫，也有连通边墙内外的道路。通过这些道路，内地与边疆不仅完成了贸易上的互通，也完成了生产方式的交流。

明清时期，处于中国气候变化的小冰期。15—19世纪的冬季是相对寒冷的，最冷的是17世纪[2]。在这一历史时期，农耕区和游牧区的自然分界，应该随气温的下降而逐渐南移。实际上，明清时期农耕区和游牧区的分界不但没有南移，而且还逐渐北移至长城以北地区。农耕区和亦耕亦牧的过渡区范围都扩大了。在相对生态环境脆弱的过渡地带和草原地区进行农耕活动是否能够成功，最终还是受到自然环境因素的制约。但不得不承认，农耕生产方式强烈北移的过程，是“华夏边缘”族群认同的经济基础。

（二）过渡地带文化的互动融合：明修长城清修庙

明清时期，以河西走廊为中心的过渡地带，在民族融合的历史进程中发挥了巨大的作用。明朝虽然面对“南倭北虏”的防御压力，但是长城内外互动交流的局面，仍远多于

1《清实录·圣祖实录》卷181，康熙三十六年三月，第939页。

2 竺可桢：《中国近五千年来气候变迁的初步研究》，《考古学报》1972年第1期，第15—28页。

战争和对峙。有清一代，清廷兴黄教以安蒙藏的策略，在维护西北边疆、促进民族融合方面取得了巨大的成功。特别是康熙三十五年，清廷平定漠西蒙古准噶尔部叛乱之后，蒙古诸部悉数归入管辖，完全改变了明朝长城内外的战争对峙状态。处于"华夏边缘"族群，在接受传统农耕生产方式的同时，也受到清廷较为开放的宗教政策和农耕文化的影响。

《陕西舆图》绘制的边墙内外，自然景观截然不同，但却反映了文化相互影响融合的历史趋势。图上，坐落于河西走廊峰腰地带的甘凉交界处，山丹卫与永昌卫边墙以北，描绘出"胭脂山"，也就是我们现在所说的甘肃名山焉支山。焉支山地势险要，从西汉以来，就是中原王朝与草原游牧部落争夺的军事要地。《陕西舆图》对焉支山南北的画法，改变了以往剑拔弩张的对峙状态。在焉支山北麓草原之上，画出了具有典型汉地文化信仰的"关王庙""赵将军庙"（图1–5）。关羽和赵云在草原之上，也被民间奉为神灵，接受草原人民的供奉祭拜。这是汉地文化向北扩展，得到广泛认同的表现。明清之际，随着农耕生产方式逐渐越过边墙，亦耕亦牧的生产方式在草原游牧区得到认可。康熙年间，蒙古诸部逐渐划定相对固定的游牧区。草原游牧区也改变了上千年来逐水草而居的状态，转而有了稳定的游牧生活区。边墙内外的生产生活方式趋于一致，传统汉地文化的影响随之深入草原。关羽和赵云都是武将，游牧部落尚武的风气尚未改变，祭拜的战神形象却已改变。此外，《陕西舆图》在关帝庙西侧，还画出"三十二眼井"。这也是汉地生产方式对游牧地区影响的表现。游牧部落在逐水草而居的状态下，并不需要打井取水，只有相对牧场区域固定，或者具有部分农业生产需求时，水井才成为生活必需设施。

在看河西走廊以南的西宁卫。《陕西舆图》在三面环绕边墙的西宁卫之内，画出了“新造班禅寺”“塔见寺”（图1–6）。根据这两座寺庙的标注位置推测，图上的“塔见寺”很可能是西北地区著名的藏传佛教活动中心——塔尔寺。上文曾提到，地图上西宁卫的画法与陕西行都司其他卫所相似，属于城池林立的汉地农耕区。在这一区域重点绘制藏传佛教中心，体现了藏传佛教对汉地文化的影响。

一般来说，边墙之内标绘汉地信仰的寺庙“仙姑庙”“定羌庙”，在边墙之外标绘西海“海心寺”，都比较符合当地人们的文化信仰。但从《陕西舆图》对不同文化寺庙的标绘来看，在河西走廊南北区域，藏传佛教的寺院出现在边墙之内，同时具有汉地文化的关帝庙和赵将军庙出现在边墙之外，形成了寺庙分布的特殊现象——“错乱的空间格局，颠倒的信仰追求”。属于不同文化、不同民族信仰的寺庙，在边墙内外交错分布，正是河西走廊过渡地区文化交融的真实状态，也是“华夏边缘”走向“自在民族”认同的文化基础。

（三）过渡地带行政区划的变迁：明代军事辖区转变为清代地方政区

明清易代，清初一系列治理西北地区的政策调整，最终以陕甘分治，划定地方府州县为结果。明清时期，随着经济生产方式和文化宗教等方面的互动融合。处于“华夏边缘”的河西走廊，以及河西走廊南北地区，最终完成了疆域上的“边疆内地化”。生活在这片土地的人们也完成了对中华民族的“族群认同”。

《陕西舆图》正好绘制于清初陕甘分省之前的政区调整过渡时期，所以图上河西走廊区域既体现了明代陕西行都司的军事辖区划分，也反映了清代设置府州县地方建置的政区萌芽。陕甘地区，明代营堡卫所转变为清代府州县的萌芽，

图 1-5 《陕西舆图》（局部）· 草原上的关王庙和赵将军庙

图 1-6 《陕西舆图》（局部）· 西宁卫边墙内外

主要体现在军事营堡辖区合并方面。比如，明代宁夏卫下辖千户所四处，另有宁夏五卫。顺治十五年（1658），宁夏卫与宁夏五卫进行了一次合并。《陕西舆图》上绘制的是顺治年间宁夏卫合并之后的状态。但此时，宁夏卫还并未完成府州县改制。

根据相关史料记载，雍正年间是陕甘地区大规模由军事辖区改为地方府州县的关键时期。由此可知，陕甘分治，甘肃正式设省，是河西走廊完成“边疆内地化”的关键时间。从此，河西走廊军事防御的性质被彻底改变，河西走廊再次成为沟通中原与西域的大通道。生活在河西走廊的人们完成了由“华夏边缘”到“华夏认同”的过程。

附：明清时期陕甘地区行政区划沿革对照表

	明史·地理志	清史稿·地理志	陕西舆图
延安府	三州十六县[1] 鄜州、绥德州、葭州 肤施、安塞、甘泉、安定、保安、宜川、延川、延长、青涧、洛川、中部、宜君、米脂、吴堡、神木、府谷	十县[2] 肤施、安塞、甘泉、安定、保安、宜川、延川、延长、定边、靖边	三州十六县 葭州、绥德州、鄜州 肤施、神木、府谷、米脂、吴堡、安定、保安、清涧、安塞、延川、甘泉、延长、宜川、洛川、中部、宜君
榆林卫（府）	榆林卫	一州四县[3] 葭州 榆林、怀远、神木、府谷	
鄜州直隶州		三县[4] 洛川、中部、宜君	
绥德州直隶州		三县[5] 米脂、清涧、吴堡	
西安府	六州三十一县[6] 华州、商州、同州、耀州、乾州、邠州 长安、咸宁、咸阳、泾阳、兴平、临潼、渭南、蓝田、鄠、盩厔、高陵、富平、三原、醴泉、华阴、蒲城、商南、洛南、山阳、朝邑、镇安、郃阳、韩城、澄城、白水、同官、武功、永寿、淳化、三水、长武	二厅一州十五县[7] 孝义厅、宁陕厅 耀州 长安、咸宁、咸阳、兴平、临潼、高陵、鄠、蓝田、泾阳、三原、盩厔、渭南、富平、醴泉、同官	六州三十一县 耀州、同州、华州、商州、邠州、乾州 同官、白水、三水、澄城、韩城、郃阳、蒲城、富平、三原、淳化、泾阳、高陵、朝邑、长安、咸宁、鄠、临潼、渭南、华阴、蓝田、洛南、商南、山阳、镇安、长武、兴平、武功、醴泉、永寿、咸阳

1 [清]张廷玉等撰：《明史·地理志》，中华书局，1974年，第1001—1003页。

2 赵尔巽等撰：《清史稿·地理志》，中华书局，1977年，第2102—2103页。

3 赵尔巽等撰：《清史稿·地理志》，中华书局，1977年，第2104页。

4 赵尔巽等撰：《清史稿·地理志》，中华书局，1977年，第2107—2108页。

5 赵尔巽等撰：《清史稿·地理志》，中华书局，1977年，第2108页。

6 [清]张廷玉等撰：《明史·地理志》，中华书局，1974年，第994—998页。

7 赵尔巽等撰：《清史稿·地理志》，中华书局，1977年，第2092—2095页。

附：明清时期陕甘地区行政区划沿革对照表

	明史·地理志	清史稿·地理志	陕西舆图
同州府		一厅一州八县[1] 华州 大荔、朝邑、郃阳、澄城、韩城、华阴、蒲城、白水	
乾州直隶州		二县[2] 武功、永寿	
商州直隶州		四县[3] 镇安、洛南、山阳、商南	
邠州直隶州		三县[4] 三水、淳化、长武	
凤翔府	一州七县[5] 陇州 凤翔、岐山、宝鸡、扶风、郿、麟游、开阳	一州七县[6] 陇州 凤翔、岐山、宝鸡、扶风、郿、麟游、开阳	一州七县 陇州 凤翔、岐山、宝鸡、扶风、郿、麟游、开阳
汉中府	一州八县[7] 宁羌州 南郑、褒城、城固、洋、西乡、凤、沔、略阳	三厅一州八县[8] 佛坪厅、定远厅、留坝厅 宁羌州 南郑、褒城、城固、洋、西乡、凤、沔、略阳	一州八县 宁羌州 南郑、城固、洋、褒城、略阳、凤、西乡、沔
兴安州（府）	兴安州六县[9] 平利、石泉、洵阳、汉阴、白河、紫阳	兴安府一厅六县[10] 汉阴厅 安康、平利、洵阳、白河、紫阳、石泉、	兴安州六县 平利、白河、洵阳、汉阴、紫阳、石泉
庆阳府	一州四县[11] 宁州 安化、合水、环县、真宁	一州四县[12] 宁州 安化、合水、环、正宁	 宁州 安化、环、真宁
平凉府	三州七县[13] 泾州、静宁州、固原州、 平凉、崇信、华亭、镇原、隆德、灵台、庄浪	一州三县[14] 静宁州 平凉、华亭、隆德	三州六县 泾州、固原州、静宁州 崇信、镇远、隆德、华亭、灵台、平凉
泾州直隶州		三县[15] 崇信、镇原、灵台	

[1] 赵尔巽等撰：《清史稿·地理志》，中华书局，1977年，第2095页。

[2] 赵尔巽等撰：《清史稿·地理志》，中华书局，1977年，第2104—2105页。

[3] 赵尔巽等撰：《清史稿·地理志》，中华书局，1977年，第2105—2106页。

[4] 赵尔巽等撰：《清史稿·地理志》，中华书局，1977年，第2106—2107页。

[5] [清]张廷玉等撰：《明史·地理志》，中华书局，1974年，第998—999页。

[6] 赵尔巽等撰：《清史稿·地理志》，中华书局，1977年，第2097—2098页。

[7] [清]张廷玉等撰：《明史·地理志》，中华书局，1974年，第999—1001页。

[8] 赵尔巽等撰：《清史稿·地理志》，中华书局，1977年，第2098—2100页。

[9] [清]张廷玉等撰：《明史·地理志》，中华书局，1974年，第1010—1011页。

[10] 赵尔巽等撰：《清史稿·地理志》，中华书局，1977年，第2101—2102页。

[11] [清]张廷玉等撰：《明史·地理志》，中华书局，1974年，第1003—1004页。

[12] 赵尔巽等撰：《清史稿·地理志》，中华书局，1977年，第2114—2115页。

[13] [清]张廷玉等撰：《明史·地理志》，中华书局，1974年，第1004—1005页。

[14] 赵尔巽等撰：《清史稿·地理志》，中华书局，1977年，第2102页。

[15] 赵尔巽等撰：《清史稿·地理志》，中华书局，1977年，第2121—2122页。

附：明清时期陕甘地区行政区划沿革对照表

	明史·地理志	清史稿·地理志	陕西舆图
巩昌府	三州十四县[1] 秦州、阶州、徽州 陇西、安定、会宁、通渭、漳、宁远、伏羌、西和、成、秦安、清水、礼、文、两当	一厅一州七县[2] 洮州厅 岷州 陇西、安定、会宁、通渭、宁远、伏羌、西和	 秦州、阶州 安定、会宁、通渭、宁远、秦安、章、伏羌、礼、成、西和、文
阶州直隶州		二县[3] 文、成	
秦州直隶州		五县[4] 秦安、清水、礼、徽、两当	
临洮府（兰州府）	二州三县[5] 兰州、河州 狄道、渭源、金	二州四县[6] 狄道州、河州 皋兰、金、渭源、靖远	二州三县 河州、兰州 金、渭源（图上字迹不清）、狄道
宁夏卫（府）	宁夏卫四千户所[7] 灵州、兴武、韦州、平虏 宁夏前卫 宁夏左屯卫 宁夏右屯卫 宁夏后卫 宁夏中卫 靖虏卫	一厅一州四县[8] 宁灵厅 灵州 宁夏、宁朔、平罗、中卫	宁夏镇 灵州营 中卫营 平罗营
甘州卫（甘州府）	十二卫四千户所[9] 甘州、甘州左、甘州右、甘州中、甘州前、甘州后、肃州、山丹、永昌、凉州、镇番、庄浪、西宁、沙洲、 碾伯、镇夷、古浪、高台	一厅二县[10] 抚彝厅 张掖、山丹	 甘州镇、西宁镇 山丹卫、永昌卫、镇番卫、庄浪卫、古浪所、高台营、镇彝营、碾伯堡
凉州府		一厅五县[11] 庄浪厅 武威、镇番、永昌、古浪、平番	凉州镇
肃州直隶州		一县[12] 高台	

1 [清]张廷玉等撰：《明史·地理志》，中华书局，1974年，第1006—1008页。

2 赵尔巽等撰：《清史稿·地理志》，中华书局，1977年，第2112—2114页。

3 赵尔巽等撰：《清史稿·地理志》，中华书局，1977年，第2122—2123页。

4 赵尔巽等撰：《清史稿·地理志》，中华书局，1977年，第2123—2124页。

5 [清]张廷玉等撰：《明史·地理志》，中华书局，1974年，第1008页。

6 赵尔巽等撰：《清史稿·地理志》，中华书局，1977年，第2110页。

7 [清]张廷玉等撰：《明史·地理志》，中华书局，1974年，第1012—1013页。

8 赵尔巽等撰：《清史稿·地理志》，中华书局，1977年，第2115—2117页。

9 [清]张廷玉等撰：《明史·地理志》，中华书局，1974年，第1013—1016页。

10 赵尔巽等撰：《清史稿·地理志》，中华书局，1977年，第2120页。

11 赵尔巽等撰：《清史稿·地理志》，中华书局，1977年，第2119—2120页。

12 赵尔巽等撰：《清史稿·地理志》，中华书局，1977年，第2124页。

《均州附近名胜图》与清帝一次未能实现的巡幸计划

一、《均州附近名胜图》的主要内容

国家图书馆馆藏《均州附近名胜图》一轴，清前期绢底彩绘本。幅面从右向左依次展开，横向长633厘米，纵向宽36厘米，绘制了从襄阳府城至武当山之间的沿途道路，是典型的道路地图。此图采用传统山水形象画法，描绘了从襄阳府牛首镇辖境，沿汉江上溯至均州城，再向南到达太和山的山川河流、名胜古迹和沿途道路。原图无名，入藏国家图书馆后，曾被命名为《汉水上游图》《均州附近名胜图》。

清代均州，地处鄂西北，与豫省交界，属襄阳府管辖。辖境之内，武当山脉高耸林立在均州南部，汉江由西北向东南穿过。均州所处地理位置“东连襄沔，西接梁洋，南通荆衡，北抵襄邓，左通汉水之长江，右据关陕之要路”[1]。成为沟通鄂、陕两省的水陆咽喉要道。均州城沿汉江顺流而下，经谷城、牛首等地，到达襄阳府城。沿汉江两岸，另有沟通均州与襄阳府城的陆路。均州城南一百二十里，有道教名山武当山。登临武当山的进香道路有多条，其中，当以襄阳府城至均州城的陆路，再转而向南入山一路官道最为方便。这条道路大致在沿江的山中穿行，途中又有名胜寺庙等建筑错落分布，山水秀美，是通向武当山的最佳线

1 [清]马应龙、汤炳堃、贾洪诏纂修：《均州志》（校注本），《光绪续辑均州志》卷2《形胜》，长江出版社，2011年，第213页。

路。明永乐年间，武当山被尊为“大岳太和山”[1]。因此，明清时期志书均以“太和山”称之。显然，从永乐年间开始，武当山已得到官方认可，成为与五岳齐名的名山。清代，武当山由均州管辖，地位不及明代[2]。康熙年间，康熙皇帝数次遣部员内臣前往武当山祭祀，以示官方对武当山为道教名山的认同。乾隆年间，乾隆皇帝参照泰山规制，下旨豁免武当山山税，封徽号“巨镇”。也就是说，此时清廷官方授予武当山为一方镇山，与五岳四镇并举。期望武当山可以保佑“军国民生，历著神异”[3]。从此以后，武当山在清代的政治地位越发凸显。

《均州附近名胜图》以牛首镇至武当山的道路为中心，地图图向随道路方向的变化而变化。以均州城为界，牛首镇至均州城一段，大致遵循上北下南的图向；均州城至武当山一段，大致遵循上西下东的图向。此图以河流脉络，道路、山脉、城池、村落等地理要素均以河流为参照。流经均州至襄阳的汉江及其支流，用青色画出。河流两侧山脉用形象画法表示，山体用蓝、绿两色着色，颇具明代青绿山水遗风。道路沿途所经城池、村落和山中建筑、植物也都采用形象画法画出，点缀在山水之间。沿河流两岸而行的道路，用虚线表示。道路两侧，标注途经地点名称，并在重要地点标注道路里程、两地分界等行程信息。与一般道路地图不同的是，此图在道路两侧，择地画圆圈或方框，其中标注“此处可作行宫扎营之所”，并注明两处行宫之间的道路里程。这一特殊标注说明，《均州附近名胜图》既不是普通的风景名胜导览图，也不是仅仅展示襄阳府城至武当山的道路图，而是专门考察帝王巡幸路线的即时道路地图。巡幸是清代帝王治理地方的重要政治活动，巡幸路线也必须由官方提前勘察规划，并绘图上呈。但根据史料记载，清代帝王并没有巡幸

1 [清]王概：《大岳太和山纪略》卷2《山水》，乾隆九年刻本，下荆南道署藏板。

2 梅莉：《明清政府对武当山进香的管理》，《中国社会经济史研究》2009年第2期，第47—56页。

3 [清]王概：《大岳太和山纪略·序》，乾隆九年刻本，下荆南道署藏板。

武当山的历史。《均州附近名胜图》是一幅未能实现的清代帝王巡幸武当山的道路规划图，具有浓重的官方属性和政治色彩。

二、《均州附近名胜图》的绘制年代

根据地图绘制范围及所绘主要内容来看，此图命名为《汉水上游图》《均州附近名胜图》均有一定偏差，命名为《襄阳府至太和山路程全图》更为合适。从画面风格来看，此图受到明代青绿山水的影响，具有清代早中期地图的风格。图上名胜古迹及地名标注是考察地图年代的重要参照。

《均州附近名胜图》画出城址两处，分别是谷城县和均州城。其中，均州城为方城。在城中心位置，是被称为武当山九宫之首的净乐宫。净乐宫整体建造在一个方形台基之上，宫观最外围有一周方形宫墙环绕。从均州城南门至北门的中轴线上，依次有丹陛、三门牌楼和净乐宫内的三重宫殿（图 2–1）。此图对均州城的画法，与乾隆刻本《大岳太和山纪略·大岳太和山全图》中的均州城相似。其中，《大岳太和山全图》的画法更为细致。城中中轴线还增绘了净乐宫二门以及环绕净乐宫与圣父母殿的宫墙，并在图上标注头门、二门、御书楼、净乐宫和圣父母殿（图 2–2）。通过两幅地图对净乐宫画法的对比发现，《均州附近名胜图》对净乐宫的画法好像是《大岳太和山全图》的简略版。图上画出处于净乐宫中轴线的三重宫殿，但未标注。三重宫殿的位置，与《大岳太和山全图》标注的御书楼、净乐宫和圣父母殿的位置相对应。因此，《均州附近名胜图》很可能已经画出了净乐宫御书楼的形象。根据《大岳太和山纪略》记载，净乐宫建成于永乐十六年（1418），康熙二十八年（1689）正月焚毁。康熙三十年（1691）募银重建，至康熙

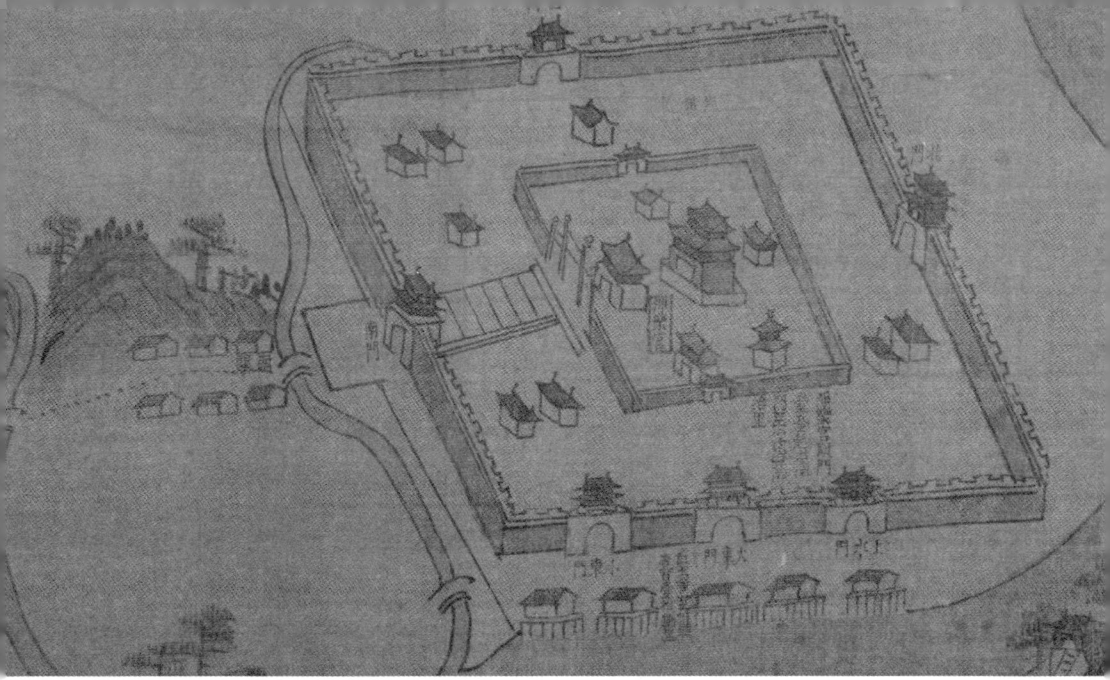

图 2-1　均州附近名胜图（局部）·净乐宫

图 2-2　大岳太和山纪略·大岳太和山全图（局部）·净乐宫

三十六年（1697），基本还原净乐宫原来的规模。康熙四十二年（1703），官方宣告净乐宫修建完工。乾隆元年（1736）八月，御书楼与朝圣门再次焚毁。此后，净乐宫供奉的书籍专由紫云亭收藏[1]。通过这段记载可知，乾隆元年（1736），御书楼已焚毁不见，此后也没有在中轴线上增建御书楼的记录。如果《均州附近名胜图》如实绘制净乐宫的中轴线建筑，那么可以大致推测，这幅地图的绘制时间应该早于乾隆元年（1736）。但由于《大岳太和山纪略》完成于乾隆十年（1745）前后，书中《大岳太和山全图》摹绘于康熙二十二年（1683），均州知州王民皡编纂的《大岳太和山志》[2]，所以，《大岳太和山全图》反映了康熙年间武当山的山川风貌。《大岳太和山纪略》既在地图上画出了御书楼，又在行文中记载了御书楼已焚毁的历史。显然，地图刻绘的是康熙年间的武当山，但书中如实记载了乾隆十年前后武当山的真实状况。《均州附近名胜图》如果曾经参照《大岳太和山仝图》的画法，那么地图的绘制年代就不能仅依靠御书楼的画法判定年代。

再来看地图对玉虚宫的画法。无论是《大岳太和山全图》还是《均州附近名胜图》，都画出了玉虚宫。如果说《均州附近名胜图》可能参照《大岳太和山全图》，那么两幅地图都画出玉虚宫也顺理成章。但两幅地图对玉虚宫的画法差别较大。《大岳太和山全图》画出玉虚宫的宫殿殿顶（图2–4），而《均州附近名胜图》画出了部分宫殿形制及牌楼全景（图2–3）。此外，《均州附近名胜图》还将玉虚宫拟定为巡幸行宫的选址所在。虽然两幅地图对玉虚宫的画法都具有一定的示意性，但《均州附近名胜图》提供了有关玉虚宫的更多信息。根据《大岳太和山纪略》记载，玉虚宫于乾隆十年（1745）三月焚毁[3]。如果《均州附近名胜图》绘制时间晚

1 [清]王概：《大岳太和山纪略》卷3《宫殿》，乾隆九年刻本，下荆南道署藏板。

2 王永国：《两幅珍贵的均州版“清明上河图”》，《十堰晚报》2017年11月15日，20版。

3 [清]王概：《大岳太和山纪略》卷3《宫殿》，乾隆九年刻本，下荆南道署藏板。版本信息著录为乾隆九年（1744）刻本，但在行文中又记载了乾隆十年（1745）的事情，此书当为乾隆十年之后刻本。

于玉虚宫焚毁时间，将帝王巡幸行宫拟定在已经焚毁的建筑群之中，显然是不合适的选择。因此推测，地图所绘玉虚宫应该是宫殿焚毁之前的景色。《均州附近名胜图》的绘制年代当在乾隆十年（1745）三月，玉虚宫焚毁之前。

将《均州附近名胜图》与《大岳太和山纪略》对照发现，书中一些记载“今废”的地点，并未在图上画出。比如，志书记载周府庵附近，在周府庵右侧有申府庵，左侧有沐府庵，北侧有万寿庵。沐府庵在崇祯九年（1636）焚毁，万寿庵今废[1]。《均州附近名胜图》上，周府庵拟作为巡幸路程中的一处行宫，对周府庵附近绘制较为详细。图上画出了申府庵、紫阳庵、铁瓦殿、晋府庵，但却不见沐府庵和万寿庵的痕迹。地图所绘建筑存废与乾隆十年（1745）左右成书的专志记载几乎完全吻合。与周府庵记录类似，专志中记录

1 [清]王概：《大岳太和山纪略》卷3《庵附》，乾隆九年刻本，下荆南道署藏板。

图 2-3　均州附近名胜图（局部）·玉虚宫

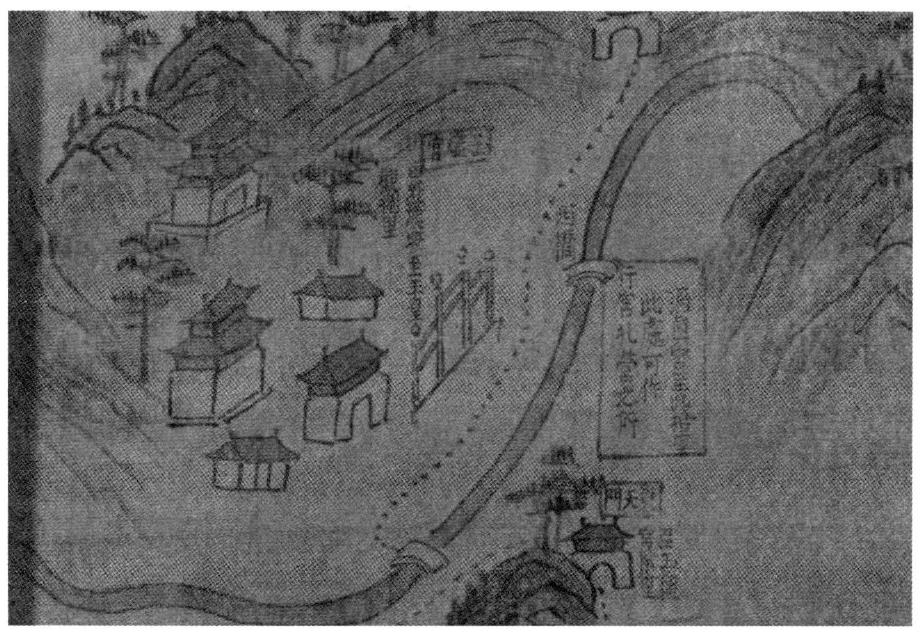

图 2–4　大岳太和山纪略·大岳太和山全图（局部）·玉虚宫

已经废弃的瑞府庵、崇府庵、回龙观路府庵等处建筑，也未在《均州附近名胜图》上画出。然而，崇府庵、回龙观等地点却在《大岳太和山全图》上明确画出。显然，《均州附近名胜图》对武当山内建筑存废的描绘，更贴近《大岳太和山纪略》的记载。除此之外，专志记载“周府庵，今改悟真庵”[1]。在地图上未见改名痕迹。由此推测，《均州附近名胜图》的绘制年代应该与专志成书时间相近，绘图年代还应略早于《大岳太和山纪略》的刊刻时间。

根据净乐宫和玉虚宫的画法，本文推测《均州附近名胜图》的绘图年代晚于初刻版《大岳太和山全图》，早于《大

1 [清]王概：《大岳太和山纪略》卷3《庵附》，乾隆九年刻本，下荆南道署藏板。

岳太和山纪略》，大致介于康熙二十二年（1683）至乾隆十年（1745）之间。地图上“玄岳门”“至玄岳半里”等多处“玄”字避讳的写法，说明地图绘制年代应在康熙皇帝登基之后，与地图绘制时间的推测相互印证。

三、《均州附近名胜图》的山外巡幸路线

从先秦开始，均州辖境之内的汉江及其支流构成的水路网路，就是沟通南北东西的重要通道。随着水路交通逐渐频繁，依托水路的陆路也逐渐形成。清代帝王巡幸路线，是在考察入武当山进香的诸多道路基础上，最终择优绘图，供皇帝选择。所以说，巡幸路线的选定与以往入山进香的水陆通道密切相关。

先看水路。河流水系是《均州附近名胜图》的脉络。无论是巡幸路线还是城池名胜，均参照与河流的相对距离而绘。这样的对照方法，是传统地图中表示两地间距常用的绘图方法。地图东侧起点是即将流经襄阳府城的汉江。汉江干流是沟通襄阳府与均州城的重要水路。汉江北岸可见一条尚未与汉江汇流的支流，这条支流是清河。清河从邓州辖境发源，由西北流向东南，经过龙王集，在樊城附近清河口注入汉江。清河是一条沟通南阳盆地与襄阳府城的水路。沿汉江干流上溯，经牛首、太平店，到达谷城县城。谷城县城南侧有南河汇入，北侧有古洋河归入。南河是一条由西南流向东北方向的河道，是一条沟通郧阳府与襄阳府的水路。从地图上看，古洋河与南河几乎并行，是石花街、新店等地与汉江主河道之间的水路。沿汉江继续上溯，在小江口，有自北向南的粉红江（丹江）注入汉江。襄阳府通过丹江河道与淅川、山阳等地相连。丹江河谷是沟通关中与荆楚的古道。而沿丹江北上，丹江与均水相连，形成另一条南阳盆地与襄阳

府之间的水路。汉江继续上溯，有浪河自南向北注入。至均州城，在城东又有曾河自南向北注入汉江。曾河和浪河都发源于武当山。图上，汉江的描绘至均州城结束。由均州城入山一路，以山谷中支流为参照，绘制入山之后的山川名胜。但这些河流水网基本不具备水路运输的功能。另外，汉江从均州城再上溯，与陕南兴安府相连，是沟通秦楚之间最重要的水路通道。

计划巡幸陆路与汉江水路密切相关。从地图上看，由襄阳府至武当山的陆路通道有两条。两条备选巡幸路线起点应该在襄阳府城，图上从襄阳府城西侧汉江北岸开始标绘。第一日行程由襄阳府城至三官庙。巡幸路线沿汉江西行，经洼湾、牛首、关王庙、卜家桥，在卜家桥与黄水铺之间的三官庙附近，拟定行宫选址。三官庙标注“长澧洲至此，三十五里半。此处系牛首地，方可作行宫扎营之所”。第二日行程由三官庙至龚家洲。出三官庙，过黄水铺，沿途有界碑与界河，以示辖境归属变更。又经霸子沟、朱家坡、太山庙、太平店，到达龚家洲。其中太山庙位于谷城县与襄阳樊城交界。龚家洲标注“牛首至此，共五十里四里半。此处可作行宫扎营之所”。第二日行程至太山庙和龚家洲之间，两条备选的路线开始分途。一条沿汉江北岸西行，为北路。另一条在太山庙附近，增建过江浮桥，沿汉江南岸西行，为南路。

南路第三日行程由龚家洲至叶家洲。过汉江后，经龚家渡、庙滩、回流湾，在谷城县南，过南河，经谷城县，到达叶家洲。叶家洲标注“龚家洲至此五十里。此处可作行宫扎营之所”。第四日由叶家洲至金家店。从叶家洲出发，经镇山口进入汉江南岸诸山名镇名胜之中，跨古洋河，过新店、大峪河、余家店、石花街，最终到达金家店。金家店标注“叶家洲至此五十里。此处可作行宫扎营之所”。第五日由金家店至浪河店。第五日行程仍旧在汉江南岸的山谷中穿行，途经黄岭铺、么铺、万佛洞、咎家铺，至大界山。大界山是谷城县与均州的分界，南路路线翻过大界山进入均州辖境，又经过拜香台、青石铺，到达浪河店附近。拟定行宫扎营治所位于浪河东岸，标注“金家店至此九十三里。此处可作行宫扎营之所”。第六日南路由浪河店至草店，仍为山路，途经小界山、窑子铺、土碑铺、青微铺，到达草店，与北路汇合。在南路与北路交汇之前，标注“大界山至草店九十里，自襄由谷至均属草店，共计三百四十里”。根据康熙年间《均州志》记载[1]，巡幸路线的南路规划，出襄阳府城，经过谷城县、界山至草店，是当时常用的驿路官道。沿途各处地点，以“铺”“店”为名，其实就是官道上的驿站所在。南路大致沿汉江南岸展开，连通汉江南岸汇入支流。因此，南路也是汉江以南各地香客入山的主要通道。

北路第三日由龚家洲至罗家店，先沿汉江北岸途经王家河，遥望汉江南岸谷城县城，又经老河口、宝珠寺、二郎庙，在何家沟附近入山，经过三尖山，是光化县与内乡县交界处。两地交界处标注“自襄由光属至三尖山，共计二百一十五里”。之后北路跨丹江、过玉皇顶，到罗家店。罗家店再西行是白石河。图上在罗家店标注“至白石河四里，此处可作行宫”。白石河标注“均属白土，当至此二十六里。此处可作行宫扎营之所”。令人疑惑的是，从龚家洲至罗家店、白石河的道路里程，相当于南路两天的路程。而在北路两处暂定行宫地点之间，再无标注行宫扎营地点。如果一天走完这段路程，行程已超百里。这样的单日行程规划显然不太合适。第四日行程由罗家店、白石河至邓家湾，途经石鼓关、李家店、新店、关王庙，到达邓家湾。邓家湾标注“白石河至此四十三里半。此处可作行宫扎营

1 [清]党居易纂修：《均州志（校注本）》，康熙《均州志》卷2《铺递》，长江出版社，2011年，第45页。

之所”。第五日行程由邓家湾至周府庵，途经万坪店、乌龙池，翻越方山，又经响河店、槐树关，在均州城北，搭建浮桥，进入均州城北门。均州城内没有标注行宫，巡幸路线从均州南门南关出，过黄沙河、小炮山、大炮山、朝阳洞、迎恩宫，到达周府庵。周府庵标注“此庵内可作行宫，外可作扎营之所”。但未标注道路里程。巡幸路线再向南，与南路在草店汇合。北路经光化县、内乡县、均州至草店，承接清河、丹江以及沿汉江而下的诸多通道。因此，这条巡幸路线规划也是北方各地香客平时入山的通道。除规划巡幸路线之外，地图上还标绘了一条连接光化、谷城与襄阳府城之间的通道。起点在襄阳府城，经清河龙王集、祖师殿、白家集、樊家桥、柳堰集，至陈家庙入山，进入光化、谷城辖境。这条路继续北行，即可进入南阳盆地。这条路线与北路规划路线并行，可能是作为北路备用方案而绘。

根据地图标注，南路和北路汇合之前，行程相差一天。其中，南路第五日行程金家店至浪河店，行程九十三里。北路第三日行程龚家洲至罗家店，行程超过一百里。相较图上标绘的其他每日行程，两处行宫之间的距离大约五十里。国家图书馆馆藏《嘉庆十六年恭逢皇上展谒西陵礼成后巡幸山西五台回銮经由直隶程站图并说》，记载了嘉庆皇帝巡幸五台山的每日路程及相邻行宫之间的距离。参照这幅图说，也可了解每日行程五十里左右，是帝王巡幸日程的普遍安排。显然，无论是南路还是北路，从襄阳城至武当山的巡幸路线都存在明显的问题。这说明《均州附近名胜图》并不是已经规划好的巡幸路线地图，而是在规划之中，并不完善的巡幸地图。

四、《均州附近名胜图》的山内巡幸路线

虽然均州城至玄岳门一路官道，也属于武当山景区，但玄岳门才是入山之始。规划巡幸的南北两路汇合之后，武当山玄岳门已近在咫尺。进入玄岳门之后，巡幸路线基本按照每日行程十里计算。拟建行宫分别位于遇真宫、玉虚宫、紫霄宫和南岩宫四处。遇真宫标注“周府茶庵至此十里。此处可作行宫扎营之所”。玉虚宫标注“遇真宫至此十里。此处可作行宫扎营之所”。紫霄宫标注“紫霄、南岩二宫内可作行宫，外无扎营之所”。

巡幸路线经过玄岳门、襄府庵，就到达遇真宫。遇真宫是山内第一处拟规划的行宫地点。出遇真宫，过仙关门及石桥，路线再次分途。其中西侧一路，经中南桥、东天门可到达玉虚宫。玉虚宫为第二处拟定的行宫地点。从玉虚宫出，经东天门，可达玉皇观。东侧一路，经元和观、好汉坡，直接到达玉皇观。两条路在玉皇观汇合，经磨针井、关王庙、老君店、复真阁（太子坡）、九渡涧、黑虎庙、威烈观，到达紫霄宫。在紫霄宫旁标注“玉虚宫至此四十二里”。这样的行宫间距规划，又与山外里程相似，远远超出了前两段山内里程。如果选择南岩宫为行宫，需经过紫霄宫再行五里，过乌鸦庙、南天门，到达南岩宫。从紫霄、南岩两宫出发，有一条山路直达飞身台，另一路通向金顶。通向金顶一路，经过小武当、七星树、朝天宫、一天门、会仙桥、朝圣门、南天门等处，到达天柱峰金顶。金顶旁标注“自均州城内净乐宫台基起，至金顶，共计一百二十里”。天柱峰另一侧，另有从青微宫、东天门等上金顶的南神道。山内巡幸路线，大部分地点旁都标注两处景点之间的距离，以备指示、调整每日规划行程。

《均州附近名胜图》对山内巡幸路线的规划，基本可以与乾隆年间王概《大岳太和山纪略》中记载的入山道路相对应。《大岳太和山纪略》记载入山道路以均州城净乐宫为起点。均州城至草店一段属山外道路，是郧襄官道的一部分。这段官道是平坦宽阔的石路。石路两旁古树成荫。过迎恩宫，两侧山势渐高，至玄岳门进入山内。山内道路段分为东、南、西、北四路记述。其中，有关山内东路的描述，可以作为地图上巡幸路线规划的导览说明。志书记载游览路程至天柱峰金顶时，"计州城到顶百二十里"的说法，与图上金顶处的标注相似。

其实，山内巡幸路线是明代以来入山进香的最主要道路，也称东神道。明清易代，农民起义使武当山山内道路遭受重创。康熙二十一年（1682），当地官宦募捐，先后修建朝天宫至朝圣门，以及七星树附近的山路。太子坡复真阁一段山路也于康熙二十二年（1684）重修。康熙四十二年（1703），重建二天门、三天门各一座，并修太和古路[1]。《均州附近名胜图》所绘山内路线恰好经过康熙年间重修的山路，这显然不是巧合。有清一代，东神道应该是山内诸多道路中路况最佳的路线了。山内可供备选的行宫地点有四处，均沿东神道分布，这说明计划巡幸行程在山内至少停留四天。根据清代帝王巡幸名山的经验来看，停留一周左右的时间最为常见。

五、《均州附近名胜图》的特点

《均州附近名胜图》是一幅清代前期官方绘制的巡幸道路规划地图。《均州附近名胜图》揭示了清代前期一次未能实现的帝王巡幸规划。康雍乾三代，雍正皇帝以勤政为名，不巡幸。所以这次巡幸武当山的规划，最有可能属于康熙或者乾隆皇帝。武当山距京师路程遥远，巡幸十分不便。康

1 [清]王概：《大岳太和山纪略》卷3《修建附》，乾隆九年刻本，下荆南道署藏板。

熙、乾隆皇帝都曾多次巡幸各地，其中西巡路线距离武当山最近。康熙皇帝于康熙四十二年（1703）西巡西安，乾隆皇帝于乾隆十五年（1750）西巡中州。但这两次巡幸路线都与武当山无缘。无论这次武当山的巡幸计划属于康熙还是乾隆，都反映了清代前期国家对山岳祀典的重视。武当山是道教名山，又是明代皇室家庙。清代给予武当山"巨镇"的封号，其实是遵从儒释道并重的宗教政策，赋予武当山为国家认可的道教圣地地位。清代一直保留遣官祭祀武当山的传统，并曾规划帝王巡幸于此，体现了国家对武当山的重视程度。

《均州附近名胜图》与流传至今的清代巡幸地图相比，显示出一些不同的特点。此图绘制的巡幸路线起点是襄阳府城，巡幸路线也只画出了襄阳府城至武当山的一段。而清代大多数巡幸地图都绘制了从京师至巡幸终点全程的路程地图。显然，《均州附近名胜图》不符合清代巡幸地图的基本特征。《均州附近名胜图》计划每日行程里程差别较大，两处拟建行宫之间出现间距达百里的情况，这与一般巡幸地图两处行宫间距约五十里的标准也不相同。《均州附近名胜图》画出从襄阳府城至武当山的两条备选路线，而一般巡幸地图都是准确绘制已经确定的行程路线。《均州附近名胜图》与清代巡幸地图的不同之处，反映出此图对巡幸路线的规划处在初步阶段。图上所绘路线，既没有选出确定的巡幸路线，也没有确定准确的每日行程，甚至连某日驻跸行宫的位置都没有确定。《均州附近名胜图》所表现的巡幸规划不确定性和不完整性，可能与此次计划未能实现有关。也正是因为这些不完整和不确定的地图特征，为我们留下了清代巡幸地图未实现之前的状态。

在巡幸路线规划未完成的情况下，《均州附近名胜图》

将巡幸路线可能途经的山川名胜一一标绘，试图展现沿途山水胜景，这与清代巡幸地图的表达方式基本相同。在表现山水名胜方面，此图重视河流水系的绘制，但对沿途城址村落的描绘相对简略。同样，此图重视描绘巡幸道路，但对途经名胜却更重视位置标绘，而不重视对山脉和具体建筑细节的描绘。这样的绘图特征也与地图以展现道路为主的绘图目的直接相关。

乾隆年间刊刻的《大岳太和山纪略》，以及其中摹绘的《大岳太和山全图》，与《均州附近名胜图》有着千丝万缕的关系。《均州附近名胜图》与专志《大岳太和山纪略》在描绘武当山道路和沿途建筑变化方面高度吻合。同时，《大岳太和山全图》绘制由均州城至武当山的景色，《均州附近名胜图》的构图视角和画面布局与《大岳太和山全图》相似。两幅地图不同之处在于，《大岳太和山全图》对武当山山川景色的刻绘更为细致，《均州附近名胜图》则侧重于入山道路及各处名胜与道路之间的相对位置的标绘。由此推测，《均州附近名胜图》创作阶段很可能参照了与《大岳太和山纪略》相似的背景资料，亦或二者创作年代基本同时。此外，《均州附近名胜图》与《大岳太和山全图》很可能属于同一地图谱系。而这两幅地图与明代武当山专志中的地图差别十分明显。

《均州附近名胜图》描绘襄阳府城至均州城之间的山川道路，超出以往专志地图绘制范围。在同时期的方志中也没有单纯描绘汉江中游道路的地图。《均州附近名胜图》为我们提供了清代前期汉江中游一带水陆通道的直观图像。随着丹江口水库的建设，地图上表现的均州城一带已淹没在水中。无论是水陆通道还是山川名胜，现在的风景已与地图所绘的景色大相径庭。因此，流传至今的图像资料更显得弥足珍贵。

封禁与放垦——从《黑龙江东部屯垦图》看咸丰七年呼兰地方的荒地调查

一、《黑龙江东部屯垦图》的版本及内容

《黑龙江东部屯垦图》一幅，清代内府彩绘本。幅面长 79 厘米，宽 57 厘米。此图采用山水形象画法，以河流水系为纲，以林地山脉为辅，主要绘制出清代黑龙江将军下辖呼兰地区的山川形势、驿路交通、城池卡伦等地理要素。地图整体画风简约淡雅，符合清代中后期官绘地图风格。图上另有多处黄签图说标注，也反映了这幅地图的官绘性质。由此推测，这幅《黑龙江东部屯垦图》应该是清代中后期，由黑龙江将军府上呈皇帝御览的呼兰地方荒地调查地图。随图应另有实地调查的文字说明或奏折。

清军入关以后，广大东北地区作为满洲肇兴之地，并未建立与内地十八省相同的地方建置，而是以军府统之。顺治初年，清廷裁撤明代卫所之后，东北地区仅以奉天昂邦章京管理[1]。明末清初，随着沙俄势力逐步东侵，势力范围已扩张到黑龙江流域。这势必与清王朝的传统统治地域产生冲突。加之清王朝对明朝倭寇侵扰近海的隐忧，东北地区行政区划过于庞大，不便管理的问题初步显现。顺治十八年（1661），奉天府尹张尚贤上疏，描绘了盛京地区的统辖情况："合河东、河西之边海以观之。黄沙满目，一望荒凉。倘有奸贼暴发，海寇突至，猝难捍

1 《万有文库·清朝通典》卷90《州郡一》，商务印书馆，1935年，第2708页。（顺治）三年（1646），改内大臣为奉天昂邦章京镇守总管印。

御，此外患之可虑者。……合河东、河西之腹里观之，荒城废堡，败瓦颓垣。沃野千里，有土无人。全无可恃。此内忧之甚者。臣朝夕思维，欲弭外患，必当筹划提防。欲消内忧，比当充实根本。以图久远之策。”[1]由此可知，顺治末年，以盛京为中心的东北地区，因政区过大，建置不合理而带来的潜在的内忧外患，已成为东北地区重置行政区划的主要原因。康熙初年，奉天和宁古塔昂邦章京升为将军府统辖[2]。与此同时，伴随着沙俄势力在黑龙江流域的渗透，清军与沙俄势力之间的激战日渐频繁。康熙二十二年（1683），清廷在瑷珲城设置黑龙江将军，直接负责沙俄势力入侵问题。至此，东北地区形成了三将军府分治的政区格局。乾隆年间，黑龙江将军、吉林将军、盛京将军的命名、治所和辖境最终确定。将军之下设副都统辖区，派驻八旗驻防[3]。此时，东北地区南端以山海关为分界点，与直隶分界，南临渤海；东到日本海，以鸭绿江为界与朝鲜半岛相对；西侧紧邻内蒙古昭乌达盟、哲里木盟，外蒙古车臣汗部；北侧以外兴安岭为界，与沙俄势力范围相邻。外兴安岭以南、黑龙江以北、乌苏里江以东，以及库页岛等区域均为吉林将军和黑龙江将军辖境。

《黑龙江东部屯垦图》所绘范围西北方向是齐齐哈尔城，西侧沿嫩江干流与东流松花江交汇。南至东流松花江南岸大青山、张广才岭一线。东到呑河（今汤旺河）与松花江交汇的古木讷城。北达小兴安岭。从地形地貌来看，地图所绘区域大部分位于由西侧大兴安岭、北侧小兴安岭以及东侧张广才岭为代表的东部山地环绕起来的松嫩平原北部。从地图描绘来看，西部、中部区域是小兴安岭及东部山地西侧山前的冲积台地。这里是山地向平原的过渡地带，地势平坦，河流

1《清实录·圣祖实录》卷2，顺治十八年三月至五月，中华书局，1985年，第64—65页。

2《万有文库·清朝通典》卷90《州郡一》，商务印书馆，1935年，第2708页。康熙元年（1662），改奉天昂邦章京为镇守辽东等处将军，宁古塔昂邦章京为镇守宁古塔等处将军。

3 [清]长顺修，李桂林、顾云纂：《吉林通志·序》，光绪十七年刻本。国初设昂邦章京，后乃改为将军以统辖之，而分隶于各副都统者，则有八旗驻防之兵。

纵横。松花江、嫩江，以及呼兰河、通肯河等诸多支流水系遍布台地。东部区域是由小兴安岭和东部山地组成的山地丘陵地区，松花江从两个山系之间穿过，形成平原河谷地带。从行政区划来看，地图所绘区域均属于现在的黑龙江省辖区。但在呼兰府尚未设立之前，这一范围分属黑龙江将军、吉林将军和内扎萨克蒙古六盟管辖。其中，以呼兰城为中心，松花江以北的广大区域是齐齐哈尔副都统辖区。嫩江与松花江交汇以东部分地区是哲里木盟辖区，受黑龙江将军监督与节制。以阿勒楚喀为中心的松花江以南地区归属阿勒楚喀副都统辖区。以三姓城为中心的松花江南北两岸归属三姓副都统辖区。

清初，为保护清朝“龙兴之地”，采取对东北地区的封禁政策。从顺治、康熙年间大规模修筑柳条边[1]，至乾隆初年全面封禁东北[2]，封禁政策呈现出地域逐渐扩大、禁令逐渐收紧的趋势。乾隆年间，虽然东北地区的行政建置逐渐完善，但除了驻防八旗所属旗地、官庄和围场之外，东北地区民地范围十分有限。因此才造成清初东北地区“沃野千里，有土无人”的局面。《黑龙江东部屯垦图》所绘范围属于清朝传统的封禁之地。以呼兰城为中心的嫩江中下游和东流松花江流域，虽有荒地可垦，却因封禁，外来民人有限，开发一再搁置。这幅地图反映了晚清招民屯垦政策实施之前，松嫩平原北部的开发情况。图上唯一标注的开垦土地是嫩江东岸的“齐齐哈尔新立官屯”。从城池村落的分布来看，图上最明显的开发区域当属松花江北岸、呼兰河以东、绰罗河（今少陵河）以西的平原地区，也就是现在哈尔滨市呼兰区和绥化市所在区域。此外，沿嫩江东岸的齐齐哈尔城至呼兰城官道，沿东流松花江两岸的阿勒楚喀城至三姓城官道，也处于已开发状态。而图上大部分地区，特别是河流流经区域，均以卡

1 [清]杨宾：《柳边纪略》卷1，《辽海丛书》第一册，辽沈书社，1984年，第236页。自古边塞种榆，故曰榆塞。今辽东皆插柳条为边，高者三四尺，低者一二尺。若中土之竹篱，而掘壕于其外。人呼为柳条边。

2 《清实录·高宗实录》卷115，乾隆五年四月下，中华书局，1985年，第688—690页。

伦管理，并无村落标记。这些没有标记的大片空地，都是尚未开发的荒地。整体上看，绘制《黑龙江东部屯垦图》时，松嫩平原北部的土地开发程度较低。

二、《黑龙江东部屯垦图》的绘图背景

近代以来，清政府应对“内忧外患”的局势显得力不从心，实施上百年的封禁政策被彻底打破。以“闯关东”为代表的近代移民潮深度影响了东北地区开发的历史进程。在大规模“闯关东”开始之前，清廷对东北封禁之地的管理，同样呈现出逐步放开的趋势。在封禁政策的调整过程中，清廷曾多次派人调查各地荒地、垦荒人口以及已开发的熟地数量，并根据实地调查结果，制定相应的垦荒政策。封禁地区垦荒政策的调整，一方面与调查荒地的结果有关，另一方面与沙俄入侵黑龙江、乌苏里江流域的既成事实有关。不同时期，调查荒地数量的官方活动，其实是对沙俄入侵的“回应”。从积极的方面来说，屯垦地点选择、人口规模以及屯垦地区的粮食产出，都是清廷经营封禁之地的有效政策，一定程度上可以遏制沙俄势力进一步南侵，为抗击沙俄建立稳定的后援支持。从消极的方面来说，清廷在屯垦政策的制定、屯垦地点的选择等方面显现出明显的滞后性。这无疑影响了清廷经营封禁地区的实际效果。《黑龙江东部屯垦图》就是在这样的历史背景之下，官方调查黑龙江将军所辖呼兰地区屯垦情况的地图，反映了特定时期呼兰地区的实际垦荒情况。

从乾隆初年全面封禁东北开始，吉林将军和黑龙江将军辖区大量未开垦的荒地，作为王朝储备用地，供旗人维持生计。《清史稿·食货志》记载：“乾隆初，设黑龙江屯庄，呼兰立庄四十所，选盛京旗丁携家往，官为资装筑屋庀具，丁

给地亩六十，十丁一庄，每六亩给籽种二斗，庄给牛六头，口粮并给。……道光中，宁古塔、伯都讷、三姓、阿勒楚喀、拉林各官庄，共原额地万二百垧，吉林八旗与各处旗地暨乌拉旗地，共三十六万五千九十二垧。”[1]显然，在乾隆至道光年间，旗人在特定区域划定旗地，是封禁区域土地开发的关键力量。这段记载中的呼兰立庄、三姓、阿勒楚喀、拉林和官庄，均与《黑龙江东部屯垦图》描绘的已开发区域相对应。乾隆晚年至道光年间，随着清王朝与沙俄的领土冲突和往来贸易日渐频繁，曾任吉林将军的松筠、富俊都曾上疏，希望在旗地之外，募民屯垦[2]，以充实边地，抵御外敌。《清史稿》曾对松筠请开小绥芬屯垦一事发表评论，认为：“当时以不急之务沮之。至咸、同间，其地竟划归俄界。苟早经营，奚致轻弃？实边之计，顾可忽哉！”[3]松筠曾于乾隆五十九年（1794）正月，任代理吉林将军。民国年间修纂《清史稿》时，纂修者认为如果在乾隆、嘉庆年间重视边地经营，早些实施募民屯垦，就不会导致大片领土丢失，以此说明移民实边的重要性。近代以来，吉林、黑龙江将军实施的“招民屯垦”政策，很大程度上与沙俄加快入侵黑龙江和乌苏里江流域的边疆危机有关。康熙年间，《尼布楚条约》签订之后，黑龙江和乌苏里江均为中国内河。咸丰年间，沙俄加快了侵占中国东北领土的脚步，黑龙江和乌苏里江流域逐步沦为沙俄的实际占领区。与此同时，清王朝在吉林、黑龙江将军辖区仍坚守“封禁”政策。清政府急需调整东北边疆的施政政策，以便应对日益紧张的边疆局势。

[1] 赵尔巽等撰：《清史稿》卷120《食货志一·田制》，中华书局，1977年，第3496页。

[2] 赵尔巽等撰：《清史稿》卷342《列传一百二十九·松筠、富俊》中华书局，1977年，第1113—1123页。

[3] 赵尔巽等撰：《清史稿》卷342《列传一百二十九·松筠、富俊》中华书局，1977年，第1123页。

三、《黑龙江东部屯垦图》的绘图时间

《黑龙江东部屯垦图》绘制的核心地区是嘉庆、道光年间黑龙江将军主要粮食产区——呼兰。根据地图地名标注和

贴签说明，本文来推断一下这幅地图的绘图时间。

（一）重要地理要素的建置时间

首先，地图上标注的重要城池包括齐齐哈尔城、呼兰城、阿勒楚喀城、伯都纳城和三姓城。其中，齐齐哈尔城用多个房屋符号表示，以示这座城池是黑龙江将军治所的特殊地位。其他四城均用红边方形符号表示，说明这四座城池在各自区域的中心地位。据宣统年间《呼兰府志》记载，康熙二十二年（1683），黑龙江将军在呼兰河流域设置八处卡伦，并调拨齐齐哈尔、墨尔根、黑龙江三城驻防兵驻守[1]。雍正十二年（1734），在呼兰河与松花江交汇处的东北方向设置呼兰城，并由时任黑龙江将军的那苏图上奏，划定呼兰城的管辖范围。此时呼兰城辖境“东至松黑两江交汇处，西界蒙藩杜尔伯特旗郭尔罗斯后旗，南滨松花江与吉林接，北穷呼兰通肯河各源至内兴安岭，与黑龙江城布特城接。西北至恒升堡，与齐齐哈尔接。南北袤五百里，东西广一千四百余里”[2]。《呼兰府志》记载的雍正年间呼兰城辖境，与《黑龙江东部屯垦图》绘制的四至范围几乎相同。由此说明，考察呼兰城辖区垦荒情况，是这幅地图最重要的用途。地图的绘制时间晚于呼兰城的设置时间。

其次，《黑龙江东部屯垦图》上另绘齐齐哈尔城至呼兰城、阿勒楚喀城至三姓城、绰罗卡伦至弩敏卡伦的官方驿路三条，并绘出驿路途经的驿站分布情况。其中，齐齐哈尔至呼兰城途经驿站包括：齐齐哈尔城—特木得黑站—温托浑站—多耐站—塔拉哈站—古鲁站—乌兰诺尔站—茂兴站—博勒吉哈站—察布起尔站—鄂多尔图站—布拉克站—扎喀霍硕站—呼兰城。齐齐哈尔至呼兰城的驿路是沟通黑龙江将军与京师的重要通道。这条通道从齐齐哈尔至乌兰诺尔站为南北走向。至乌兰诺尔站分为两路：一路至茂兴，向南可达伯都

1 [清]黄维翰编：宣统《呼兰府志》卷1《地理略》，凤凰出版社，2006年，第6页。

2 [清]黄维翰编：宣统《呼兰府志》卷1《地理略》，凤凰出版社，2006年，第7页。

纳城、吉林乌拉等地；另一路向东，途经六站，直抵呼兰城。齐齐哈尔至茂兴线于康熙二十五年（1686）正式建成，雍正五年（1727）增设乌兰诺尔站[1]。乌兰诺尔站至呼兰城线于雍正十三年（1735）建成[2]。阿勒楚喀城至三姓城驿站包括：阿勒楚喀城—蜚克图站—色勒佛特库站—佛斯和恩站—富拉浑站—崇古尔库站—鄂勒霍木苏站—庙站—三姓城。阿勒楚喀城至三姓城驿路设置，与呼兰城辖境与三姓城辖境的调整有关。乾隆二十七年（1762），划呼兰城迤东江北地，假于吉林，设五驿。“是年，吉林将军奏，以三姓西至阿勒楚喀，地势辽远，驿递不便。请再胡兰属巴彦苏苏以东，安设庙噶珊、鄂勒郭木索、崇古尔库、富拉浑、佛斯和亨五站。”[3]这条驿路为沟通三姓城所设，由阿勒楚喀城一路向东，成为三姓辖域与内地沟通的主要通道。绰罗卡伦至弩敏卡伦驿路包括：绰罗卡伦—布尔喀里卡伦—山彦富勒哈卡伦—弩敏卡伦。绰罗卡伦至弩敏卡伦驿路，南起绰罗河与松花江交汇处，北至弩敏河东岸，是一条纵贯呼兰城辖境南北的通道。这条通道是康熙二十二年（1683）在呼兰河流域设置八卡伦之后才能实现。与上述两条主干道不同，这条道路是呼兰城管辖四卡伦[4]之间的联系道路，主要为沟通呼兰城管辖区域内部而设。根据《黑龙江志稿》记载，咸丰三年（1853），清廷在绰罗河口至弩敏河口之间设立封堆四处，并设沟通封堆的哨道，用来区分荒地，实施不同的巡查政策。哨道以内，为封禁官荒，不准开垦；哨道以外，为公众闲荒，向准旗丁耕种而禁民户入界私垦[5]。文献记载的这条哨道正好与地图上绘制的绰罗卡伦至弩敏卡伦驿路对应。根据地图上绘制三条驿路的修建时间推测，《黑龙江东部屯垦图》的绘制年代应晚于咸丰三年，即开辟绰罗河口至弩敏河口之间封堆哨道之后。

[1] [清]西清纂：《黑龙江外记》卷2，光绪二十年刻本影印，成文出版社，1969年，第57页。

[2] [清]黄维翰编：宣统《呼兰府志》卷4《交通略》，凤凰出版社，2006年，第98页。

[3] [清]黄维翰编：宣统《呼兰府志》卷1《地理略》，凤凰出版社，2006年，第7页。

[4] [清]西清纂：《黑龙江外记》卷2，光绪二十年刻本影印，成文出版社，1969年，第70页。

[5] 万福麟监修，张伯英总纂：《黑龙江志稿》卷8《经政志·垦丈》，黑龙江人民出版社，1992年，第369页。

（二）贴签说明反映的历史事件

除图上标绘地理要素之外，贴签说明更能代表地图绘制的时效性。此处梳理一下《黑龙江东部屯垦图》上的贴签说明。图上现存贴黄签说明五处，其中关于三姓城的说明内容如下：

> 乾隆五十三年，吉林将军奏准将黑龙江省呼兰所属江北地界，分拨给三姓闲散余丁居住。沿江安设台站五处，至布雅密河东岸止，二十、三十、四十里不等。由色和哩哈达起，至古木讷城，设立封堆十二座。封堆以南，皆为三姓地界。

根据宣统年间《呼兰府志》记载呼兰府疆域“南滨松花江与吉林接”，显然，呼兰府与三姓副都统衙门之间的划界，应该是东流松花江。松花江也是黑龙江将军与吉林将军辖区的分界。但根据《黑龙江东部屯垦图》三姓城贴签说明，在乾隆五十三年（1788），清廷曾对呼兰城和三姓副都统辖区的划界进行过一次调整。这次调整基于阿勒楚喀通往三姓城的驿路逐渐完善。同时，随着驿路畅通，大量关内流民沿驿路至三姓城附近垦荒，维持生计。这种情况并不完全受清廷掌控。于是，调整对三姓城周边的区划设置，更符合乾隆末年的实际需求。乾隆五十三年（1788），清廷将原属呼兰城所辖松花江北大片区域，也就是通往三姓城五处驿站所在区域，划拨给三姓副都统衙门管辖。至此，呼兰城辖区与三姓副都统衙门辖区之间不再以松花江为界，而是以松花江北察库兰山、燕宁山、塔斯哈山、色和哩哈达山、嘎勒杆山、哈勒罕山一线作为两地分界。这一系列山脉正是松花江北分水岭。由群山中发源的众多松花江支流，经江北山前河谷平原，汇入松花江。这片区域也就成为三姓城周边重要的屯垦地带。在改变呼兰城与三姓城两地划界的同时，为加强对流民的管理，清廷在江北分水岭的群山之上建封堆十二座，明确两地分界。民国年间《依兰县志》对两地分界的记录非常清晰："北至江北分水岭，与江省呼兰分界。计松花江北卜雅密河（即索罗张口子）第一封堆起，东至汤旺河第十八封堆止，为西北借地，安站之界址。"[1]《黑龙江东部屯垦图》上，贴签说明乾隆五十三年（1788）呼兰城与三姓城之间的辖境调整，并在地图上标注封堆十二座。封堆数量虽然与后世方志记载有异，但这并不影响绘图时间的判断。显然，地图的绘制时间要晚于乾隆五十三年（1788）。《三姓副都统衙门档案》记载了乾隆五十四年（1789）流民安置情况。"在三姓地区查出流民 249 户，1245 口，只逐出王顺等 61 户，303 人。其余焦万良等 188 户，942 口则无力出走，最后被允许留住。"[2]乾隆晚期，清廷在调整呼兰城江北地界屯垦时，希望分配给三姓闲散余丁居住。但根据档案记载，此时，相当多的流民涌入三姓城周边。划归三姓城的江北区域实际上已经由部分流民开发屯垦。之后，黑龙江和吉林将军辖区的荒地调查，其实也是为了调查流民散布的真实情况。

再看地图左上角的贴签总说："以上共采得毛荒九段，内扣除林木、沟河外，现今堪以开垦之地，核计仅有一百二十万三千一百六十余垧。"与三姓城贴签不同，这处贴签是考察呼兰城辖境荒地情况的整体说明。这条贴签成为我们判断《黑龙江东部屯垦图》绘图年代最重要的依据。清中期以后，随着边疆危机的进一步凸显和关内移民逃荒东北，原有的封禁政策日渐松弛。咸丰年间，多位官员上疏，建议部分放开东北封禁之地，招民屯垦。屯垦的首选之地集中在松嫩平原北部，大部分属于东流松花江及其支流冲击形成的平原地带。《清史稿》对这一事件的记载："咸丰四年，开吉林五常堡荒田。先是齐齐哈尔设官屯，令罪徒及旗奴承

1 杨步墀纂：民国《依兰县志·形胜门·疆域》，民国十年铅印本影印，成文出版社，1974年，第19页。

2 《三姓副都统衙门档案》卷69，辽宁省档案馆：《清代三姓副都统衙门满汉文档案选编》，辽宁古籍出版社，1996年，第89页。

种。寻以游惰遣退，选壮丁补之。”[1]上疏垦荒的同时，主政者考察待垦地区土地使用的真实情况，是制定“招民屯垦”政策之前必须要了解的内容。据《清实录》记载：“着景淳，按照所陈，体察实在情形，妥议章程，奏明办理。”[2]咸丰三年（1853）四月，咸丰皇帝下旨，命吉林将军景淳考察双城堡、夹信沟等地开垦情况。这一记录是咸丰年间，东北封禁之地实地调查闲置荒地的开始。此次荒地调查，已经涉及部分呼兰城所辖地区。《清实录》记载：“咸丰四年，该处（黑龙江）将军曾派员查勘（呼兰城），出票招佃。嗣因俄夷下驶。事遂中止。”[3]显然，咸丰年间初次荒地调查，官方已将调查范围扩展至松花江以北的呼兰地区。然而，清廷对呼兰地区的荒地调查因沙俄势力沿松花江南下而被迫中止。由此可知，清廷在黑龙江将军辖区腹地的实际统治，已经严重受到外来势力干扰。如果不制定新的屯垦政策，很难阻止沙俄势力进一步扩张。

咸丰七年（1857）二月，御史吴焯上奏，恳请呼兰城迤北蒙古尔山地方开荒。咸丰皇帝对吴焯上奏之事，给予明确回复：“又谕御史吴焯奏，黑龙江呼兰城迤北蒙古尔山地方，有荒原百余万垧。平坦肥腴，毗连吉林境界，并非蕿貂禁地，亦与夷船经由之路无涉。……呼兰城地方僻远，开垦事宜，是否可行。如果有利可兴，原应豫为筹画。以抵俸饷之需。惟事属创始，有无窒碍，著该将军，检查从前原案，察看情形，据实具奏。”[4]与咸丰四年调查荒地不同，此次调查直接针对呼兰城下辖山河之间的平原地带，是黑龙江将军辖境正式调查荒地之始。调查由咸丰皇帝直接任命黑龙江将军奕山办理，查阅旧有屯垦档案资料，实地踏查测绘荒地，并将调查结果直接呈报中央，用于制订新的招民屯垦计划。

咸丰七年（1857）六月，时任黑龙江将军的奕山将呼

[1] 赵尔巽撰：《清史稿》卷120《志九十五·食货一》，中华书局，1977年，第3515页。

[2]《清实录·文宗实录》卷91，咸丰三年四月中，中华书局，1986年，第244页。

[3]《清实录·文宗实录》卷219，咸丰七年二月上，中华书局，1986年，第431—432页。

[4]《清实录·文宗实录》卷219，咸丰七年二月上，中华书局，1986年，第431—432页。

兰城地区荒地考察情况如实上奏。从咸丰皇帝下旨调查呼兰地，到奕山委派萨英额等人实地踏察，再到奕山上奏调查结果，前后共耗时四个月。此次调查摸清以呼兰城为中心的松花江北岸山前平原的荒地数量，并确定可垦荒地的准确位置和四至。《清实录》对此次调查结果做详细记录："兹据该将军派员前往踏勘明确，绘图贴说。奏称自绰罗河起，至通肯河止，核计卡伦内外，共有可垦地亩一百二十万三千余垧等语。"[1]《清实录》记载的调查范围和调查可垦荒地数量，与《黑龙江东部屯垦图》所绘范围及贴签总说数量可以对应。因此推测，《黑龙江东部屯垦图》就应该是《清实录》记载的，咸丰七年黑龙江将军踏勘呼兰城荒地之后，上呈给咸丰皇帝的"绘图贴说"。档案资料中另有此次调查更详细的记载："踏勘得蒙古尔山一带地方，自绰罗河起，周历丈量，至通肯河止，共九段。除林木、沟河处，其可以开垦毛荒，核计卡伦以外，共地六十六万九千七百七十余垧。卡伦以内，共地五十三万三千三百九十余垧。通共毛荒一百二十万三千一百六十余晌等情绘图详报。"[2]这条档案与图上黄签贴说记载"以上共采得毛荒九段……核计仅有一百二十万三千一百六十余晌"的土地数量完全一致，并且档案中直接提及了绘图相报的事情。由此确定《黑龙江东部屯垦图》的准确绘制时间是咸丰七年（1857）。

[1]《清实录·文宗实录》卷229，咸丰七年六月上，中华书局，1986年，第567页。

[2] 中国边疆史地研究中心、黑龙江省档案馆：《东北边疆档案选辑》卷122《黑龙江将军衙门为奏报派员踏勘呼兰蒙古尔山可垦地亩成数折奉旨再行查勘妥议复奏事给都京户部咨文》，广西师范大学出版社，2007年，第17页。

四、《黑龙江东部屯垦图》与咸丰七年呼兰城荒地调查

《黑龙江东部屯垦图》反映了咸丰年间，黑龙江将军试图调整封禁地区垦荒政策的努力。咸丰七年（1857），萨英额等人在呼兰地区的垦荒调查，为这一地区率先实施招垦政策奠定基础。

（一）荒地调查的图文互说表达

将流传至今的清宫地图和档案资料相对应，可以总结出随折上呈地图的特点。地图作为特定地理空间的形象表达，经常作为奏疏公文的附属资料，一同上呈皇帝。奏疏中如有文字不便表达的地形地貌、空间位置等内容，可以参照附图表示清楚。咸丰七年（1857），当御史吴焯建议呼兰城垦荒开始，咸丰皇帝已明确下旨，派员勘察，绘图贴说。图文搭配，图文互说的奏疏，是清代公文常用的表达方式。《黑龙江东部屯垦图》是咸丰皇帝指定调查荒地情况的最终成果。《黑龙江东部屯垦图》与当时勘察荒地的档案资料相对应，具有鲜明的图文互说特点。

首先，地图上贴签总说与《清实录》、档案资料的记载内容完全对应，成为我们判断地图绘制时间的重要依据。其次，地图标绘呼兰城周边的重要城址、驿路以及呼兰城与三姓城之间的辖境分界，并着重绘制辖境之内的河流与山脉走势。这些地理要素看似与荒地调查并无太大关联，实际上却是确定呼兰城辖境位置的重要参照因素，也是明确呼兰城所在区域地形地貌的重要参考。这些地理要素成为确定“九段”毛荒之地的界线。最后，图文互说的表达方式体现在地图上重要地理要素的标绘，与上奏调查报告陈述的内容具有针对性的关联。

比如，《黑龙江东部屯垦图》上标注主要驿路三条，其中绰罗卡伦至弩敏卡伦驿路并不是黑龙江将军辖区的主干道，而是沟通呼兰城辖境各处卡伦之间的通道。通过档案记载可知，这条通道是咸丰七年萨英额等人勘察时曾实地走过的道路，也是此次考察报告呼兰城辖境荒地位置的西部界线。档案记载，道路以东为已经开发的熟地，也就是乾隆年间呼兰城立庄四十所所在区域，道路以西为大量未开发的荒地。调查人员以这条卡伦道路为界，分区勘测荒地数量，共调查毛荒九段。因此，绰罗卡伦至弩敏卡伦的驿路，是显示勘察荒地位置的重要标志，与奏疏内容互为说明。

再如，图上总贴签“共采得毛荒九段”的表述，与档案记载“自绰罗河起，周历丈量，至通肯河止，共九段”的表述相对应。根据现有地图贴签情况推测，原来上呈咸丰皇帝的地图应在相应位置另附贴签标注九处。而现有地图尚存分段贴签三处。记载内容如下：

贴签一：佛特和河东岸起，至大木兰河西岸止，六十里。南自松花江北岸起，至蒙古尔山阳止，三十里。内扣除沟洼、河泡，扣除六成，仅有毛荒二万五千九百二十垧。

贴签二：此段荒自绰罗河东岸起，至大木兰河西岭止，六十里。北自山彦山阳起，至蒙古尔山背坡止，九十里。林木极密，间有可垦之荒。扣除六成，现有毛荒七万七千七百六十余垧。

贴签三：尼尔吉河东岸起，至额依浑河西岸止，三十里。南自呼兰河北岸起，至博客托山阳止，九十里。内扣除沟洼，按六成核计，现有毛荒五万八千三百二十垧。

这三处贴签记录的均是卡伦之外的荒地调查情况，分段贴签标注荒地分布的四至，及实际勘察核计的毛荒数量。相对应的档案记载萨英额勘察呼兰城荒地情况如下：

> 自蒙古尔山南坡下起，至松花江北岸，东至布雅密河西岸，西至绰罗河东岸，又以北至包包山，约有十四万四千七百余垧。又自蒙古尔山北坡下起，北至小产山以南，东至大木南河西岸，西至绰罗河东岸，约有七万七万七百余垧。又自弩敏卡伦起，东至拉富克河西岸，北至呼兰河南岸，南至濠河北岸，约有六万八千二百余垧。又自通肯河以东起，东至额依

浑河西岸，南至呼兰河北岸，北至绥楞额阿特嘎尔特克托各山止，约有九十万二千四百余垧。以上共约计一百二十万三千余垧。大半在卡伦以内，相距蒙古尔山远近不一。[1]

将贴签与档案记录相比较发现，档案记录的表述方式与贴签几乎相同。其中，地图上贴签二可以与档案记载的分段范围和荒地数据完全对应。另外两处贴签所示分段调查的范围，明显小于档案记载的调查范围。由此推测，原来地图应贴有标注其他几段毛荒四至和荒地数量的黄签说明。图文互说，地图表达及贴签标注，弥补了文字奏疏缺少空间方位信息的遗憾，上呈调查结果更加清晰明确。

（二）地域特征与招垦政策的艰难起步

咸丰年间，黑龙江将军首推呼兰城所辖蒙古尔山地方的荒地调查，并非偶然，而是取决于此地特殊的地理位置和深厚的历史基础。

呼兰城辖境优越的地理位置和地形地貌优势。呼兰城迤北至蒙古尔山一带，是黑龙江将军辖区的南部核心地带。此地西临黑龙江将军府所在齐齐哈尔辖区。南接吉林将军最早调查垦荒的阿勒楚喀、双城地区。东侧以江北分水岭为界与三姓城地区相连。从呼兰城沿松花江河道，可直通黑龙江流域。如果实施招民屯垦计划，呼兰地区可将产出过剩的粮食运往黑龙江将军府及周边邻近副都统衙门所在的中心城池，同样也可以为清军抵御沙俄势力南下提供后勤保障。此外，呼兰城辖区还是黑龙江将军南下吉林将军，通向中原驿路的必经之地和交通枢纽。无论是北上齐齐哈尔城、三姓城，还是南下吉林乌拉、盛京城，呼兰城辖区发达的驿路和水路都是黑龙江将军沟通各地的中转之地。再看地形，绰罗卡伦至弩敏卡伦驿路以东，直到蒙古尔山的调查地区处于山地向平

1 中国边疆史地研究中心、黑龙江省档案馆：《东北边疆档案选辑》卷122《黑龙江将军衙门为吉林两省奏请开垦蒙古尔山荒地折奉旨允准并遵部咨会商事给吉林将军衙门咨文》，广西师范大学出版社，2007年，第22—23页。

原过渡的浅山丘陵地带。在这里，低山阻隔了平地连成一片。但山间平地却也不乏肥沃的黑土和充足的水源，是未开发的土地中比较适宜屯垦耕种的地区。这里紧邻呼兰城辖区已开发熟地。松花江以北，呼兰河与绰罗河之间地带，是呼兰城周边最早开发的地区。在熟地上耕种的经验可以直接应用于一河之隔的新调查地区。沟通呼兰各处卡伦的驿路和流经新调查地区的努敏河、呼兰河、绰罗河、大木兰河等众多河流还是天然的水路通道，便于新进人口迁徙和粮食转运。当然，也正是因为新调查地区具有优越的自然地理条件，所以这里盛产人参、东珠，被清廷列为传统封禁地区。想要解除封禁，招民屯垦，对咸丰皇帝来说，仍然是一个艰难的选择。

呼兰城辖境具有招民垦荒的实践经验和历史基础。雍正十三年（1735），黑龙江将军那苏图奏请在呼兰地方设立官庄。乾隆二年（1737），呼兰城始设官庄[1]。从此，旗人携家眷前往屯垦，生活在呼兰河与绰罗河之间的平原地带。乾隆六年（1741），又增设呼兰官庄五所。此后，乾隆、嘉庆、道光三朝，呼兰地区的官庄范围在持续扩大之中。在官庄扩大的同时，设立官庄的官方调查工作也一并进行。乾隆六年（1741），清廷曾派大学士查郎阿查勘封禁之地荒地情况。“黑龙江所属齐齐哈尔之东南六百余里呼兰地方，有地径五百余里，列为上等。呼兰之东佛忒喜苏苏地方，有地径二百余里，列为次等。”[2]这些官方调查荒地数量，将荒地划分等级的做法，为后续开辟官庄提供有效依据。咸丰初年，在呼兰地方实施新的“招民屯垦”政策之前，其实已经有过多年多次的荒地调查与官庄设立经验。这都为咸丰年间实施新一轮的荒地调查和政策制定奠定基础。此外，随着呼兰城作为黑龙江将军辖境交通枢纽的地位凸显，大批流民进入，民户入封

1 万福麟监修，张伯英总纂：《黑龙江志稿》卷8《经政志·垦丈》，黑龙江人民出版社，1992年，第364页。

2 万福麟监修，张伯英总纂：《黑龙江志稿》卷8《经政志·垦丈》，黑龙江人民出版社，1992年，第366页。

禁之地私垦，旗丁将耕地转于民户的事件时有发生。民户私自拓荒的情况早已成为既成事实，迫切需要通过官方土地调查，确定开荒真实情形，以便调整既有屯垦政策。

咸丰七年（1857），萨英额等人勘察呼兰辖境荒地情况之后，将荒地数量、土地等级、荒地位置等信息如实上奏，并绘图贴说。虽然呼兰地区待开垦荒地地理位置优越，又早有开发的传统，但主政者仍然在封禁与放垦之间纠结不定。其中最重要的原因就是是否应该将此地作为采蔆捕珠之地予以封禁。萨英额上奏认为："复查蒙古尔山，参既不采。呼兰各河，珠又无多。现当经费支绌之时，正宜僻此荒原，以宽供赋。若仍拘泥封禁，致将有用之地抛弃如遗珠，殊为可惜。"[1]持相反观点的是奕山与景淳。咸丰八年（1858）三月六日，奕山与景淳又奏："兹弛封禁之令招徕开荒，不特流民，任意搜罗，莫可劲遏。即吉林出产参珠处所，亦有偷越走漏之。将来官为采办，何以充正供，而裕课额。此参务、珠务似属有碍。……若卡伦内外招集外来民人开荒耕种，旗民交涉，互相争执。……又恐流民盘踞，侵占屯丁，莫可如何转致旗人生计日蹙，此屯务似属有碍。"[2]放垦有碍贡场且影响旗人生计，是他们认为应该持续封禁的主要原因。显然，实地调查官员与地方主政者在呼兰地方是否招民屯垦的问题上出现了分歧。最终，咸丰皇帝采纳了地方主政者的建议，虽然招民屯垦有利经营，但终因涉及贡场利益而放弃[3]。此次呼兰地区的荒地调查终究没有改变招民屯垦的政策制定，却为咸丰十年（1860）黑龙江将军正式招垦提供宝贵经验。

（三）边疆危机的持续冲击与清政府迟滞的回应

《黑龙江东部屯垦图》是咸丰七年呼兰地方荒地调查的直接成果。此次荒地调查最直接的动因是官员上疏恳请呼兰招民屯垦。而黑龙江将军辖区招民屯垦政策的制定，与咸丰

1 中国边疆史地研究中心、黑龙江省档案馆：《东北边疆档案选辑》卷122《黑龙江将军衙门为吉林两省奏请开垦蒙古尔山荒地折奉旨允准并遵部咨会商事给吉林将军衙门咨文》，广西师范大学出版社，2007年，第23页。

2 中国边疆史地研究中心、黑龙江省档案馆：《东北边疆档案选辑》卷122《户部为吉林两省会奏蒙古尔山荒地仍请封禁一折奉旨允准事给黑龙江将军衙门咨文》，广西师范大学出版社，2007年，第28—30页。

3 《清实录·文宗实录》卷229，咸丰七年六月上，中华书局，1986年，第567—568页。将此各谕令知之。寻奏，蒙古尔山一带。向有产生蔆珠之名。惟自绰罗河至通肯河。以及呼兰河等处。水浅山微。蔆苗甚稀。蚌蛤不殖。卡伦荒原。地僻人稀。从未议及开垦。此外并无深意。拘泥封禁。殊为可惜。下户部议。寻奏，该处既有荒地一百二十万余垧之多。自于度支有裨。但弛禁开垦。必期有利无弊。应请饬下该将军等详细妥筹。若于蔆务、珠务、屯务、边务，一有妨碍，仍请严行封禁。从之。另据《黑龙江志稿》也有相似记载。万福麟监修，张伯英总纂：《黑龙江志稿》卷8《经政志·垦丈》，黑龙江人民出版社，1992年，第370页。

初年沙俄势力进一步在远东地区扩张有直接相关。咸丰四年（1854），当黑龙江将军遣人调查呼兰城辖境荒地时，因沙俄船只沿黑龙江南侵，被迫中止。这一年，沙俄考察了黑龙江的通航情况，并提出重新划分中俄边界问题，并要求沙俄在黑龙江的通航权。清政府的东北边疆危机趋于紧张。沙俄南侵，业已干扰到黑龙江将军和吉林将军对边境的管理。封禁之地，清政府开发进程缓慢，造成大片土地人口稀少，管理松弛，这是沙俄得以轻易考察并占领黑龙江流域的重要原因。要想扭转沙俄继续南侵的局面，解除封禁，适度移民屯垦，保持清政府在松花江流域的统治有效性和稳定性是至关重要的。反观清政府，并未果断采取有效措施阻止沙俄南下，反而中止荒地考察活动。三年后，再次恳请呼兰地方招民屯垦时，御史吴焯仍以此地“非采薓捕珠之地”“非沙俄占领”等作为垦荒的理由。可见，清政府在应对边疆危机时，应对方式和政策制定都十分滞后，且执行能力有限。最终，咸丰七年的议行招民垦荒再次停止。

直到咸丰十年（1860），第二次鸦片战争战败，中俄划界不得不以屈辱的方式进行。清政府的财政危机和疆域危机同时出现，黑龙江将军下辖呼兰地方的招民屯垦政策才最终实行[1]。当时，黑龙江将军特普钦上奏：“上年（咸丰九年）六月间，曾有俄人乘船至呼兰属界之吞河地方窥探。……惟地方辽阔，稽查难周，且向无居民，易启觊觎，尤宜豫为之计。”[2]显然，沙俄南侵仍是咸丰十年呼兰地方招民屯垦政策实施的重要原因。对于清政府来说，在封禁之地实施招民屯垦，实为战后亡羊补牢之举措。

1 万福麟监修，张伯英总纂：《黑龙江志稿》卷8《经政志·垦丈》，黑龙江人民出版社，1992年，第369—372页。

2 万福麟监修，张伯英总纂：《黑龙江志稿》卷8《经政志·垦丈》，黑龙江人民出版社，1992年，第370—371页。

渡平灘擬請於北岸添安砲位
鐘樓
麒麟山
硯台山
岸門
岸門東去三里七里店
係大路北對西王村

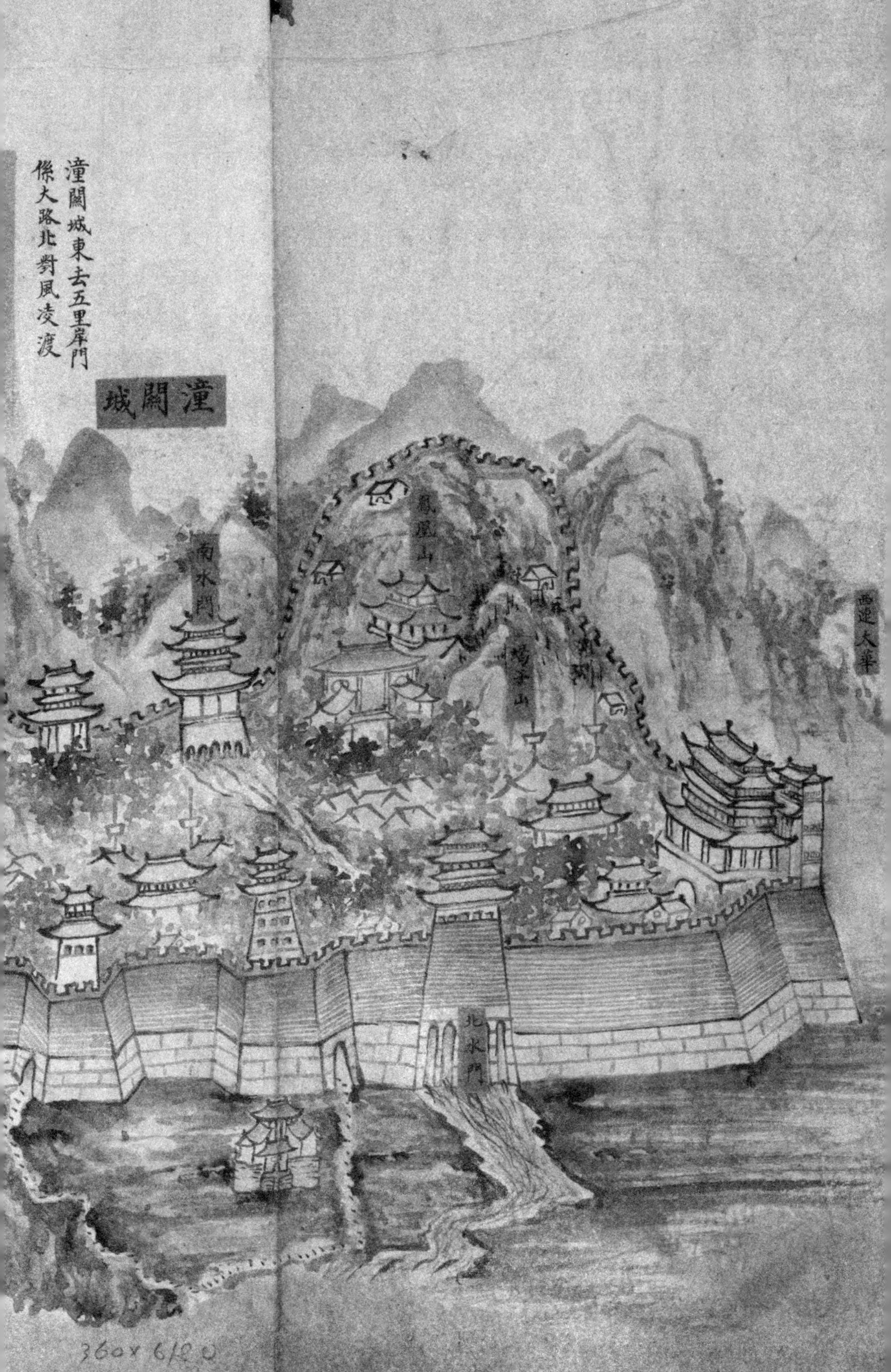
潼關城東去五里岸門
係大路北對風凌渡
潼關城
南水門
鳳凰山
西通大華
北水門

河图与治河

——《开归陈汝四府治河图》与乾隆二十二年豫东治水始末

一、《开归陈汝四府治河图》的版本及内容

国家图书馆馆藏《开归陈汝四府治河图》旧拓本一幅，展示了乾隆二十二年至二十三年（1757—1758），豫东水患之后，官方治河的成果，原碑收藏于商丘博物馆。此图用简略的线条和符号刻绘了乾隆年间开封府、归德府、陈州府、汝宁府以及许州、汝州等周边地区，共四十一个州县[1]的河流形势，是我们了解乾隆年间豫东水道的珍贵史料。

因为原碑无名，所以以往学术界对此碑的名称记录有所不同。全国第二次文物普查期间，商丘地区文物管理委员会藏治水图碑开始受到学术界的关注。陈昌远、王子超在《乾隆二十二年至二十三年豫东治水述略》一文中，按照时间线索叙述了图碑刻绘之前的治水过程[2]。此文称这块图碑为《水利图碑》。此后，刘正良的《胡宝瑔与〈水利图碑〉》[3]、王良田的《乾隆二十三年开、归、陈、汝〈水利图碑〉》[4]和何艳华的《清乾隆〈水利图碑〉鉴赏》[5]等多篇文章，均沿用此说。另一方面，此图碑的拓本入藏国家图书馆，在地图整理编目过程中，根据碑记“惟豫之开、归、陈、汝数郡，因积潦以成偏灾”一句，被命名为《开归陈汝四郡河图》。孙果清的《清乾隆二十二年〈开归陈汝四郡治河图〉》一文[6]便

沿用此说。两种命名方式各有千秋，《水利图碑》强调此图是专为刻绘河道水利工程的地图，但存在地域指代不明的问题。《开归陈汝四郡河图》强调此图是特定区域的河道地图，但“四郡”的命名是约定俗成的称呼，与乾隆年间豫东地区的行政区划设置不符。本文综合之前的命名，将此图称为《开归陈汝四府治河图》。

此图遵循上南下北、左东右西的图向，绘出黄河南岸豫东地区的主要河流。地图四至，北到黄河一线，南达新蔡县治南侧汝河一线，西临伏牛山脉东缘的荥阳至西平一线，东到永城县与安徽省交界处。豫省下辖四府州县占据豫东平原的核心区。这里是黄河冲击形成的广阔平原，人口众多，农业发达。传统中国最核心的农耕区就位于此。同时，这里又是历史上著名的黄泛区，在黄河多次决口、改道的过程中，深受水患困扰。地图之上，用简单的线条表示河道遍布、支汊纵横的水网结构。在各条河道两旁，是密集的文字标注，详细记录了河道的来源走向、流经地域、长度深浅和治河措施等信息。府州县治以城址符号的样式，刻绘在河道之间。画面东西两侧各有山脉符号表示地势起伏。一条迂回曲折的道路沿画面东缘贯穿南北，跨越诸河道下游干流，推测为考察治河实地情况的路线。

宋元以来，黄河夺淮入海。这条经豫东、江苏的黄河故道持续了七百年。长期的泥沙淤积造成黄河中下游河道不断抬升，决口、冲堤时常发生。清朝前期，巩县（今巩义市）以下河道，经常决口，摆动不定。黄河南堤决口南泛，冲击的就是广泛分布在豫东平原的淮河北部水系。地图上显示的豫东、豫东南地区，以及这些河流下游流经的皖北、苏北地区，处在黄河和淮河两大水系之间，水患频繁，河工治理亦十分频繁，但终究无法根治水患。随着黄河淤积，河南段河

1 开封府：仪封县、兰阳县、杞县、陈留县、祥符县、通许县、尉氏县、中牟县、新郑县、郑州、荥阳县、密县、洧川县、禹州。归德府：考城县、虞城县、商丘县、宁陵县、睢州、鹿邑县、柘城县、永城县。陈州府：西华县、项城县、沈丘县、商水县、太康县、淮宁县。汝宁府：上蔡县、西平县、遂平县、汝阳县、新蔡县。其他州县：许州、临颍县、郾城县、长葛县、繁城县、襄城县、汝州、□□县。

2 陈昌远、王子超：《乾隆二十二年至二十三年豫东治水述略——开、归、陈、汝〈水利图碑〉跋》，《中原文物》1983年第2期。

3 刘正良：《胡宝瑔与〈水利图碑〉》，《治淮》1992年第1期。

4 王良田：《乾隆二十三年开、归、陈、汝〈水利图碑〉》，《农业考古》2004年第3期。

5 何艳华：《清乾隆〈水利图碑〉鉴赏》，《文物鉴定与鉴赏》2019年第8期。

6 孙果清：《清乾隆二十二年〈开归陈汝四郡治河图〉》，《地图》2011年第5期。

道两岸加固越来越高。咸丰五年（1855），黄河由开封府兰阳县铜瓦厢决口北流，侵占济水河道，才形成今天黄河下游河道的走势。地图北缘刻绘的黄河，是咸丰五年黄河北流之前的河道。沿河南岸分布的兰阳县、仪封县、考城县、虞城县是黄河流经开封府和归德府的主要辖域。画面东北角黄河南岸的毛城铺，正好处在黄河由河南入江苏的分界处，也是治河工程的关键地点。

根据标注，豫东河道“开归陈汝四属二十八州县，共开挑干河四道，支河五十三道，直沟十道，三共计六十七道，又堤十道，合计工长四十六万四千四十五丈五尺，共二千五百七十八里五丈五尺”[1]。从图上看，四府辖境虽然水网交错，但仍可以根据河道主次梳理区分。所有河道根据来源去向、水流大小，可分为干流、支流和沟洫三类。由西向东，干流河道最需疏浚的分别是贾鲁河、惠济河、涡河和巴沟河。四条干流均呈西北—东南流向，贾鲁河与众多支流相汇后，形成颍河，在安徽颍州府境内惠济河汇入涡河，在凤阳府巴沟河汇入睢河。于是，豫东诸水汇流皖北注水，最终注入淮河。图上，豫东诸水下游去向没有画出，但皖北河道是否畅通，直接关系着豫东四府治水的成败，是必须要关注的区域。

地图左侧，有河南巡抚胡宝瑔题写的治河碑记一篇，记录了乾隆二十二年至二十三年（1757—1758）四府治河的历史。治河碑记通篇盛赞乾隆皇帝关心豫东水患治理的功绩，叙述了裘日修、胡宝瑔等人从领命治河，上任踏查，到了解河况水情，河工整治的大致过程。最后说明绘图刻碑，留存豫东治河图，以备后世治河参考的实用意义。根据拓本碑文，本文摘录碑记如下：

> 皇上御极之二十有二年，大化翔洽，薄海内外，莫不被闿泽而庆咸宁。惟豫之开、归、陈、汝数郡，因积

[1]《开归陈汝四府治河图》图幅东缘全图总说。

潦以成偏灾。仰荷圣明独照，悯兹一方之向隅也，拨帑运粟以数百巨万，拯救之民困苏矣。复以致患，有由必恙。治诸河永俾康乂，更大发帑金。先命侍郎臣裘日修来豫，周行相度。臣宝瑔以是年六月，恭奉恩命。移抚是邦，共承厥事。臣俯念疏庸未谙，惧无以称，乃蒙圣主南顾畴咨，频颁训旨，戒惜费省工而勿劳民饬。绘图以上，臣等次第胪陈。若干若支，寻源讫委，周以数千里计，凡高下浅深之度，彼此承接之准，悉由睿览亲定，指示机宜。俾在工大小诸臣咸瞭然，知所遵循。因得计工鸠夫，用告成事。于是河流顺轨，耕种以时，岁则大稔。豫之民感激欢忭，请泐石以纪圣恩。上犹穆然深念，令勿事繁文。惟是水土之政，必期于永永勿隳，爰亲制宸章，垂示久远。臣敬奉圣谟，职司守土，伏念大公具举，仰赖圣主一心经营，广大纤悉，毕周成规聿，昭万世永赖。特虑后此，官有更易，民隶各邑，遇修治之时，或因无据迁延，或恃两岐推诿，小民且借以启争，此向来因循所由。虽载在志乘，皆臆说而不足凭也。今以疏筑实迹，合成全图，深广尺度，勒石而昭布之。绣错绮交，不爽毫黍。俾临时详考，于善后为便。荷蒙俞允，将图式镌石。凡有守土之责者，按此而岁治之，庶几仰副圣天子爱民如子，永除水患之至意云尔。

乾隆二十三年八月谷旦，河南巡抚臣胡宝瑔恭纪。

二、作者胡宝瑔与乾隆二十二年至二十三年豫东治河始末

胡宝瑔，江南歙县人。乾隆二十二年（1757）豫东水患之后，临危受命，调任河南巡抚。在调任河南巡抚之前，胡宝瑔有丰富的地方官经历，多次上疏提供应对各种灾情的策

1 [清]刘於义修，沈青崖等纂：《陕西通志》，雍正十三年刻本。

2 [清]李迪、许容等纂：《甘肃通志》，乾隆元年刻本。

略。曾对乾隆八年（1743）直隶旱灾，乾隆十年（1745）山东、江南水灾都提出了合理的建议。在任职山西、江西巡抚期间，胡宝瑔还曾主导当地河工堤防设施建设。因此，乾隆二十二年（1757），乾隆皇帝在忽然得知豫东水患的情况下，决定调胡宝瑔处理赈灾事宜，并火速整治河工，以便退水还耕，不误农时。

乾隆二十二年（1757）正月，乾隆皇帝以视察前一年江南淮徐海等地水患河务为名，携太后二次南巡，于正月十一日，出京南下，三月初六从杭州回銮。四月初九，一行人马行至山东邹县，乾隆皇帝得知豫省夏邑、商丘、永城、虞城四县洼地在前一年秋遭遇水灾，河南巡抚认为是惯例，并未上报[1]。遂责令整改赈灾，同时遣人密行查访。四月十八日，皇帝得到密使回报，豫东水患属实。此时的豫东四县，积水仍未消退，农田无法耕种。因水灾造成的粮食歉收已经持续几年。甚至出现买卖儿童的情况，灾情十分凄惨。遂将瞒报的河南巡抚图尔炳阿及豫东四县知县降罪，但保留原职协理赈灾事务[2]。同时临时调补周边府县官员迅速支援。由乾隆皇帝起居注的记录可知，地图所绘的治水四府中，归德府下辖四县受灾最为严重，且在乾隆二十一年（1756）秋，灾民就已流离失所。此时，乾隆皇帝的赈灾策略是灾民原地等候赈给，并免除受灾区域多年亏欠应缴钱粮[3]。四月二十六日，乾隆皇帝回京，驻跸圆明园。回京第二日，乾隆皇帝再次督促豫东四县赈灾一事[4]。南巡是乾隆政治生涯中的一件大事，以视察河务为名出发，却在回銮途中因河务之事所困。为表示乾隆皇帝治河的决心，这次在南巡途中迟报的水患，必定采取强有力的措施才能挽回局面。

五月初九，乾隆皇帝着派钦差侍郎裘日修前往山东、河南仍存积水各州县，视察灾情，商议治水方案[5]。六月初一，

1 中国第一历史档案馆：《乾隆二十二年南巡史料》，《历史档案》，1989年第3期。

2 中国第一历史档案馆：《乾隆二十二年南巡史料》，《历史档案》，1989年第3期。中国第一历史档案馆编：《乾隆帝起居注》（十六），广西师范大学出版社，2002年，第145—146页。

3 中国第一历史档案馆编：《乾隆帝起居注》（十六），广西师范大学出版社，2002年，第141页。

4 中国第一历史档案馆编：《乾隆帝起居注》（十六），广西师范大学出版社，2002年，第153页。

5 中国第一历史档案馆编：《乾隆帝起居注》（十六），广西师范大学出版社，2002年，第184页。

乾隆皇帝下旨，调补江西巡抚胡宝瑔赴河南上任，代替图尔炳阿[1]。胡宝瑔赴任途中，随即体察民情。胡宝瑔到任前，由河南布政使刘慥代理巡抚事务。六月初二，再下旨免除受灾四县乾隆二十三年的地丁钱粮[2]。六月初四，图尔炳阿奏报开封府属鄢陵、杞县、陈留、通许、尉氏，陈州府属扶沟、沈邱，归德府属睢州、宁陵、商丘、虞城、永城、夏邑，许州属临颍等州县，突发山水，河流漫灌，排水不畅，导致积水深数尺[3]。旧灾未除，又添新患，多地补种秋禾再次被毁。代理巡抚刘慥遣人调查积水分布和农田受灾情形。六月初八，将夏邑县、永城县知县革职治罪，并调官员补缺，加大赈济灾民的力度[4]。乾隆二十一年秋至乾隆二十二年五六月，豫东四府先后经历了两次大规模的水患。前一次受灾区域集中在归德府下辖四县，因瞒报灾情，引起受灾地区主政官员的变动。在乾隆皇帝加紧调配地方官的同时，豫东二次受灾，灾情范围扩大到四府下辖多个州县。耕地被淹，粮食歉收，危及国本。这一系列事件触动了乾隆皇帝坚定整治豫东诸水的决心。秋禾补种已误农时，为尽量减少水患损失，豫东河道治理必须在短时间内完成，以便尽早排出积水，补种耕田。其实，乾隆二十二年突发水患早已超出豫东范围，鲁西南、苏北等黄河流经地区也遭受波及。豫东治水是否成功直接影响到三省的粮食收成，后果十分严重。

豫东赈灾治水事宜，在乾隆皇帝前后两个月的调度中，终于有了实质性的进展。六月十三日，乾隆皇帝下旨，令侍郎裘日修赴河南，统一协调豫东州县与周边地区的治河事务。裘日修与巡抚胡宝瑔实地探查受灾地域水情，找出水患的原因，制定整治方案[5]。经查，豫省辖境，黄河两岸均不同程度受灾，南岸四府受灾最重。北岸卫辉府、怀庆府同样积水严重，合并漳、卫水患，急需疏浚。七月初四，裘日修上

1 中国第一历史档案馆编：《乾隆帝起居注》（十六），广西师范大学出版社，2002年，第237页。

2 中国第一历史档案馆编：《乾隆帝起居注》（十六），广西师范大学出版社，2002年，第239页。

3 中国第一历史档案馆编：《乾隆帝起居注》（十六），广西师范大学出版社，2002年，第246页。

4 中国第一历史档案馆编：《乾隆帝起居注》（十六），广西师范大学出版社，2002年，第252页。

5 中国第一历史档案馆编：《乾隆帝起居注》（十六），广西师范大学出版社，2002年，第261页。

奏已开始整治卫辉等府河道[1]。七月十三日，钦差侍郎裘日修协同山东巡抚陈宏谋、河南巡抚胡宝瑔，上奏实地踏察后的详细治河方案[2]。乾隆皇帝下旨，江苏、安徽、山东、河南四省督抚与钦差、河臣协同治水[3]。黄河南岸豫东治水工程开始大规模展开。此时，距离裘日修开始领旨调查水情，已两月有余。治河期间，主政官员与乾隆皇帝之间沟通极其频繁。乾隆皇帝根据河工进度，下旨催促工期，并指明河工重点，同时催促胡宝瑔将河工情形绘图上奏[4]。当月，裘日修、胡宝瑔等共同上奏豫省河工情形及进展情况一折，并附河工情形地图[5]。治河期间，凡有渎职、怠工的官员，参奏革职惩戒[6]。乾隆二十三年（1758）三月十四日，裘日修、胡宝瑔等上奏，河南全省河工于二月全部完工[7]。从治河方案确定，到治河全部完成，历时不足八个月。水涝退去，农耕恢复，总算没有延误春麦的播种期，乾隆皇帝大喜。乾隆二十三年六月初六，乾隆皇帝为纪念此次河南治河的功绩，请立永城县万岁亭，并作《御制中州治河碑碑文》一篇[8]。同年八月，巡抚胡宝瑔将治河期间使用的河工情形图立碑，并附碑记一篇，以回应乾隆皇帝立碑记功的恩惠。

临危受命的河南巡抚胡宝瑔与钦差侍郎裘日修，在乾隆二十二年至二十三年的豫东治河过程中，起到关键作用。一心解决南巡过程中的未尽之事，是乾隆皇帝挽回形象的重要政治工程。通过系统梳理，在乾隆二十二年四月至七月间，豫东水患几乎是乾隆皇帝最关心的大事。在应对水患的过程中，乾隆皇帝除了治河工程之外，还在灾民赈济、漕粮转运、税收减免、禾麦耕种、河工筹款等方面，采取一系列有效的措施。这些措施与河道整治相辅相成，将水患的损失降到最低。

1 中国第一历史档案馆编：《乾隆帝起居注》（十六），广西师范大学出版社，2002年，第308页。

2《清实录》卷542《高宗实录》，中华书局，1986年，第880页。

3 中国第一历史档案馆编：《乾隆帝起居注》（十六），广西师范大学出版社，2002年，第337页。

4《清实录》卷548《高宗实录》，中华书局，1986年，第948页。

5《清实录》卷549《高宗实录》，中华书局，1986年，第1003—1004页。

6《清实录》卷551《高宗实录》，中华书局，1986年，第1031—1032页。

7《清实录》卷558《高宗实录》，中华书局，1986年，第78页。

8《清实录》卷564《高宗实录》，中华书局，1986年，第150—151页。

三、乾隆二十二年至二十三年豫东治河的方法

针对乾隆二十二年（1757）七月十三日裘日修、胡宝瑔合奏的豫东治河方案，结合图碑拓片的刻绘，本文梳理此次豫东治河的具体方法。

治河第一步是实地踏查，确定水患原因。经过裘日修和胡宝瑔带人会勘水情，最终确定水患的主要原因是黄河南泛，豫东诸河道淤塞，导致积水无法排出，遂四溢农田人家。从地形上来看，河南辖境的黄河，巩县以上河道被限定在中条山和崤山之间的山谷之中，山高谷深。众多支流随山就势，汇入黄河。大河两岸少有决口漫溢等水情。巩县以下河道，特别是从郑州以北的荥泽开始，黄河以北是河内平原，为防止河水北泛，在黄河北岸高筑堤坝。黄河以南是嵩山山脉。所以，一旦黄河决口，西、北、南三面都没有泄水通道。河水只能向东和东南方向的豫东平原泄洪。开封、归德二府处于河水泄洪的正东向，陈州、汝宁二府处于泄洪的东南向。归德府的主要泄洪干流巴沟河汇入睢河的河道流经凤阳府，在河南、安徽两省辖境，多处出现淤塞，导致归德府四县内涝。豫东四府另外三支泄洪干流贾鲁河、惠济河、涡河流经颍州府，同样因为两省交界，干流及颍州府下游汇入河道多段淤塞，导致泄洪无法流入淮河，这是陈州、汝宁二府多个州县受灾的主要原因。

实地勘察水情，锁定积水原因之后，主管河工的官员开始着手治理。治河根据河工轻重缓急划分不同的整治阶段。其中，首先要解决的是豫东干流河道下游泄洪不畅的问题，需要在短期打通干流下游各处淤塞，保证现有积水尽快排出。因为干流下游流经地区属于安徽省凤阳府和颍州府管辖，所以，裘日修、胡宝瑔会同安徽巡抚高晋，细致勘察豫

东下游河道濉河、颍河、涡河淤堵处，并先行挑河疏浚。如此，豫东四府大面积积水得以快速缓解，河工整治进入第二阶段。由于这项工作大部分不是在河南辖境开展，所以在地图中并没有表现。

第二阶段河工治理在河南辖境展开。经过多方勘察商议，首先确定河道水网干流、支流与沟洫的三级划分。根据河道分级将河工分为要工、次工、缓工三个步骤，由下游到上游，抓干流，缓支汊，逐级整治。

画面东缘永城县北的巴沟河，是黄河泄洪归德府辖境的干流河道。第一阶段豫东下游河道治理，就包括巴沟河下游入境宿州的淤堵处砂礓滩、徐溪口等处的挑浚工程。巴沟河沿永城县北河道逆流而上，在永城县和夏邑县之间，河道一分为三。最东侧向北支为蛇龙沟。蛇龙沟继续上溯，在夏邑县东再分两支，东侧一支是小引沟，西侧一支是三岔河。中间向西支为响河，也是巴沟河的主要水源。响河上溯，分为南北两支，南侧一支是白坡河，北侧一支上游又分东西两支，东侧一支是毛家河，西侧仍为响河干流。响河继续上溯，在夏邑县城西侧分为两支，北支是睦邻沟，上源是永便沟，西支是丰乐河。最西侧向南支为岐麦口，上源是岐河。巴沟河水系经过长年淤积，河道既浅且窄，主要治理工作是清淤，扩宽加深河道，增加径流量。根据水量大小，巴沟河水系以巴沟、响河、丰乐河为干流，属于要工，需先行疏浚，其他诸水为支流，属于次工，依次挑挖。

画面东南方向，永城县城南侧浍河和包河水系是另一条黄河泄洪归德府辖境的干流河道。浍河逆流而上，在永城县西分出支流曹沟，主河道通过大涧沟与北岔沙河相连，分流沙河水量。北岔沙河上游直通考城县附近黄河南岸。通过这条河道，黄河泄洪可直接通过浍河注入淮河。豫东浍河之南有包河。包河在宿州临涣镇附近汇入浍河。包河上溯，是南岔沙河。南岔沙河与北岔沙河几乎并行。至上游北沙河处，有沟渠连通南岔沙河与北岔沙河，用于分流北沙河水量。北沙河上源，在考城县和仪封县境内，分别由汀水河、牛家庄沟、盘马寺沟、山沟、竹皇寺沟汇流而成。此水系浍河、包河、南岔沙河、北岔沙河为干流，水情较好，但其余支流河道淤积窄浅处，需按次序挑挖，属次工之列。

浍河包河水系的西南方向，是主体流经陈州府和开封府的涡河水系。涡河在鹿邑县谷阳镇附近，为河南、安徽两省交界处。陈州府辖境支流漫溢，泄洪无法流入淮河，与涡河下游淤阻有关。从地图上看，涡河水系支汊众多，曲折交汇。沿涡河主河道上溯，在鹿邑县北侧，分为三支。最北侧一支经柘城县、睢州、仪封县、兰阳县，上游为周家河。中间一支西流，是惠济河主河道。惠济河逆流而上，在柘城县的西北方向加固新堤沙河堤和周家堤，上溯之睢州西侧，有康家河、姬家河汇入，至杞县东北方向，有横河汇入。横河上游有睢水河与挑河汇流而成。惠济河继续上溯，经过祥符县，直至河源。惠济河上游与贾路河并行一段，开沟渠沟通两河分水，并建立惠济河闸、龙王庙闸控制两河水量。最南侧一支是涡河主河道。沿涡河上溯，在太康县东南方向，有旧黄河汇入。涡河上游河道经过通许县南，称为万彩河、青冈河。涡河主河道在三条支流汇流后，进入安徽亳州，期间还有支流汇入。这些支流虽在亳州汇流，但主要流经区域仍在豫东。其中一条支流由宁陵县附近发源，支汊众多。这条支流汇流后经过商丘县南，在商丘县南河道采取裁弯取直新河与故道并行的疏导办法，减少洪水对河道的冲击。另一支名为急三道河，由鹿邑县南发源，后汇入涡河。涡河水系以涡河、惠济河为干流，河工第一步是疏浚涡河下游安徽境内的淤阻河道，此为要工。河南境内干流，因惠济河淤堵较为严重，所以惠济河主河道为疏浚要工，同时辅以加固惠济河下游堤坝。其余支流沟渠均为次工、缓工，仍以疏浚为主，依次整治。

涡河水系西南向是同属颍河水系的肥河、茨河干流。二者在安徽境内并行一段，然后先后汇入颍河，直抵淮河。向上溯源，肥河在河南境内即为清水河，茨河上接黑河。在茨河与肥河之间，开挖明河为引河，用来分流茨河水量。肥河与茨河河工涉及两省交界，需两省河工协同一致。其中，清水河段河道窄浅处，需挑挖疏浚。茨河、明河段，由于河宽受限，以深挖为主，挑挖淤土直接用来加固两岸堤坝。

肥河、茨河西南向，另有汇流颍河的沙河、贾鲁河水系。沙河、贾鲁河水系是开封、陈州二府诸支流汇集的泄洪干流，对二府积水的疏解具有至关重要的作用。沙河干流与茨河在安徽境内由引河相连。河南境内，沿沙河干流上溯，在沈丘县、项城县北，先后有东蔡河与西蔡河汇入。两蔡河上游河道流经淮宁县，上源有七里河、东林河等支流汇入。在淮宁县北及西蔡河段，都增开引沟，分流洪水对堤坝的冲击，加速泄洪。沙河干流继续上溯，经过商水县，在西华县东南方向周家口，贾鲁河由北侧汇流。沙河干流继续西流，经西华县、郾城县、襄城县境，直抵令武山河源。贾鲁河沿西华县北流，经扶沟县、尉氏县、中牟县、郑州，直抵荥阳县魏家河、索水等贾鲁河上游支流汇流处。其中，郑州至中牟县段，贾鲁河与惠济河之间以引沟水闸相连。沙河、贾鲁河水系，以周家口至尉氏县段贾鲁河干流为要工，挑浚河道，加速泄洪。

沙河水系西南方向是洪河、汝河水系。这两条水系也是汝宁府辖境泄洪的干流河道。洪河与汝河在新蔡县东南方向汇流。两河汇流下游河道前后共有分流月河五重。向北上溯洪河干流，另有月河四重。再沿干流上溯，发现干流两侧开凿引河沟渠，用于泄洪分流的情况较多。在洪河下游四重月河至上蔡县之间一段干流，分别有马常河、蔡河、茅河、包河四条支流。其中，茅河将洪河水分流至包河，与包河分流河道形成十字河坝。分流的洪河水经由包河，与沙河下游连接，可缓解洪河下游的泄洪压力。洪河上游流经西平县东北方向，北侧有淤泥河汇入。交汇处下开王四沟为泄水沟，同时南岸通过柳河、泥河与汝河上游干流相连。洪河干流是要工，支流及引河居于次要位置，依次疏浚。从新蔡县上溯汝河干流，在汝阳县南有溱河汇流，在汝阳县西北向有沙河汇流。汝河继续溯源，上游为石洋河。石洋河与支流柳堰河在遂平县北交汇处，新开直沟分流水量。汝河水系仍以干流支流区分，依次疏浚。

至此，地图上展示的豫东河道基本清晰，诸河河工以疏浚河道为主，增筑补坝为辅，开引河沟渠泄洪引流再次之。经过此番调查梳理，河南巡抚胡宝瑔认为省内急需疏浚的干流河道是贾鲁、惠济、涡河、巴沟四河。遂依照各条河道的受灾情况，依次挑挖，尽快泄洪。

地图的左下角，还有两条连接黄河南岸的河道，一条是威水沟，另一条是洪沟河。此处本不属河南省辖境，胡宝瑔在绘图时，将两河与黄河连接，与当时实际情况不符。《清实录》曾记载裘日修与胡宝瑔上奏豫省河工情形地图时，曾因毛城铺两支河画法未封闭，被乾隆皇帝指出错误[1]。实际情况是当时封闭两条与黄河相接的支流河道，黄河南岸并没有泄水口。也正是因为这一错误，乾隆皇帝还下旨，要求重新绘图呈送[2]。修正后的豫东治河图是否呈送内廷，不得而知，但为记录治河功绩立在永城县河畔的图碑，却沿用了裘

1 《清实录》卷549《高宗实录》，中华书局，1986年，第1003—1004页。

2 《清实录》卷549《高宗实录》，中华书局，1986年，第1004页。

日修、胡宝瑔首次上呈河图上的错误。这不得不说是一种遗憾。

《开归陈汝西府治河图》刻绘了乾隆二十二年至二十三年豫东治河工程的详细情形。无论是干流、支流还是引河沟渠，都一一绘就，同时辅以文字标注。此图反映的治河工程与清代史料记载的治河过程互相呼应，彼此印证。此次豫东治水以疏导干流，排解洪水为主，辅以新开沟渠引流水源，以供农耕的做法，为后世借鉴。从地图到文字，《开归陈汝西府治河图》反映的豫东治河历史，是以“左图右史”为方法的个案研究，还原了乾隆年间以举国之力，治理黄河水患的经典案例。

《卫河全览》与清初卫河

一、《卫河全览》的版本与内容

《卫河全览》一册，清顺治八年（1651）单色木刻本，单页幅面长27厘米，宽16厘米，工部都水司主事马光裕编绘。卷首有明末清初理学家孙奇逢写《叙卫河图说》，后列马光裕写《卫河图说小引》《卫河图说》《小丹河图说》《淇水图说》《洹水图说》五篇。图说后为卫河河道全图。此图采用传统的形象画法，绘制出发源于太行山的卫河河源至卫河汇入临清南运河之间的河道。河道两旁的山脉、城池、村庄、树木，以及河道上的桥梁、船只都用形象画法画出，精细生动。图末卷尾另有邺河臣张肇昇的跋文。

卫河，因与南运河相连，成为海河水系最南端的支流，又因主要流经地域是春秋时期卫国的封地，被称为卫河。卫河发源于太行山南麓，由山西省南部流经河南省、河北省、山东省多地，并在临清汇入南运河。南运河一路向北，最终流入海河。卫河的开发利用，始于汉献帝建安九年（204）。此时，卫河称白沟。曹操利用白沟作为运粮通道。《三国志》记载：“九年春正月，济河，遏淇水入白沟以通粮道。”[1]生活在南北朝时期的郦道元，在《水经注》中也曾记载“清河水”，其实就是后来的卫河。隋朝开凿京杭大运河，永

1 [晋]陈寿撰：《三国志》卷一《魏书·武帝纪第一》，中华书局，1959年，第25页。

济渠是其中重要环节。大业四年（608），隋朝在清水和白沟的基础上开凿永济渠。《隋书》记载："四年春正月乙巳，诏发河北诸郡男女百余万，开永济渠，引沁水南达于河，北通涿郡。"[1]从此，永济渠成为沟通黄河水系和海河水系的重要水道。北宋以后，更名为御河。明清时期，始称卫漕。

[1] [唐]魏徵、令狐德棻撰：《隋书》卷三《帝纪第三·炀帝上》，中华书局，1973年，第70页。

卫河河道全图从右至左依次展开，大致呈西北—东南走向。此图基本遵循上南下北、左东右西的图向，但随河道走势变化，图向也发生一定的变化。从图上看，卫河河道从太行山南麓的沁河、丹河发源处开始绘制。沁河发源于沁州，丹河发源于泽州。丹河在太行山南麓分为两支：一支在怀庆府河内县附近汇入沁河。沁河又向东经武陟县，注入黄河。另一支小丹河是卫河的支流。小丹河流经清化镇、宁郭驿、修武县、获嘉县、辉县。在合河镇附近汇入卫河。小丹河入卫后，卫河流经新乡县、辉卫府汲县、淇县。在新镇附近，淇水汇入卫河。又经滑县、浚县、汤阴县、内黄县、彰德府安阳县。在彰德府安阳县下游，洹水汇入卫河。后又流经大名县、大名府元城县、小滩镇。在小滩镇附近，可见河道两侧有存储粮食的米厂，河道中停留着大量运输粮食的货船。之后，各种船只，带着漕粮顺流而下。经过馆陶县，最终在临清州外城，汇入南运河河道。地图至此为止。

《卫河全览》河道全图，是现存最早的卫河河道全景地图。根据图说记载，卫河发源于辉县苏门山下搠刀泉，也就是现在辉县市的百泉。小丹河、淇水、洹水是卫河的支流，为卫河通漕增加水量。河道全图没有选择从辉县苏门山下搠刀泉作为起点，而是从太行山丹河发源处开始绘制，体现了作者重视支流河道的治河思路。

二、《卫河全览》的作者与创作背景

《卫河全览》是时任工部都水司、卫河分司主事马光裕编绘而成。马光裕，号玉笋，别号止斋，解州安邑人[1]。顺治四年（1647）进士[2]，顺治七年（1650）授工部都水司主事[3]，奉命管理卫河，以兴修卫河河道，保证河道畅通，防止淤塞为职掌。治理卫河，是马光裕一生之中最为辉煌的事功。

入仕后，马光裕到工部都水司主事驻地辉县[4]（今河南辉县市）上任，并在苏门山下百泉胜地夏峰村置办田宅产业。此时，明末清初大儒孙奇逢，因故宅被清军圈占，举家迁往新安（今河北安新县），后落脚在苏门百泉。当朝进士遇到归隐大儒，孙奇逢与马光裕形成亦师亦友的关系。同在卫河河源生活，马光裕常与孙奇逢谈到治理卫河之事。据孙奇逢《叙卫河图说》记载，马光裕曾对治河之事十分忧虑，曾说："卫河发源百门，受丹、淇、洹三水，千里流注，以达于漕。助飞輓之洪波，为国家之急务。但前此受事之人，以莅任未久，统未立俱，未及留心为图为说，令当事者无所考。岂修明职掌之意乎？"显然，作为河官，马光裕非常了解卫河河务的重要性。

明代以来，定都京师，漕粮北运的压力激增。然而，运河时常淤塞，水流不稳，且水量较小，承载能力有限。永乐年间，为保证漕粮转运，缩短漕运里程，重开会通河，沟通黄河与海河水系。会通河在北端临清州，与南运河相接。为解决水量不足，漕运能力有限的问题，承接小丹河、淇水、洹水的卫河主河道，在临清注入运河。以水闸控制水量，千里流注，以济漕运。因此，治理卫河对于保证漕运畅通有着十分重要的作用。然而，卫河水量有限，明代中晚期，已出现司济漕河和灌溉农田之间的用水矛盾。又因治河官员在任

1 [清]曾国荃、张煦等修：《光绪山西通志》卷153《儒行录》，清光绪十八年刻本。

2 [清]曾国荃、张煦等修：《光绪山西通志》卷153《儒行录》，清光绪十八年刻本。

3 《钦定四库全书》《史部》《河南通志》卷35《职官六》。

4 《钦定四库全书》《史部》《河南通志》卷35《职官六》。

不为，放弃职掌，荒废河务，导致卫河济运的能力愈发有限。明清易代，卫河故疾仍存。

马光裕初到卫河，感慨此前卫河主事，以任期不久，规则不明为由，没有记录治河的地图和说明，以致治河没有任何依据，更谈不上做好分内事务。显然，此时的马光裕是心存怨念的。孙奇逢激励马光裕，认为疏浚河道，经营河工是造福万代的事情，不必在意之前的河官都做过什么。因此，马光裕考察卫河流经的山川、城址、村落、桥梁等，无论崎岖险阻，都事必躬亲。随行画工，将实地考察的山水形势画在图上。绘图完成之后，马光裕又根据考察所见，为图著说，记录卫河及支流的整治思路。图并说完成之后，马光裕将全书带给孙奇逢。孙奇逢为马光裕"在河言河"的精神所打动，称赞"先生醇儒也"。于是《卫河全览》有了卷首孙奇逢的题说。明末清初，实学流行。倡导"实学"的名儒孙奇逢明确主张"躬行实践，舌上莫空谈"。[1]后来形成经世致用的思想。既然儒学来自躬行实践，那么躬行实践的人也可以成为儒者。马光裕以进士身份入仕。一介儒生倾力治水，这与孙奇逢倡导的主张不谋而合。"醇儒"之赞也就顺理成章了。

顺治七年（1650）四月，孙奇逢辗转至辉县苏门山百泉。七月，马光裕慕名来访。马光裕与孙奇逢关于治卫的对谈当在这一年。《卫河图说小引》落款"顺治辛卯仲冬"，即顺治八年（1651）十一月。根据这两个时间点确定，马光裕踏查河道，绘制全图，整治河道，前后历时一年。顺治九年（1652），马光裕转任吏部文选司主事，升任考功司员外郎、稽勋司郎中。将要离开辉县的马光裕，将夏峰田庐赠予孙奇逢[2]。孙奇逢在此开辟山堂，读经讲学[3]，颇具规模。顺治十年（1653）十一月，因房之骐铨补山东驿传道一案牵连，马光裕

1 [清]张斐然：《三贤集·孙征君》，光绪二十四年刻本。

2 赵尔巽等撰：《清史稿》卷480《列传二百六十七·儒林一》，中华书局，1977年，第13101页。 九年，工部郎马光裕奉以夏峰田庐，遂率子弟躬耕，四方来学者亦授田使耕，所居成聚。

3 《钦定四库全书·兼济堂文集》卷11《孙征君先生传》。 因田庐充采地，移家于卫。慕苏门百泉之胜，为宋邵康节、元姚许诸儒，高尚讲学之地，遂家焉。 水部郎马光裕赠夏峰田庐，辟兼山堂，读《易》其中，率子若孙躬耕自给，门人日进。

被罚俸一年[1]。顺治十三年（1656），曾掌计典，后以母老请辞还乡。还乡后，马光裕潜心治学，创建书院，与孙奇逢、魏象枢交流辨论[2]。康熙十年（1671）去世，著有《止斋文集》。同僚魏象枢的《寒松堂全集》，著有怀念马光裕的纪念文章，评价马光裕为“此世祖皇帝培养之人才，开国元气之所钟也”。并劝勉后辈“取其言行而光大之，勿以文人自画，见天地生民，为吾人分内事”。马光裕治卫，成为“见天地生民，为吾人分内事”的最佳例证。

1 《清实录·世祖实录》卷79，顺治十年十一月至十二月，中华书局，1985年，第624页。

2 [清]曾国荃、张煦等修：《光绪山西通志》卷153《儒行录》，清光绪十八年刻本。潜心濂洛诸书，与容城孙征君、蔚州魏尚书往复质辨。一以躬行实践为主，所著有《止斋集》。

三、《卫河全览》反映的清初卫河河道

《卫河全览》河道全图，绘制了顺治八年（1651）整治河工、疏浚河道之后，卫河及其支流流经地域的山川形势、河工水道。纵观全图，卫河全图具有以下特点。首先，此图重视卫河支流河道流经地域的刻绘。在图上，三条支流小丹河、淇水、洹水与卫河主河道处于同等重要的地位。全图用四分之一的幅面，绘制卫河河源之前，丹水流经的地域。同样发源于太行山的沁水，也一并详细绘制。也就是说，凡是与卫河产生关联的，可能对治卫产生影响的各条河道，都尽量在地图上展现。其次，此图标注各条河道的发源、分流、汇流处，同时用文字标注地图没有完整展现的河道流向。治理卫河，首先要弄清楚河道的自然走向、水流来源、汇流港汊等情况。此图对河道自然走势的标注，是为了确定治河重点，锁定目标。再次，此图重视对河道流经区域地形地势、途经城池村落、名胜古迹和桥梁水闸的标绘。地形地势是河流走向、水量来源和水流缓急的重要参照。城池村落和桥梁水闸是疏浚河道和漕粮转运途中的参照。强调这些地理要素的刻绘，都是为治河服务。最后，此图标注河道途经地点之间的道路里程。道里的标注，有助于计算治河工程量，也便

于确定水运航路行程，是河道图不能忽视的要素。正因为卫河全图的精准刻绘，观图者遍览全图，便可对卫河走势一目了然，也很容易掌握治卫的关键点所在。通过读图，本文将治理卫河的几处关键地点分列如下，以此反映清初卫河河道的情况。

（一）卫河河源

辉县搠刀泉，也称百泉，是卫河河源，也是治卫首先关注的地点。马光裕赴任卫河使，就常驻此处。搠刀泉在辉县县城西北方向。从图上看，苏门山南麓是百泉发源处，百泉流下，在山脚下形成池塘（图 5-1）。顺治八年（1651）初春，趁农闲间隙，马光裕督导卫河源河工工程，增修卫河源搠刀泉的堤岸，并清理池底，淘去沙石。这一系列治理工程的目的就是为了澄清卫河河源，防止河源诸泉溢出泛滥，同时，减少沙石顺流而下，淤塞上游河道。经河工开凿修砌，整治一新的卫河源诸水，汇集在一个规则的方池之内。宋元以来，在苏门山上及方池周边，形成了众多人文景观，图上均一一刻绘标注。整治后的卫河源，因自然风光和人文景观汇聚，成为著名的风景。

（二）五闸分流

卫河水出方池，分两股东流，经过马家桥后又合流，经过善明桥。此时，卫河水有司济漕运和灌溉农田两个功能。《辉县志》记载卫河源“印以灌田，其利甚溥”。显然，依靠卫河灌溉农田的面积广大，需要水量也非常大。为缓解靠近河道的农田屡次遭受水患，明嘉靖年间开始在卫河修建水闸。嘉靖二十四年（1545），时任辉县知县郭淳，在分流南侧河道建马家桥上闸。此后，嘉靖三十年（1551），分受参议敖宗庆在分流北侧河道建马家桥下闸。并在善明桥下游建张家湾闸、稻田所闸。嘉靖三十八年（1559）[1]，巡抚章焕建又

[1] [清]周济华主修：《辉县志》卷7《渠田》，道光十五年刻本。《辉县志》记载：“嘉靖乙未，巡抚章焕建。”因章焕建任都御史巡抚的时间是嘉靖三十八年（1559），所以推测此处修裴家闸时间应为嘉靖己未。

图 5-1　卫河全览（局部）· 搠刀泉

在稻田闸下游一侧修建裴家闸。至此，卫河源五闸形成。五闸开合，控制百泉分水，兼及漕运和灌田，官民都因此获益。万历元年（1573）重修张家湾闸，万历七年（1579）重修张家湾闸和稻田所闸，万历十四年（1586）重修裴家闸[1]。从五闸的频繁修复来看，五闸在嘉靖、万历年间的使用频率非常高。期间，万历六年（1578），知县聂良杞曾忧虑五闸分水有碍漕政，在闸上里条格刻石，监控水量[2]。从嘉靖年间建闸以防水患淹没农田，到万历年间立石以保济漕水量，卫河源水量逐年减少，济漕与灌田的矛盾并没有解决。顺治八年（1651），马光裕修复五闸，试图在济漕与灌田之间寻求平衡。

1 [清]周济华主修：《辉县志》卷7《渠田》，道光十五年刻本。
2 [清]周济华主修：《辉县志》卷7《渠田》，道光十五年刻本。

卫河全图上，从上游到下游，五闸以仁、义、礼、智、信命名，寄托了官民对五闸的美好期望。五闸启闭，控制通漕与灌田分水量，与明代河工作用相同。康雍乾时期，卫河济漕与灌田的矛盾加剧。河官曾采取限时分流，试图拆除五闸，建立分渠等方法，缓解水量不足，效果均不明显。卫河济漕的水量减少，卫河之于运河的重要程度就会降低。节流灌田水量，周边良田荒废，影响民生。这组矛盾与卫河济漕的历史相伴始终，随着晚清运河转运功能的衰退而逐渐消失。

（三）小丹河入卫

由卫河源搠刀泉东流，至合河镇附近，是小丹河与卫河汇流处。此处距卫河源三十里。在汇入卫河之前，地图用大量幅面表现丹河河道。图上显示，丹河源出太行山泽州界，在太行山脚下丹河口分流，主河道汇入沁河，支流小丹河补给卫河。丹河入沁，水流湍急，成为流经地区水患的主因。小丹河分流丹河水，一方面缓解水流对丹河、沁河下游的威胁。另一方面，小丹河水注入卫河主河道，以调节水量不足的压力。此外，小丹河流经的城池、村落也因此受益。马光裕在《卫河图说》中，曾就引小丹河水入卫，而不是引水量更大的沁河入卫作出说明。崇祯十三年（1640），总河侍郎张果维曾有引沁入卫的建议，补充卫河水量。如此，可以减少黄河水量，避免水患。但马光裕认为沁水涨势迅猛，而卫河水道既浅而窄。在卫河河道保持现状的情况下，沁河入卫，卫河承载不了沁河水量，势必造成水患。相比之下，取丹河支流小丹河入卫河，水势平缓，携带沙石有限，是补充卫河的最佳水源。为此，《小丹河图说》对此河功能的概括是："此小丹河渠，资益漕运者也。或旱则虞其涸也，涝则虞其溢也。"司济漕运，调节卫河主河道水量，是小丹河的主要作用。

（四）漕粮交兑小滩镇

大名府元城县小滩镇，是卫河全图在下游河段刻绘的重点。小滩镇位于大名府城东北三十五里处，河道穿城而过，形成河东、河西两部分。小滩镇作为漕粮转兑地，有十分悠久的传统。据《读史方舆纪要》记载，小滩镇自元代以来就是转运要道。明代，此处是河南漕运的转兑之地，设小滩巡检司。嘉靖三十七年（1558），又设税课司[1]。《明史·食货志》记载："由是海陆二运皆罢，惟存遮洋船，每岁于河南、山东、小滩等水次，兑粮三十万石。"[2]据以往学者研究，认为小滩监兑最初由户部主事专官专事管理，明代后期由河南督粮道兼管，政治地位的不断下降[3]。但无论如何，明代小滩镇一直是漕粮交兑的重要地点。

清承明制。清初，小滩镇仍然承担漕粮交兑的任务。卫河由彰德府进入大名府境内，三条支流均已汇入卫河。相比淇水、洹水汇流之前，下游河道水量相对充足。经过马光裕治卫，大名府辖境至临清州段河道，卫水专门司济漕运，而再无灌田功能。此段河道流经的唯一漕粮交兑地——小滩镇，成为地图重点（图5–2）。图上，小滩镇河东区域包围在半圆形的城墙里，河西区域周围由树木环绕。河东与河西之间是宽阔的河道。河道之上，以两座桥梁沟通两岸。小滩镇下游码头，舟楫停靠，等待转运。清初，小滩镇的漕粮交兑继承明代制度，河南诸县漕运以此为转兑之所。位于卫河两岸的米厂和繁忙搬运漕粮的力工，构成小滩镇独特的交兑场景。马光裕将此处称为"聚米之所"。此时，中州大地各处漕粮汇集于此，数量超过十三万石。各地漕粮交兑后，从小滩镇装船北运，直抵京师。也正因为清初小滩镇的交兑功能，人群密集，民间商贾同样汇集于此。小滩镇一时如大都会般，帆樯林立，车水马龙。有清一代，小滩镇的交兑地位

1 [清]顾祖禹撰：《读史方舆纪要》卷16《北直七》，中华书局，2005年，第702页。小滩镇，府东北三十五里卫河滨。自元以来为转输要道，又东北三十里而达山东冠县。今河南漕运以此为转兑之所，有小滩巡司。嘉靖三十七年（1558），又设税课司于此。

2 [清]张廷玉等撰：《明史》卷79《志第五十五·食货三·漕运仓库》，中华书局，1974年，第1916页。

3 郑民德：《明代河南漕粮交兑地研究——基于治理元城小滩镇为对象的历史考察》，《河北师范大学学报》（哲学社会科学版）2016年第4期。

一度被彰德、卫辉码头取代。但因河南漕粮北上，必经此处，所以小滩镇始终是卫河水运的咽喉要道。

（五）卫河济漕临清州

卫河出小滩镇，经馆陶县，过尖塚铺，流入临清外城南水口。图上，临清州分为内城和外城两部分，内城处于外城东北角。内城城墙呈缺角的近方形。外城城墙与内城东墙、南墙相接，形成近圆形的外城区域。临清外城，是卫河与会通河河流注入南运河的地点。漕运河道、水闸、桥梁构成外城一道独特的风景。卫河从南水口进入外城，然后分流，其中一支直接北上，经工部西桥直接注入南运河。另一支向东北流，经板闸、砖闸、工部东桥，与由东水口进入外城的会通河相汇。汇流后，河道再向北流，经过善人桥、小闸、天桥、问津桥，与直接北流的卫河水汇合，形成南运河。南运河从北水口出临清外城，继续北上（图 5–3）。

清初，继承明代临清州的旧城。顺治年间，此段河道主要河工集中在疏浚方面。卫河在临清外城分流汇入运河，与明代无异。江南起程北上和卫河转运的漕粮一起，供给京师。马光裕认为临清州之所以重要，是因为“南北数百万漕粟，从此达天津，抵通州，飞輓帝京，所关军国甚巨”。因此，河官的主要职责就是疏浚河道，保证漕运。乾隆年间《临清直隶州志》有一幅《州城图》。此图对临清外城河道的描绘与《卫河全览》相似，但河道上的桥梁、水闸大都改用新名，以示沿革。

四、《卫河全览》反映的清初卫河漕粮转运

顺治年间，天下初定。供给京师的漕粮转运，仍延续明代的漕粮转运制度。《卫河全览》河道全图，不仅反映了马光裕治卫的成果，同时刻绘了卫河漕粮转运的诸多细节。根

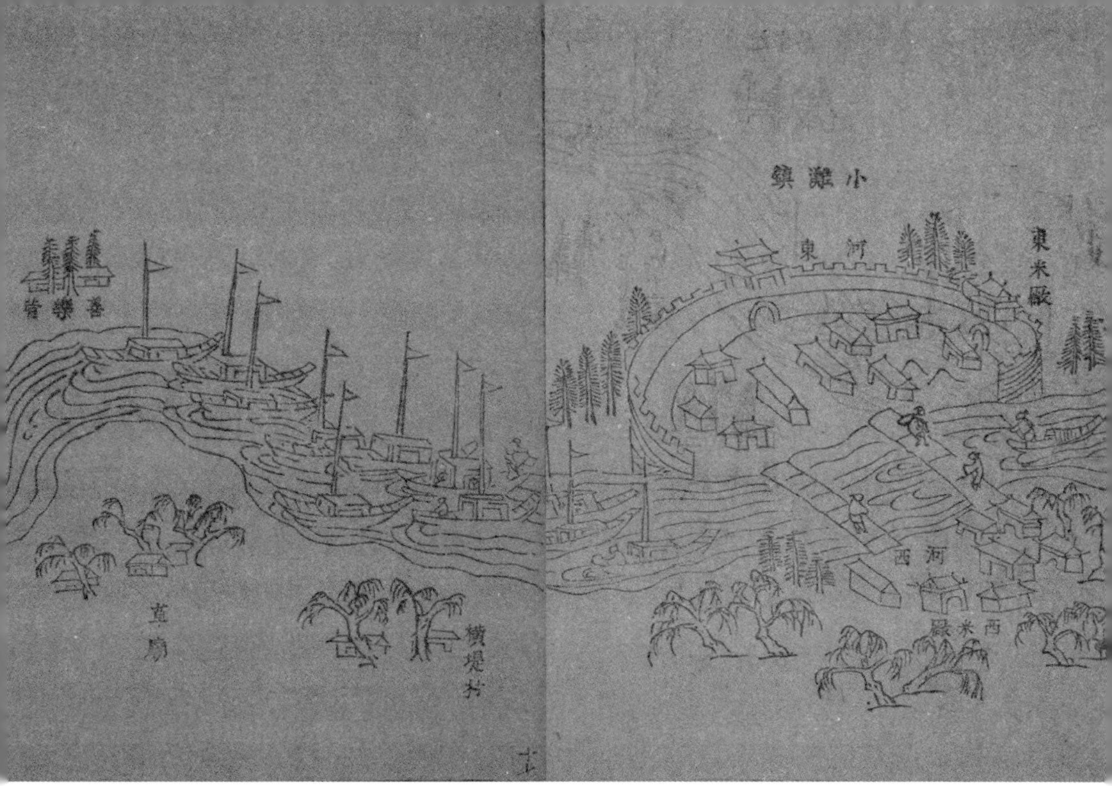

图 5-2 卫河全览（局部）· 小滩镇

图 5-3 卫河全览（局部）· 临清州

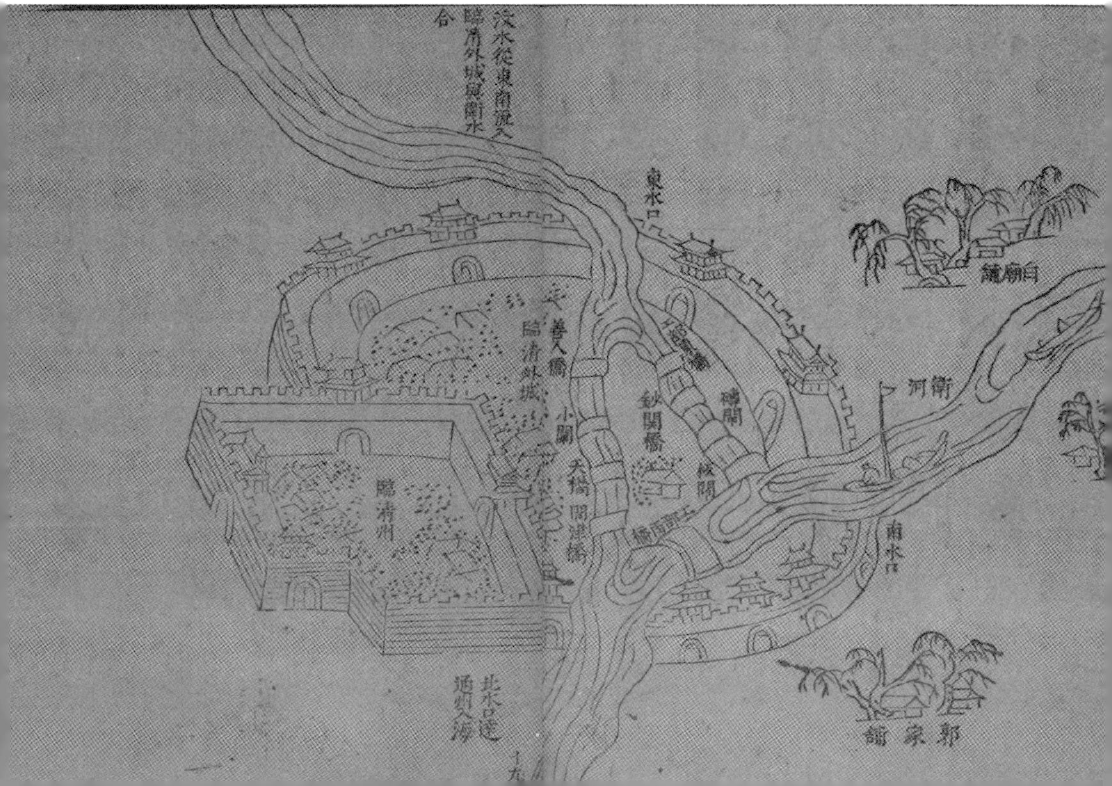

据地图刻绘，本文梳理清初卫河漕粮转运的情况。

卫河河源至五闸处，河水具有司济漕运和灌溉农田两个功能。五闸之下，自云门桥开始，河道开始增加了漕粮转运的功能。辉县辖境各地的粮食，在云门汇集，登舟转运。图上，云门下游第一次出现了行驶在河道中的船只，用来表示河道的通航功能。云门桥在辉县城外与小丹河入卫之间，虽运输能力有限，但却是集中辉县周边漕粮，同时方便转运的最佳地点。辉米由此登舟，河道曲折，水势较小。船行不远，就是小丹河注入卫河的汇流处——合河镇。卫河接受小丹河的补充，通航能力提升。图上用两只前后相继的扬帆大船来表示通航能力的变化。

卫河流经河透村、曲里村，又有船扬帆于河道之上。此处位于新乡县和卫辉府之间，推测为两地周边漕粮汇集、转运的地点。康熙年间，河南漕粮交兑地曾短暂设置在卫辉府水次，距离河透村、曲里村很近。从图上看出，在卫辉府码头交兑漕粮，并没有转运的优势。首先，卫河只承接了小丹河水，实际运输能力有限。其次，此处靠近太行山脉，山路崎岖，不便陆运。最后，在通航能力有限的情况下，卫河下游诸县向此处运粮，逆流而上，异常艰难。因此，卫辉府码头承接新乡县和卫辉府两地漕粮，再顺流而下，去往漕粮交兑地，是更明智的选择。

此后，卫河流经淇县。在淇县下游，距淇县八里的薛村口，淇水东流入卫。至此，卫河水量再次增加。位于淇水入卫处下游的新镇和李家道口，凭借漕粮转运和水陆通道交汇，带来了大量的人群聚集。商舟盐楫贸易往来于此，成为卫河沿途重要的商业枢纽。图上，河道中前后相继的货船，也正好反映了淇水入卫后的河运能力提升，以及沿河城镇的兴盛。过李家道口，卫河经过滑县、浚县。此段河道舟楫盛行，以示水路繁忙。在浚县城下游，有屯子码头，船只聚集，推测是周围漕粮汇集之地。

卫河过汤阴县、内黄县，在内黄县楚王集（今楚汪镇）附近，出现两船并行的场景。相比之前船只前后相继的画法，此处凸显河道增宽的真实变化。乾隆年间，内黄县楚汪集替代小滩镇，成为河南漕粮的交兑地。从地图上看，楚汪集同样存在水量有限、运力不足的问题，但相较卫辉府，已经是不错的选择。卫河全图绘制时，应该是周边府县漕粮聚集之地。

卫河过彰德府，洹水在伏恩村附近注入卫河。至此，小丹河、淇水、洹水都已经汇入卫河，河道宽阔，水量激增。此处开始，卫河专门司济漕运和转运漕粮。河道之上，船只增多，反映水路运输十分繁忙。卫河经过大名府，就是小滩镇。此前在各处登船的漕粮，在小滩镇清点、交接、入仓、转运。河道中，大量船只沿岸停靠，等待装运。船只聚集处，可见三船并排的场景。卫河过小滩镇，流经馆陶县，直达临清州。馆陶县和临清州都曾作为河南漕粮的交兑地，但清初，最终选择小滩镇作为转运枢纽。

五、马光裕治卫对后世的影响

清初，马光裕治理卫河并作《卫河全览》，为后世治理卫河提供了可以借鉴的经验。本文从治卫思路、河官设置、城镇变迁和对后世地图产生的影响几个方面分述如下。

对治卫思路的影响。明清时期，关于治理卫河，有引漳、引沁和引丹三种不同的思路。也就是说，在卫河上游至下游的不同河段，选择一条合适的水源引入卫河，是主政者一直思考的问题。但无论哪种思路，都是为了增加卫河水量，达到以卫济漕的目的。元明两朝，引漳入卫曾是补充卫河水量的重要方式。万历年间之后，漳河北流，无法补充卫河。至明末清初，卫河水弱的局面已持续数十年，这促使马光裕重新思考如何补充卫河水量的问题。从《卫河全览》来看，马光裕采用引小丹河入卫的思路，基本沿用明末卫河河道，集中在河源河道疏浚、水闸水量控制和河堤码头修筑三个方面整治卫河。与此前治卫不同的是，马光裕特别重视对卫河支流的考察。这也是为了找到补充卫河水量的稳定水源。在增加水量的问题上，马光裕认为并不是支流水量越多越好，还需综合考虑卫河的承载能力，否则操之过急，必将引起卫河水患。在考察之后，马光裕放弃了开新河引水的想法。沿用引小丹河水入卫河上游，但水量过于舒缓，开源治卫的思路受限。转而，马光裕考虑一系列节流的治河方法。此次治卫，采取河源汇流成湖，上游水闸严控分水，下游疏浚河道的措施，尽可能在旧有河道的基础上进行优化。这样的治河思路，虽然仍然无法根本解决卫河水弱的问题，但也没有将水患引入卫河，保证了卫河两岸之后数十年的安居乐业。康熙年间，因卫河水弱，漕运难行，朝中引水入卫的声音再起。而解决漕运供水不足最快的方法，就是将漳河水直接引入卫河下游。康熙四十五年（1706），引漳由山东馆陶县入卫[1]，以济漕运。漳河入卫根本上解决了漕运水量不足的问题，同时引发了马光裕曾经的忧虑。漳河水量太大，裹挟大量泥沙。漳河以浑流入卫，导致卫河下游乃至鲁运河沿岸遭受水患。洪水退去，淤积大量泥沙，又导致漕运更加不畅。雍正、乾隆年间，史料中频繁出现治理卫河的记载，或为洪水淹浸田舍，或为河道淤浅兴挑。究其根本，康熙年间清廷重视开源，轻视节流的治卫思路出现了问题。

对河官建制的影响。从顺治三年（1646）开始，工部都水司卫河分司建立，并承袭明代建制，驻辉县，负责管理卫

1《清实录》卷111，乾隆五年二月下，中华书局，1985年，第643页。

河河政。顺治一朝，工部都水司一职前后共有六人，遵循每两年更换一次的频率。马光裕作为清朝第三任工部都水司，任职于顺治七年（1650）至九年（1652）。在马光裕治卫之后，改善了济漕与灌田用水之间的矛盾，同时保证了水运河道的畅通。一时间，卫河河政事务减少，河工清明。顺治九年（1652），马光裕回京赴任之后，举人刘元芳、进士许瑶先后继任工部都水司。顺治十三年（1656），在许瑶任职期满后，清廷裁撤工部卫河差，卫河河务归并卫辉府同知管理[1]。裁撤工部都水司，归入地方行政机构管理的治河制度，可能与当时河务减少有关。顺治十四年（1657），复设卫河分司一员[2]。进士李震生上任，成为最后一任工部都水司。此后卫河河官长期缺任。康熙四年（1665），工部都水司裁撤，河务由地方官代理。相比其他河段的工部都水司，卫河分司的裁撤时间较早。一方面，裁撤工部都水司，归入地方行政管理，有利于多方面治河力量的协调。另一方面，卫河河官的制度变化，与马光裕治卫的成果不无关联。

对沿河城镇的影响。马光裕治卫后，卫河两岸数十年的平静安宁，保证了漕粮转运通道的平稳，也带动了卫河沿岸城镇的发展，直接影响到沿河城镇的经济发展和行政建置的设立。据《卫河全览》反映的清初河道情况来看，卫河沿岸设置巡检司的地点，大都因漕粮转运而设。据《河南通志》记载，卫河沿岸曾设置巡检司的地点包括元城县小滩镇、内黄县回隆庙、浚县新镇、滑县老岸镇[3]。地图描绘的漕粮汇集地，与巡检司设置地点高度重合。水路通畅，陆路运输一并被盘活。在明末清初百废待兴的大背景下，卫河水路带动了中原地区物资转运的提速。沿河城镇不仅仅是漕粮转运的中心，更成为各地商贸经济的中心。可以说，马光裕治卫客观上推动了卫河城镇在清初的繁荣。诚然，卫河水弱直接影响

1 《清实录》卷103，顺治十三年八月至九月，中华书局，1985年，第805页。

2 《清实录》卷109，顺治十四年四月至五月，中华书局，1985年，第852页。

3 《钦定四库全书》《史部》《河南通志》卷35《职官六》。

到水运通航能力，但保持中州腹地有一条相对可靠的水路通道，对于沿岸的城镇来说，具有不可替代的作用。

对清代河道地图谱系建立的影响。马光裕治卫之后，留下了可供后人参考的治河文献《卫河全览》。明清时期，治河资料的刻绘流传，逐渐成为官方治河过程中的绘图传统。清初刻绘的《卫河全览》，从一定程度上来说，还代表马光裕的个人观点，是官方治卫活动与河官私人思想的融合。后来，随着清朝河官建制与治河制度的逐步完善，无论是治河筹备、河工进程还是治河完成阶段，都需要绘制大量的河道地图。而且，这些在官方治河工程中绘制的河道地图，官绘属性越来越强。由于地图的绘本属性和幅面限制，流传至今的清初河道地图数量极为有限。幸运的是，《卫河全览》为我们呈现了治河地图由私人绘制到官方刻绘的过渡状态，成为建立清代河道河工地图谱系的重要环节。纵观清代卫河地图的绘制，流传至今的地图还有乾隆年间《大名县志》的刻本《漳卫河渠图》、国家图书馆馆藏光绪年间彩绘本《豫省卫河全图》等。这些地图时间上从清初延续至清末，可以建立一个完整的清代卫河地图谱系。

《卫河全览》是清初卫河使马光裕治理卫河的成果。这部著作的刊刻与马光裕的个人经历有关，与明末清初流行的“实学”思想有关，更与卫河在明清运河中的历史地位相关。时至今日，《卫河全览》对卫河河道河工的记录和对卫河漕粮转运的描绘，仍是我们研究明末清初运河水道的珍贵史料。

《湖南西路常辰沅靖河图》与晚清沅江的水师驻防

一、《湖南西路常辰沅靖河图》版本及内容

《湖南西路常辰沅靖河图》，一幅，清光绪年间李洪斌绘，彩绘本。图幅横向长95厘米，纵向宽57厘米。全图采用山水形象画法，绘出注入洞庭湖的两条支流——沅江和湘江。两条河流流经山脉、平原、各级治所等，均细致标绘。此图与相关公文搭配上呈相关衙门，遂折成奏事文书的形式，并在图背贴红签，题写图名。

沅江，长江流域洞庭湖支流，发源于贵州东部苗岭山脉斗篷山，向东流入湖南。河道在湖南境内主体呈西北—东南走向，最终在常德德山注入洞庭湖。沅江流经湖南西部的怀化市、湘西土家族苗族自治州和常德市，是省域范围内第二大河流。沅江流经湘西地区，地形以山地为主，苗族、土家族等众多少数民族世代生活于此。此地因山势天险，陆路交通极为不便。沅江流经湘西山区，水量较为充沛，沿途又有舞阳河、辰水、武水、酉水等支流汇入，所以形成了一条深入湘西黔东南山区的水路网络。因此，沅江成为湘西地区最重要的水路交通干线，将湘西山区与湘北平原“八百里洞庭”连接起来。沅江通过洞庭湖与湘江下游相连。湘江同样是长江流域洞庭湖支流，发源于桂北南岭山区，先

向东，后向北，最终在岳阳湘阴附近注入洞庭湖。相比沅江流经地区，湘江下游段属于平原地带，汇入湘江的支流众多，河网纵横。湘江水路将湖南东部、南部与北部洞庭湖相连。通过洞庭湖，沅江水系、湘江水系又与长江相连，由此形成沟通湖南东部腹地、西部山区和长江中下游地区的水道。清代，在湖南布政使司辖境，以长沙府为中心的行政中心，可以通过湘江、沅江水路，直接管理湘西地区。

明清时期，沅江水路的重要性早已显见。为保证水路畅通，沅江沿岸的军事防御就显得尤为重要。《湖南西路常辰沅靖河图》是描绘沅江流经区域的水道地图，同时也是描绘沅江江防的军事驻防地图。从图名来看，此图重点描绘湖南省西部常德府、辰州府、沅州府及靖州直隶州辖域之内的河道。从画面来看，地图所绘的区域，以洞庭湖为界，右半部分展现的是沅江流经地区的山川地貌、河道支流、行政建置，左半部分展现的是湘江下游湘潭至洞庭湖之间，流经地区的山川地貌和行政建置。除此之外，此图对沅江和湘江下游的描绘具有重沅江、轻湘江的特点，以晚清湖南西路为主体，重点标注沅江沿途水师驻防情况。

此图遵循上南下北、左东右西的图向。从图上看，沅江发源于黔东南山脉之中的清江河。清江河与靖州河（渠江）汇流形成沅江。沅江在黔阳县（今洪江市黔城镇）附近与㵲水（今舞阳河）相汇，水量大增。黔阳县以上河流，为沅江上游。沅江经洪江司有巫水自南流入，经桐湾有溪河流入，经溆浦县江口有溆浦水流入，经辰溪县有麻阳河（辰水）流入，经泸溪县有武水流入，经辰州府城（今沅陵县城）有酉水流入。黔阳县至辰州府城段，为沅江中游。沅江下游经桃源县、常德府注入洞庭湖。凡沅江与支流交汇处，都是水师驻防重点，设置驻防汛地，布设长胜水师。湘江入洞庭湖河道一段，沿途的山脉河流支叉也都画出。图上湘江始绘于湘潭县上游河道，在湘潭县湘河口，由涟水自西流入主河道。与湘河口相对的东岸，黄矶港水从东流入。湘江途经长沙府城西侧，江中有水麓洲。长沙府城南侧护城河自东流入水麓洲西侧，龙王港水由西流入。湘江过长沙府城，江中有傅家洲。在长沙府城外，浏阳河自东流入，沩水由宁乡县西南，在靖港流入。湘江至湘阴县分为东西两支，东支经湘阴县城至芦林潭注入洞庭湖，西支与资水东支汇合，注入洞庭湖。由于湘江河道不是地图表现的重点，所以图上并未标注相关水师驻防情况。

二、作者李洪斌及绘图背景

《湖南西路常辰沅靖河图》图上贴红签图说一则，落款署名“李洪斌”，这为了解地图作者及相关绘图背景提供线索。据《清实录·德宗实录》记载，光绪二十一年（1895）八月，“谕内阁，王文韶奏，北洋事务殷繁。请调文武员弁差遣各折片。云南补用道翁寿镬、湖南补用道张鸿顺……湖北补用游击龚先第、湖南补用都司李洪斌，均着发往直隶。交王文韶差遣委用。即由该督分别咨行办理”[1]。甲午战争，北洋水师损失惨重。清末重臣王文韶是洋务派的代表，于光绪二十一年（1895）八月调任直隶总督兼北洋事务大臣。在调任此职前夕，王文韶曾上奏皇帝，因北洋事务繁多，申请从各地调用低职级的文武官员负责办理各类奏文折片事务。时任湖南补用都司的李洪斌，在征调之列，北上直隶，参与北洋事务。《湖南西路常辰沅靖河图》应该是李洪斌调任直隶之前，在湖南任职时所绘的地图。清代绿营，营制分标、协、营、汛四级。参将、游击、都司、守备同属营级的武官，是绿营的中级军官。根据地图绘制沅江水道和水师驻

[1]《清实录》卷375《德宗实录》，光绪二十一年八月下，中华书局，1987年，第904页。

防汛地推测，画者应该在水师任职。因此，上呈地图的李洪斌应该是湖南水师营的候补都司。他曾在沅江流域河道进行实地考察，探明沅江主河道及其支流港汊，并确定水师驻防汛地关卡等军事民事设施，最后通绘山川形势、河道道里，形成《湖南西路常辰沅靖河图》。通过调查绘图，李洪斌积累了丰富的水师经验，对沅江流域军事驻防了如指掌。《马关条约》签订后，王文韶主张重整北洋海防，修建沿海炮台，创建水师学堂。虽然清代水师有内河和外海之分，但在外海水师损失惨重的情况下，这一系列水师事务，需要了解水师实情，亲身参与内河驻防的水师武官来参与。正因为如此，王文韶调任李洪斌参与北洋事务，是经过一番仔细考量过的。

湖南水师是清代立国，特别是清代晚期一支重要的水师力量。清代初设水师，沿袭明代旧制，与陆营兵制相同。据《清史稿》记载，湖南水师在清初就设立了辰州、洞庭二营[1]。显然，湖南水师建立之始就是控制沅江流域，特别是沅江下游的驻防力量，归属绿营管辖。"康熙二十八年（1689），裁辰州水师，改设岳州水师营。"[2]此时，湖南水师削弱了对沅江流域的布防，同时加强对长江和洞庭湖东岸的控制。"洞庭水师营，原设洞庭协标。嘉庆二年（1797），以洞庭副将、都司移驻常德，改常德为协。以常德游击、守备移驻洞庭，改洞庭协为水师营。"[3]嘉庆年间，常德成为洞庭水师的驻防地点，原有洞庭协降格为水师营。此举加强了对沅江下游至入洞庭湖一段的水师驻防，同时削弱洞庭湖西岸的布防力量。从清朝前期湖南水师的分布情况来看，水师主要在沅江下游、洞庭湖东西湖以及江湖交汇处布防。如此布防，与湖南水系分布有关。湖南四大水系湘、沅、资、澧，其中，湘江、资水从洞庭湖南侧注入，沅江、澧水由西侧注入。保证

[1] 赵尔巽撰：《清史稿》卷135《志一〇〇·兵六·水师》，中华书局，1977年，第4021页。
[2] 赵尔巽撰：《清史稿》卷135《志一〇〇·兵六·水师》，中华书局，1977年，第4021页。
[3] 赵尔巽撰：《清史稿》卷135《志一〇〇·兵六·水师》，中华书局，1977年，第4021页。

洞庭湖周边的水道安全是湖南水师的第一要务。清初设洞庭水师就与此有关。同时，兼顾通往湘西山区的唯一水道沅江，以及保证洞庭湖与长江中游水道的通航安全，也是湖南水师的职责所在。从康熙年间辰州水师裁撤，到嘉庆年间洞庭水师迁至常德，沅江下游的水道驻防经历了由强转弱，后又变强的过程。康熙年间，岳州水师营的建立，确立了江湖交汇处之于湖南水道的咽喉地位。如何确定湖南水师的驻防地点以及水师等级，与平衡沅江下游、洞庭湖和长江之间巡防重点密切相关。随着雍正乾隆年间湘西地区大规模的改土归流，沅江流域迎来较为安定的和平时期。驻防在水道沿岸的水师，大都长期居于陆地，不习水战，不修战船。长此以往，水师几近废除。

咸丰二年（1852），太平天国久攻长沙城不克，却迅速攻克益阳。益阳民船加入起义军，成为太平天国的水师力量[1]。太平天国水师雄镇一方，清政府的应对却捉襟见肘。同年冬，清政府试图征调旧有绿营水师炮船，却因武备废弛，无水师可用[2]。为夺取水上主导权，咸丰三年（1853），曾国藩在筹建湘勇的同时，开始筹措湘军水师[3]，移驻衡州。湘军水师是为应对太平军仓促筹建，与此前湖南水师沿江防守的职责差别巨大。所以，湘江水师并没有在湖南各处水道驻防的历史。太平天国起义失败后，隶属湘勇的水师，战时职能消失，遂于同治八年（1869）裁撤，改制为长江水师[4]。长江水师以湘军水师为基础，承担了旧有绿营水师的职责，从长江中游岳州至下游瓜洲沿途驻防。其中，岳州镇标下有四营，分别是岳州营、沅江营、荆州协标营、陆溪营[5]。与沅江有关的沅江营，分防君山、西湖及常德、龙阳、华容等河通洞庭湖之处[6]。原来湖南绿营岳州水师和洞庭水师纳入长江水师管辖，分属岳州城守营和龙阳城守营。长江水师的布防，直接

1 赵尔巽撰：《清史稿》卷475《列传二六二·洪秀全》，中华书局，1977年，第12866页。
2 [清]王闿运：《湘军志》，岳麓出版社，1983年，第71页。《水师篇第六》。
3 赵尔巽撰：《清史稿》卷135《志一〇〇·兵六·水师》，中华书局，1977年，第4022页。
4 赵尔巽撰：《清史稿》卷135《志一〇〇·兵六·水师》，中华书局，1977年，第4022页。
5 赵尔巽撰：《清史稿》卷135《志一〇〇·兵六·水师》，中华书局，1977年，第4022页。
6 赵尔巽撰：《清史稿》卷135《志一〇〇·兵六·水师》，中华书局，1977年，第4025页。

服务于长江中下游水道。与沅江有关的巡防水师极为有限，且基本驻防在沅江注入洞庭湖的常德和龙阳一线。沅江大部分水道处于无水师巡防的状态。此时，独立于长江水师之外，驻防湖南四大水系的水师仍待完备。

太平天国起义之后，水师在绿营和湘勇中的重要性凸显。湖南辖境的各条水系，又逐渐形成了各自的绿营水师。沅江流域从长沙省城抽拨水师船只驻防沿途水道，呈现出常德驻一营、辰州驻一营、靖州之洪江驻一营的水师驻防格局[1]。这些水师独立于长江水师之外，与长江水师防务相互补充。各营各汛驻防布局，均由湖南布政使司负责管辖[2]。水师各营分驻水道沿途重要地点，驻防营汛错落分布，巡防区域明确划定。各营汛水师在各自负责的水域内巡防水道。光绪年间，湖南补用都司李洪斌负责考察沅江流域水师驻防情况，是为湖南提督管理水师设置防营提供参考。湖南水师，从清初至清末，经历了几番起落，驻防沅江流域的水师同样经历了建设、裁撤、又重新建立的过程。《湖南西路常辰沅靖河图》之上，这些沿沅江布防的绿营水师被统称为长胜水师。长胜水师的驻防，客观上反映了清末地方政府对沅江流域的实际控制，同时还寄托了湖南主政者保境安民的美好愿望。

三、光绪年间沅江沿岸水师驻防情况

沅江是湘西地区沟通外界的重要通道。因水路交通沟通湘西、黔东南等处偏远山区，这些山区的物资交换十分依赖沅江水路。沅江主水道滩多路险，通航能力有限，光绪年间，通行在沅江流域的船只仍以传统木帆船为主体。直至常德府以下河道，才可用新式轮船运输。在这样的情况下，查明水道浅滩分布，派驻水师，巡防水道支汊要塞，是保证湘

1 赵尔巽撰：《清史稿》卷135《志一〇〇·兵六·水师》，中华书局，1977年，第4022页。

2 赵尔巽撰：《清史稿》卷135《志一〇〇·兵六·水师》，中华书局，1977年，第4025页。

黔水道畅通、税收缉私的必要条件。此时，负责巡防的沅江长胜水师，并非长期在固定的地点驻守。派驻水师数量也不是长期固定不变的。保卫各处厘卡的水师船只的数量和船体大小，与所驻防河道的宽窄、驻地与巡防河道之间距离远近有关。为权衡水师营哨驻防选址，湖南行政和军事官员会定期查看水道情况。根据通航是否顺畅、巡防范围大小、巡防任务轻重等实际运转情况，随时调整、撤换水师驻防地点[1]。水师驻防地点的变更调整，与长江水师相比，更为机动灵活。因此，经常调整的水师驻地，需要在调整后，考察实地并绘图报送上级，以示变更之后的驻防形势。

《湖南西路常辰沅靖河图》显示了光绪二十一年（1895）李洪斌调任直隶之前的沅江长胜水师驻防分布情况。地图以形象画法画出沅江流域的地形地势及河流走向。沿河的城池、县司、村落、关卡、塘汛、驿站等与水道密切相关的地点，均用文字标注，并注明相关地点之间的道里。长胜水师驻防地点贴红签标注。红签标注根据定期查看情况，随时可能发生变更。贴签的即时性和灵活性显现出来。

图上红签图说一则："此图东溯湘江，南由沅水，各河港汊，均会洞庭，令将长胜水师，驻防汛地。自常德府下卡起，上至沅州府河，与贵川玉屏县交界止，西至永顺河洑岔滩，南至靖州河托口止，共三十汛。内护木关厘卡十三处，纵横水程一千二百余里。谨绘草图以备查考。李洪斌呈。"[2]图说总体概述了沅江流域的河道情况，水师驻防区域，驻防地点数量及水道里程。从图说可知，沅州长胜水师的驻地分布范围东北方向到常德府下卡，西南到沅州府河与贵州交界处，南至靖州河托口、洪江司会同县各处。从地图上看，除长胜水师驻防地点之外，府州各级政区、沿江两岸陆上军事驻防关卡、税收查验的厘卡和陆上驿站均细致标注。显然，

1 [清]卞宝第等修，曾国荃等纂：《续修四库全书·光绪湖南通志》卷79《武备志二·水师》，上海古籍出版社，2002年，第312页。防护厘卡船只之多寡大小，视所驻河道之广狭远近，为衡营哨，各官随时察看，撤换驻泊处所，随时酌调践更。

2 [清]李洪斌绘：《湖南西路常辰沅靖河图》彩绘本，贴红签图说。国家图书馆藏。

沅江长胜水师作为水道巡防力量，需要与相关的行政、军事和经济机构互相配合，完成各自职能。而图说中，水师“内护木关厘卡十三处”，说明了水师驻防的重中之重是保护沿江流域商路上的常关和厘卡。根据光绪年间沅江水师营的辖域范围，本文梳理沅江沿岸的水师营汛驻防地点和关卡驿站等治所设施的分布情况。

（一）常德水师营

沅江下游在常德府治南侧汇入洞庭湖。常德水师营在常德府辖境之内，设有长胜水师驻防地点六处，常德长胜水师帮带驻扎在常德府城之内，负责统筹常德水师事务。常德府治顺着沅江水流方向在城外设置厘卡，其中，城西设上卡，城东设下卡。由上卡沿江而上，江北岸武陵县有驻军警备河洑山塘和陬溪塘。再顺流而上是桃源县和剪家溪码头。常德水师沿江北岸在下卡、上卡、河洑山塘与陬溪塘之间、桃源县城、剪家溪码头分别设立驻防。水师驻防地点的选择，充分考虑的常德府辖境的重要地点。上卡、下卡是税收关卡，河洑山塘、陬溪塘是陆上驻军关卡，常德府和桃源县是行政治所，桃源县内桃源驿与剪家溪码头又是交通枢纽。无论是行政、经济、军事还是交通，水师驻防都尽可能兼顾。

清代晚期，常设于辰州府的南北木关难以征收足额木税，曾将木关下移至沅江下游水道宽阔的常德河洑山和德山一带。这样的变化在长胜水师驻防地图上已显现端倪。

（二）辰州水师营

沅江从桃源县继续顺流而上，桃源县至北河口段，是水道浅滩最为密集的一段，通航条件有限，水运风险陡增。沿江北岸，标注重要地点依次是界首（界首顶塘）、麻洢洑、洞庭溪、鸦角洄、北溶汛、东关、辰州府治、北关、南关、木关、要溪塘、小龙塘、泸溪县、铁树塘、浦市分府、西风潭、沙堆塘、仙仁湾（仙人湾）。沿江南岸，标注重要地点依次是辰阳驿、兰溪口、油坊湾、张家溜、辰溪县、正溪塘、修溪塘、溆浦县、江口汛、黄溪司。辰州府治北河口顺流而上，另有多条支流汇入沅江主水道，沿途有乌速汛、王村司。辰水麻阳河段汇入沅江河道之前有高村司。

辰州水师营选择的驻防地点能迅速掌握辖域之内的巡防重点。首先，水师领哨驻扎在辰阳驿，与辰州府治隔江相对，既可以控制沅陵县辰阳驿，又可以掌控兰溪口汇流主河道的水况。其次，在水道浅滩最密集的一段，沿江北岸界首至北溶汛城守营，分设水师驻防地点四处，集中应对水道可能出现的各种险情，并打击游匪。再次，围绕辰州府治的东关、北关、南关和木关分设水师驻地，以保证辰州常关税收缉私任务的稳定输出。最后，在北河口以上，水师驻防油坊湾、辰溪县、西风潭和仙仁湾。这几处水师驻防地点间距较远，基本沿两岸治所、河湾分布，保证水道畅通即可。辰州水师营的驻防汛有两个地点比较特殊，就是处在北河口上游的王村司湫岔和处在麻阳河上游的高村司水师。北河口上游，是永顺、龙山、保靖等地河道汇流的山谷，同时也是这些地区木材运输的必经地点。在王村司驻防，应该考虑到支流汇集的自然因素和水运交通的咽喉位置。麻阳河驻防推测与辰水汇流有关。

（三）靖州洪江水师营

沅江溯源而上，进入靖州洪江水师营的巡防区域。这段水道分属靖州直隶州和沅州府辖境，浅滩分布较为稀疏，但在山谷中穿行，十分曲折。由于水道过于曲折，两岸方向也随之发生变化。沅州府城一侧从下游至上游，标注重要地点依次是桐湾汛、卜冲塘、茶陵塘、木卡、黔阳县、倒水塘、牌楼塘、中方塘、榆树县丞、白岩塘、公坪汛、结连塘、沅州府治。会同县洪江司一侧，标注重要地点依次是新路塘、石桥司、岩门塘、中卡、厘卡、贵州码头、竹瓦塘、白马塘、托口、双江塘、桐木塘、艾头塘、浮莲塘、皂角塘。

靖州洪江水师的驻防营汛首先遵循守卫交通要道和木关厘卡的原则。在交通要道驻防的水师有新路塘、黄丝洞滩、双江塘、黔阳县南沅江汇流处北岸、中方塘五处。这五处水师驻地主要职责是保证水道畅通、抢救浅滩险情、打击游匪等工作。在常关厘卡和商路重镇码头附近，水师集中分布在会同县洪江司沅江两岸及支流汇入的河汊地带。从洪江司河口巫水汇流处起，至靖江河（渠江）与沅江正源清水河汇流处止，分别有巫水河畔的中卡，巫水与沅江汇流河口南侧的厘卡和北侧的木卡，洪江古镇的贵州码头，渠水汇入沅江河口的桐油集散地托口镇五处。在府治、县治驻防的水师有黔阳县和沅州府治两处。靖州洪江长胜水师统带驻扎在洪江古镇对岸的沅江河畔，统领各种水师驻防，处于水师驻防营汛的中心位置。

从《湖南西路常辰沅靖河图》标注的地点和水师驻防情况来看，在长达一千二百余里的沅江主水道航路中，沅江长胜水师常德营、辰州营、靖州洪江营三营，下辖三十个水师汛。这些水师汛分别巡防驻守在沿江的常关厘卡、行政治所、军事要地及交通枢纽，掌控着沅江水道的重大关切。

四、晚清沅江沿岸水师驻防的职能

《湖南西路常辰沅靖河图》红签图说“内护木关厘卡十三处，纵横水程一千二百余里”透露了长胜水师的职能。其中，最重要的是护卫木关厘卡，保证榷税足额收取。其次是保证漫长的沅江水路畅通有序。

常关是在水陆交通要道或商业重镇，官方设立的征收运输货物的关税卡。因辰州府常关主体以征收木材税为主，所以也被称为木关。厘卡是近代以来，特别是太平天国运动之后，官方在交通要道和商业重镇征收商业税的关卡。常关税是清代前期杂税的重要税种，但在近代，常关税已无法支撑清政府的开支，增设厘卡，收取厘金，是官方开支的重要补充。湖南厘金，主要用于军费支出。关于湖南辖境的常关厘卡的变迁，《光绪湖南通志》记载："湖南向称瘠土，非商贾辐辏之地。山泽之货，关市之税，厥利甚微。是以旧志榷税从缺，各府州属杂税，悉入田赋，岁有定额。其无额者，尽征尽解，特一二而已。咸丰军兴以来，创设厘金局，专榷商贾。初入银钱，岁各数十万，计军饷。赖之粤寇既殄，言官请撤局停厘者，疏屡上。虽西陲未靖，协饷攸关资，然颇衰减矣。"[1]清前期，征收货物关税数量十分有限。近代以来，特别是太平天国运动，对湖南政府的打击是方方面面的。旧有常关如常，又新增设厘卡。收税养兵、养兵收税进入恶性循环。湖南地区在太平天国运动之后，以湘西尚未安定为由，继续征收厘金，但额度少于战争时期。从《湖南西路常辰沅靖河图》上看，光绪年间，沅江长胜水师将保卫常关厘卡作为首要职责，显然没有撤局停厘的趋势，反而管理更加严格。沅江水师营汛驻防遍布沅江水道，与常关厘卡的设置地点直接相关。

从图上看，以辰州府为中心，是沅江水道常关的主要分布区。辰州府城外北河口北岸内田头的北关，负责收取永顺、龙山、保靖、绥靖、宜恩、酉阳、秀山、松桃各地通往沅江下游的船税和杂木通过税。北河口南岸沅陵木关、南关，负责收取沅江上游各地贩运木材的木税。辰州水师营在这些常关驻汛，维护榷税稳定。以会同县洪江司为中心，是沅江水道厘卡的集中分布区。咸丰年间，湖南厘金局设立之

1 [清]卞宝第等修，曾国荃等纂：《续修四库全书·光绪湖南通志》卷59《食货志五·榷税》，上海古籍出版社，2002年，第680页。

后，在各府州县设立分局，下再设卡[1]。据统计，光绪十五年（1889），常德局有分卡八处，辰州局有分卡三处，洪江局有分卡四处[2]。这与地图上记录的水师内护木关厘卡数量有别。《湖南西路常辰沅靖河图》主要标绘洪江司下设厘卡。晚清的洪江古城，是沅江上游的重要商埠，占据清水河、靖州河、巫水与沅江汇流的地形优势，汇集湘西黔东南的桐油、木材、盐、茶、酒等物资。所有转运物资均需征收厘金税，所以，靖州洪江水师营的主要驻防汛集中于此，巡防缉私，保卫厘卡秩序。

除常关厘卡之外，府治县治、沿江塘汛、驿站也是水师营汛的主要选址。各级治所是所在地区的政治、军事中心，需要不同兵种的驻防保障安全，维护治安。沿江塘汛具有屯政守备、管操、巡捕等职责。绿营兵制辖区与水师营有异。位于沅江沿岸的塘汛分属湖南提标、常德协、辰州营、靖州协、沅州协管辖。显然塘汛兵制与政区辖域之间关系更加紧密。水师三营巡防区域要明显大于陆上绿营。例如，靖州洪江水师营巡防区包括靖州直隶州和沅州府两地。水师汛与塘汛在同一地点驻扎，共同守备，成为维护沿江治安的驻军警务力量。此外，水师驻防常德府、桃源县、辰阳驿、洪江驿等地，还考虑了沿江驿站及水陆转运事务。晚清时期，沅江沿途驿站多是水路和陆路交汇的枢纽，驿站准备排夫马匹，以供使用。水师驻防驿站，实际上兼顾控制的水陆交通，也是维护沅江水路畅通的关键地点。

《湖南西路常辰沅靖河图》是晚清官绘河道地图的代表，反映了清末沅江和湘江下游河道的山川形势。《湖南西路常辰沅靖河图》还是了解清末沅江水师营汛驻防的军事地图，展现了长胜水师在沅江流域的驻防地点，对于我们了解清末湘西水路的管理经营历史提供新的线索。

1 赵尔巽撰：《清史稿》卷125《志一〇〇·食货六·榷税》，中华书局，1977年，第3694页。

2 尹红群：《湖南传统商路》，湖南师范大学出版社，2011年，第263页。《光绪十五年湖南省境内厘金局卡表》。

禁锢与开放的博弈——浅析古代海洋地图的分类及海洋观

一、文献记载明清以前的海洋观

海洋观，就是人们通过各种实践活动，获得对海洋本质属性的认识[1]。先秦时期，中国传统的海洋观大都与边界有关。海在地理类文献中的应用充满了象征意义。比如《尚书·禹贡》提到："东渐于海，西被于流沙，朔南暨声教讫于四海。"[2]《禹贡》总结世人理想中的政治区划，将天下划分为九州。"东渐于海，西被于流沙"，显然是将海与流沙视为当时天下的边界。这里的"海"可以理解为中国东部的茫茫大海。"朔南暨声教讫于四海"中的海，同样是边界的含义。但"四海"与"东渐于海"的含义又有所差别。"四海"中的"海"被虚拟为广义的天下边界。四海既是陆地的边界，又是区分王属与外藩的界限。四海为界，四海之内均为王属。人们认为海是屏障，是陆地天然的防御体系，这是人们最早对疆域的认识。可见上古时期，海的观念与边界、疆域、防御等观念密切相关。

与文献记载中象征边界意义的"海"相对应，地理类文献中也经常出现实体海洋的概念。比如《汉书·地理志》："自合浦徐闻南入海，得大州，东西南北方千里，武帝元封元年略以为儋耳、珠崖郡。"[3]这里的"海"指的就是海洋，具

1 吴珊珊、李永昌：《中国古代海洋观的特点与反思》，《海洋开发与管理》2008年第12期，第15—16页。
2 顾颉刚、刘起釪：《尚书校释译论》第二册，中华书局，2005年，第321页。
3 （汉）班固：《汉书》卷28下《地理志第八下》，中华书局，1962年，第1670页。

体来说就是现在的南海。与象征意义的“海”不同，具体的“海”在文献中出现，大都与航海有关。另据《汉书·地理志》有关航海的一段记载：“自日南障塞徐闻、合浦船行可五月，有都元国；又船行可四月，有邑卢没国；又船行可二十余日，有谌离国；步行可十余日，有夫甘都卢国。自夫甘都卢国船行可二月余，有黄支国，民俗略与珠厓相类。……自黄支船行可八月，到皮宗；船行可二（八）月，到日南、象林界云。黄支之南，有已程不国，汉之译使自此还矣。”[1]可知，西汉时期我国的航海技术已达到较高的水平。不仅如此，航海过程中还有专门的“译使”。船行至外藩各国，沟通交流毫无障碍。开放的航海无论是观念还是技术层面，都已经相当成熟。在实体海洋这个层面上，人们认为海是载体，是与外界沟通的桥梁，这是人们对航海的早期认识。通过航海，可以达到两个层次的目的：第一，航海沟通了陆地和周边岛屿。国家在岛屿上设置行政管理机构，使岛屿成为疆域的一部分。第二，航海沟通了王朝与周边国家。周边各国与中国或有藩属关系，或有贸易往来，或有宣教意义。

由此可知，从先秦到秦汉时期，传统的海洋观形成两个大相径庭的分支：一个是保守的海洋观，认为海是陆地的边界。另一种是开放的海洋观，认为海是沟通外界的载体。

二、普通地图对海的表达

流传至今的中国古代地图中，最早画出海面的是长沙马王堆汉墓出土的《地形图》[2]。这幅地图上，海在地图上处于绝对次要的位置。画面上的海呈月牙状，这里是珠江入海口。从《地形图》可以看出，地图上最早画出的海是南海。这里是海与陆地，特别是与江河入海口直接相关的区域，水

1 （汉）班固：《汉书》卷28下《地理志第八下》，中华书局，1962年，第1671页。

2 马王堆汉墓帛书整理小组：《长沙马王堆三号汉墓出土地图的整理》1975年《文物》第2期，第35—42页。

陆交汇的重要性不言而喻。海的表达，更贴近沟通外界的意义。可以说，《地形图》中对海的描绘，应该是后世航海图的雏形。

由于地图绘制过程繁复，存世数量少，加之幅面较大，保存不易，所以我们现在能见到《地形图》之后描绘大海的地图已经到了宋代。《九域守令图》[1]刻绘于北宋宣和三年（1121），是现存最早的全国疆域的政区图。这幅地图最重要的特征就是展现北宋后期行政区划的实际情况，同时也是第一幅展现北宋时期海疆形势的全景地图。与《地形图》河流入海口的画法不同，《九域守令图》对大海和海岸线的绘制，秉承了行政区划图的特点。海面以水波的形式表示，海面上绘出了航海船只，东海海域用文字标注，确定海疆。海岸线北起渤海湾，南至北部湾，对山东半岛、杭州湾、雷州半岛等处的绘制大体与后世相同。这幅地图对海的表达，更贴近海是陆地边界的含义。在此基础上，海面上绘制船只和标注地名的手法，将海域与陆地同等对待，又是对海疆主权的表达。可以说，《九域守令图》对海的描绘，应该是后世海疆图的雏形。

《华夷图》[2]刻绘于南宋绍兴六年（1136），地图绘制的地理范围要比《九域守令图》大。这是一幅反映华夏与“四方番夷”之地关系的地图，也是一幅反映宋朝人地理认知水平的世界地图。除中原王朝之外，《华夷图》以长城为界，标绘出长城之外“番夷”部族所处的地理位置和简要情况。这与两宋之际，游牧民族南下，宋朝在与周边民族的对抗中持续处于劣势的历史背景有关。在宋代守内虚外的背景下，“华夷之辨”成为宋人关注的焦点，长城也就有了独特的象征意义。长城作为陆疆范围内区分华夏与“番夷”的界线，具有浓重的边界和防御意义。在防御思想的指导下，《华夷

[1] 郑锡煌：《北宋石刻“九域守令图”》，《自然科学史研究》1982年第2期，第144—149页，附图版一。

[2] 曹婉如等：《中国古代地图集·战国—元》，文物出版社，1990年，图版062页。

图》重陆轻海的特征一览无余。地图对海岸线的画法较为粗略，海岸线的精确程度不及《九域守令图》。但海岸线的范围北起朝鲜半岛，南到北部湾，乃至越南沿海，要比《九域守令图》海岸线长。海岸线的表达同样显现出边界和防御的特征。《华夷图》海面上用文字标注东海，并在远离海岸线的海面上标注日本的简要说明。虽然关于日本的说明极为简略，远不及长城之外“番夷”的说明详尽，但这种强化海上防御的说明，仍不失为海疆防御思想的体现。可以说，《华夷图》对海的描绘，应该是后世海防图的雏形。

从《地形图》《九域守令图》《华夷图》对海的表达可以看出，在综合地图中已经出现了人们对海洋认知思想的不同表达。

三、专题海图的分类

本文把绘制于清朝灭亡之前专门描绘海洋的地图，统称为古代海图。这与现代海图[1]的概念有一定差别。古代海图出现较晚，存世地图中几乎没有发现明代之前的专题海图。文献记载中提及明代之前的专题海图大都和航路有关。明代是专题海图和海权意识逐步形成的时期。究其原因，这与地图绘制和保存难度较大，明清之前的存世地图基数少有关。当然更与明清时期中央政权对海洋的政策变化密切相关。据初步统计，国家图书馆馆藏明清时期专题海洋地图近两百种，其中以清代晚期的海图为主体。根据海图的用途区别和反映的海洋观念差异，本文将古代海图分为以下类别：

第一类，以航海为目的绘制的航海图。航海图还可以根据用途差异细分为航路图、针路图、海口图、港湾图等。其中，标绘航海路线及沿途形势的航路图是航海图的主体，这类地图又可以根据航海路程远近分为近海航海图和远洋航海

1 现代海图是指用于舰船安全航行和航海定位的海图，按用途分为航海总图、航行图、海岸图和港湾图等。

图。明清时期近海航海图基本上以元代开辟“南粮北运”的海运航路为主体。而远洋航海图则以郑和下西洋的航路为中心。从汉代《地形图》中出现航海图的雏形开始，直到明清大范围海禁之前，航海图一直是专题海图中最重要的地图类型。

第二类，以海防为目的绘制的海防图。海防图根据绘制区域范围不同，可以分为全局海防图、区域海防图等。海防图与明清时期海权意识和海禁政策的实施关系密切。文献记载最早的海禁政策出现在北宋时期[1]。两宋时期，宋人与辽金、西夏等周边政权的持续纠葛，导致宋人将国家安全视为核心利益。在这种思想的指导下，以《华夷图》为代表，强调华夏与“番夷”关系和宋人防御观念的天下图开始出现。蒙元时期海禁政策也曾短暂实施[2]。明初洪武年间，为保证沿海安全实施海禁。这一政策一直沿用到近代外国列强入侵中华之前。在这个漫长的时间范围内，以防御为主体的海防地图成为专题海图的主流。

第三类，以表示海疆范围为目的绘制的海疆图。海疆图根据绘制区域的差别，可以分为全局海疆图、区域海疆图等。与航海图和海防图不同，海疆图绘制海疆范围之内主要地理要素的综合海图。海疆图中既有航海图的要素，同时也有海防图的要素。除此之外，海疆图绘制的主要目的还是划定海疆范围、描绘边海形势以及明确各级地方行政区划的管辖。海疆图的画法，可以看成是对陆地疆域管辖思想的延伸。海即陆地边缘，海疆对于陆域来说，具有边缘从属的意义。但海疆作为陆疆的延伸，又具有明确的海权意识，是和陆地相似的疆域。清代以来，以海疆州县为主题的海疆图成为专题海图的重要分类。《九域守令图》强调行政区划的思想，是后世海疆图的重要参照。

1 （元）脱脱：《宋史·本纪第五·太宗二》，中华书局，1977年，第76页。己巳，禁海贾。

2 （明）宋濂：《元史》卷94《志第四十三·食货二》，中华书局，1976年，第2401—2403页。自今诸处，悉依泉州例取之，仍以温州市舶司并入庆元，杭州市舶司并入税务。凡金银铜铁男女，并不许私贩入蕃。行省行泉府司、市舶司官，每年于回帆之时，皆前期至抽解之所，以待舶船之至，先封其堵，以次抽分，违期及作弊者罪之。三十一年，成宗诏有司勿拘海舶，听其自便。元贞元年，以舶船至岸，隐漏物货者多，命就海中逆而阅之。二年，禁海商以细货于马八儿、呗喃、梵答剌亦纳三蕃国交易，别出钞五万锭，令沙不丁等议规运之法。大德元年，罢行泉府司。二年，并澉浦、上海入庆元市舶提举司，直隶中书省。是年，又置制用院，七年，以禁商下海罢之。至大元年，复立泉府院，整治市舶司事。二年，罢行泉府院，以市舶提举司隶行省。四年，又罢之。延祐元年，复立市舶提举司，仍禁人下蕃，官自发船贸易，回帆之日，细物十分抽二，粗物十五分抽二。七年，以下蕃之人将丝银细物易于外国，又并提举司罢之。至治二年，复立泉州、庆元、广东三处提举司，申严市舶之禁。三年，听海商贸易，归征其税。泰定元年，诸海舶至者，止令行省抽分。其大略如此。

第四类，其他用途的专题海图。航海图、海防图和海疆图几乎涵盖了古代海图的大部分。随着明末清初西方传教士带来新的制图理念和技术，专题海图的画法吸收了新的理念，产生了一些其他功用的专题海图，比如海深图、海流图等。这些海图都与特定的用途有关，这里不作详细阐述。

中国古代专题海图分类表

古代专题海图	航海图	航路图	近海航路图
			远洋航路图
		过洋牵星图	
		针路图	
		海口港湾图	
	海防图	全局海防图	
		区域海防图	
	海疆图	全局海疆图	
		区域海疆图	
	其他专题海图	海深图	
		海流图	

四、古代专题海图举介

（一）航海图

航海图包括近海航路图、远洋航路图、过洋牵星图、针路图、海口港湾图。

近海航路图以漕粮北运的海运图和通往周边岛屿的册封朝贡航路图为主体。元明清三朝，中央王朝政治中心和经济中心的南北分离，造成都城运转过度依赖漕粮北运。漕运是否畅通直接关系到王朝能否稳定。流传至今的近海航路图基本上都与海运漕粮有关。以《广舆图·海运图》[1]为例。《广舆图》是明代嘉靖年间由罗洪先编绘的一部综合性地图集。《海运图》视角陆地在上，海洋在下，标绘漕粮北运的海运航道及海岸线。海岸线北起朝鲜、鸭绿江入海口，南到闽北福清县。陆上采用计里画方的方法，各级行政区划地名、河流近海口标绘清楚。海面用水波纹表示，用文字标注海洋名称及相关岛屿。在海面上，有一条明显的海运航道。根据

1 （明）罗洪先：《广舆图》，嘉靖三十四年初刻本，国家图书馆藏，索书号：2/1555。

《海运图》图说记载，明代海运航路有四条：第一条，南起福建布政司水波门船厂，北至登州靖海卫。第二条，南起刘家港，北至辽东。第三条，直沽南还之道。第四条，辽河口至刘家港。这样一条由南向北航道为主线，辅以主要河流、港口支线航道的海运大动脉直观地呈现在眼前。明清时期近海航路图大都以此图为蓝本，是近海航路图的典型代表。明清时期其他代表性的近海航路图还包括永乐年间《海道指南图》[1]、崇祯年间《皇明职方地图·海运图》[2]、同治年间绘本《海运全图》[3]等。

远洋航路图，因明清海禁政策几乎贯穿始终，远洋航行大都被中央政权禁止，所以此类地图数量较少。明清时期远洋航路图，当以明初郑和下西洋为背景而绘制的《郑和航海图》为例。《郑和航海图》[4]原名《自宝船厂开船从龙江关出水直抵外国诸番图》，这幅地图收录在明天启年间的《武备志》中。根据《武备志》记载："唐起于西，故玉关之外将万里。明起于东，故文皇帝航海之使不知其几十万里。天实启之，不可强也。当是时，臣为内监郑和，亦不辱使命焉。其图列道里国土，详而不诬，载以昭来世，志武功也。"[5]《郑和航海图》绘图年代应与郑和下西洋的时间下限吻合，所以这幅航海图的绘制年代应该在15世纪中叶之前[6]。此幅远洋航海图特点如下：第一，《郑和航海图》由40幅远洋航海图和4幅过洋牵星图组成。在作为《武备志》这部书的分图之前，这幅地图应该以手卷的形式独立存在。第二，《郑和航海图》从右至左依次展开，最右页的是皇城，也就是南京城，最左页是忽鲁谟斯[7]。地图上的方向不是固定不变的，而是随着航路的变化而变化的。例如从宝船厂至崇明岛段，船在长江上航行，地图的方向是上南下北。崇明岛至钦州段，方向由上东下西转为上北下南。第三，航路是地图表现的中心，航路两

1 梁迅：《中国明代航海图特点探讨》，《地理信息科学学报》2016年第1期，第32—38页。

2 （明）陈组绶：《皇明职方地图》三卷，明崇祯九年刻本，国家图书馆藏，索书号：2/1636。世界数字图书馆网址https://www.wdl.org/zh/item/11435/

3 （清）胡振馨：《海运全图》，清同治十三年彩绘本，国家图书馆藏，索书号：057.71/2/1874。

4 （明）茅元仪：《武备志》卷二百四十《占度载·度五十二·航海》，明天启元年刻本，清初莲溪草堂补修本。

5 （明）茅元仪：《武备志》卷二百四十《占度载度五十二·航海》，明天启元年刻本，清初莲溪草堂补修本。

6 朱鉴秋：《〈郑和航海图〉简述》，《上海大学学报》（社会科学版）1985年第2期，第50—55页。

7 即现在霍尔木兹海峡北部。

旁各处景色采用类似于对景法的方法绘制的。对景法注重对航线两侧地形地貌的准确描绘，特别是航行中关键地点相对位置的确定。这有利于为远洋航行提供参照。第四，《郑和航海图》的航路用斜虚线表示，航线两侧有针路注记。这些注记包含方向、路程、暗险等说明。

过洋牵星是古代航海过程中，根据星宿高度测算船只航向的导航技术。过洋牵星图仍以《郑和航海图·过洋牵星图》为例，经以往学者考证，4幅地图所指的航路是古里往忽鲁谟斯过洋牵星图、锡兰山回苏门答腊过洋牵星图、龙涎屿往锡兰山过洋牵星图、忽鲁谟斯回古里过洋牵星图[1]。地图中心位置画出一艘三桅三帆的郑和宝船。宝船四周画出在船上仰望天空，所见诸星宿的样子和位置。星宿旁边标注测算星宿高度的说明文字。《郑和航海图·过洋牵星图》是远洋航行中判断航向和船舶位置必备的航海图，也是这类地图的经典代表。

针路图和过洋牵星图一样，都是在航海中判断航向和船舶位置的地图。两宋之后指南针逐步用于航海。明清时期，航海者利用天干、地支和四个方向将罗盘等分为24个方位，准确指示航线方向。将航行中很多个针位点连接起来，绘制在地图上，就形成了针路图。针路图限于幅面，记载信息有限，所以又衍生出了以文字记录针路的更路簿。针路图以《封舟出洋顺风针路图》[2]为例，乾隆年间彩绘本，记录了从福州罗星塔经鸡笼山、钓鱼台、黄尾屿、赤尾屿至琉球中山国之往返航路，并标注航程天数和方法。地图视角以上为南，采用传统形象画法绘制，山脉形状清晰可见。地图上沿海陆地用橘黄色表示，并画出海岸线轮廓；海面用蓝灰色表示，海上岛屿用蓝绿色表示，航路用灰色线条表示。从地图所绘航路来看，这幅地图其实是清代册封琉球的近海航路图。但

[1] 钮仲勋等：《〈郑和航海图〉在我国古代地图发展史中的地位》，《中国古代地图集·明代》，文物出版社，1995年，第56—57页。

[2]（清）乾隆年间彩绘本《封舟出洋顺风针路图》，国家图书馆藏，索书号：057/231/1756。

由于地图明确标注往返针路，并标注针路文字说明。图上所绘岛屿基本上都是航海中途经岛和参照物，这与上文描述近海航路图的特征有所区别。

海口图以描绘江河入海口区域为主体的地图。江河入海口，所绘区域一部分是陆地，另一部分是海洋。海口是江河入海或者是海上归来的重要通道，所以地图一般对海陆分界、海口沙滩、水道、隐险等方面都有详细标绘。也正是因为海口图的这些用途，一般与航路交通关系最为密切。明清时期海禁思想盛行，因此海口作为航路要道，也是海防的重中之重，受到格外关注。海口港湾图以光绪年间线装彩绘本《中国海口图说》[1]为例。此书共三册。其中，上册为中国海口形势论，分为总论、关东、直津、山东、江苏等篇。中册和下册是各地海口地图，地图序列与形势论相同。首列中国沿海形势全图，用灰色线条勾勒海岸线情况及相关岛屿。后列各海口分图。分图采用计里画方和形象画法相结合的绘图方法，地图方向基本都以上为北，保持视角的统一性。各分图海面浅滩、岛屿、陆上山脉、长城、炮台等均用形象画法绘出。沿途航路用红色虚线标绘。相关潮汐、浅滩、暗礁、泊船等与航行有关的信息均注明。此图绘制于甲午海战之前，反映了清代晚期海口形势，是海口图的典型代表。

港湾图和海口图类似，但绘制区域更小，比例尺更大。港湾图对港湾附近形势绘制比海口图更加精细，一般对泊船码头、水深都有准确标注。而在海防思想影响下，部分港湾图对海防设施，特别是驻军营盘、炮台及城墙等要素绘制精确。以光绪年间彩绘本《厦门港湾形势图》[2]为例，图上绘制厦门港湾附近岛屿与形势，地名标注详细，并标出码头、水深及炮台位置。地图用形象画法绘制，海陆对比明显。陆上山脉用晕滃法表示。这幅清末的港湾图兼顾航海和海防信

[1]（清）卫杰：《中国海口图说》三册，清光绪年间彩绘本，国家图书馆藏，索书号：068.2/2/1891。

[2]《厦门港湾形势图》，清光绪年间彩绘本，国家图书馆藏，索书号：034.44/231.03/1890。

息，正反映当时人们对港口既开放又禁锢的心态。这也是晚清港湾图的普遍特征。

（二）海防图

海防图根据绘制范围不同可分为全局海防图和区域海防图。明初洪武年间，为防止旧朝余党和海盗滋扰，朱元璋下令实施海禁[1]。由此开始，明清两朝海禁政策持续近五百年。直到近代以来，由于西方列强的入侵，海禁政策名存实亡而逐渐废止。虽然在长期的海禁过程中，偶尔出现海禁松弛的短暂局面，但是禁锢是主流，开放只是昙花一现。所以在明清时期的海图中，以海禁为目的，守卫陆地疆域安全的海防图是绝对的主体。以清中期绘本《筹海全图》[2]为例，此图根据明代《筹海图编》所载海防图摹绘而成，所绘范围自广东钦州龙门港起，至辽东鸭绿江口止。地图详细标绘沿海府州县卫信息，并将主要岛屿一一绘出。对海陆两侧需要重点防御的区域，标注简要的文字说明和评论。这幅地图用传统形象画法绘制，海面用淡蓝色水波纹表示，海上诸山用不同颜色形象画法绘制。陆上白底，用淡绿色绘出陆上河流水系。地名根据行政级别不同，用不同的图例表示。特别说明的是，这幅清代中期的海防图完整地摹绘了明代沿海军事卫所的情况，足以说明此图浓重的海防目的。整幅地图浓墨重彩，保留了明代和清初地图过度用色的特征。从视角上看，此幅地图上海下陆。根据传统地图的读图习惯，在没有明确标注方向的地图中，画面下方是近处，也就是读图者所在的位置。这样的地图视角告诉我们读图者在陆上。以陆地为防御目的，读图者面向大海，时刻注视着海上发生的情况。这种以陆地为守势的防御思想是海防图最典型的特征。《筹海全图》的大部分特征是海防图所共有的，这些特征也是我们判断海防图的重要依据。特别是海洋在上、陆地在下的海防

1（清）张廷玉：《明史》卷86志《第六十二·河渠四》，中华书局，1974年。洪武三十年冬“屯种其地，而罢海运”。

2《筹海全图》，清嘉庆年间彩绘本，国家图书馆藏，索书号：068.2/2/1735。

图画法成为主流。而这种视角在航海图中基本没有出现。此类海防图还包括明代《筹海图编》[1]《全海图注》[2]等。

以《筹海全图》为代表的海防图是全局海防图的代表。以某个区域为防御目的的海防图是区域海防图。明朝决意加强海防，将沿海划分为广东、福建、浙江、南直隶、山东、辽东、鸭绿江七大海防区，其中闽、浙为重点设防区。单独绘制某个海防区的地图大都和海防区范围有关。区域海防图以清初《福建沿海图》[3]《浙江省全海图说》[4]为代表，特征与全局海防图类似，仅仅在绘制区域有所差别。

（三）海疆图

海疆图根据绘制范围不同分为全局海疆图和区域海疆图。自宋代海疆意识在《九域守令图》上落实，海疆不是单纯的陆地边界，而是和陆疆同样的疆域范围的思想逐渐形成。明清时期，特别是清朝，详细绘制海疆范围，记录相关海域地理信息的海疆图大量出现，成为专题海图的重要分类。海疆图以嘉庆年间绘本《盛朝七省沿海图》[5]为例。此图首列地球图、环海全图，次为沿海总图，末附澎湖图、琼州图、台湾前山图、台湾后山图。各图均附图说。沿海总图北起辽东鸭绿江口，南到广东交趾分界。地图采用形象画法，详细绘制沿海区域行政区划信息，不同级别的地名用不同的图例项标示表示。图上海陆交界处用绿色表示。海域部分，绿色逐渐减淡，表示海面。陆地白底，用淡绿色表示陆上水系。海疆图与上文所述海防图的视角正好相反，海洋在下，陆地在上，海岸线沿一字展开。海疆图上既有海防信息，又有航海信息。但陆上海下的画法，说明读图者站在海上，以海上航行归来的视角，遍览中华海疆，自豪感油然而生。这明显是开放的海洋观念，防御思想在图中居于次要位置。地

1 （明）郑若曾：《筹海图编》，嘉靖四十一年初刻本，国家图书馆藏，索书号：068.2/2/1624。

2 （明）李化龙：《全海图注》，明万历十九年刻本，国家图书馆藏，索书号：068.2/2/1591。

3 《福建沿海图》，清初彩绘本，附觉霍拓跋。国家图书馆藏，索书号：068.2/231/1683。本图采用中国古代传统形象画法，精细地描绘了福建沿海山川大海形势和府、县、卫、所、寨、台等。据跋文可知此图为平定台湾后所绘。

4 《浙江省全海图说》，清嘉庆年间彩绘本，国家图书馆藏，索书号：068.2/223/1820。此图着重绘出沿海岛屿、礁石及各总兵管辖范围，反映了清初期沿海形势。

5 《盛朝七省沿海图》，清嘉庆年间彩绘本，国家图书馆藏，索书号：068.2/2/1798。

图序言[1]说明海疆图的绘图目的。首先强调的就是边海形势，划定海疆所属区划，便于管理。其次是确定海防区域。第三是绘制海上隐险，便于航行。最后是明确行政区划州县分界。强调海疆范围，确定所属区划和分界，便于行政管理是此类地图的重要用途。全局海疆图还包括《乾隆五十五年沿海图》[2]《海疆洋界形势全图》[3]等。海疆图强调海疆行政区划和划界，所以单纯绘制某个行政区划范围内的海疆图也十分常见。区域海疆图以《广东海疆全图》[4]《山东海疆全图》[5]为代表。

（四）其他专题海图

其他专题海图大都与特定的用途有关，本文不一一列举。以光绪年间绘本《北洋沿海深浅图》[6]为例，地图绘出了奉天、直隶、山东沿海形势，并用苏码标注海水深度。此类地图标注海口、浅滩、暗礁，是航海的重要参考。

五、古代海图的特点

（一）古代海图体现了禁锢与开放的海洋观之间的博弈

从文献记载中对海的认识，到普通地图对海的描绘，再到明清时期专题海图的分类，笔者可以清晰地梳理出禁锢与开放两种截然相反的海洋观念的发展脉络。明永乐年间刻印本《海道指南图》是流传至今最早的专题海图，也是航海图的典型代表。这幅地图反映了元朝时期的海路和航海观念。可见从专题海图出现开始，开放的航海观念处于主流，海洋作为对外交流和交通运输的载体被广泛利用。近海航路图以《海道指南图》→《广舆图·海运图》→《海运全图》为线索，为我们勾勒出开放的海洋观之下近海海运的历史。《海道指南图》是元朝漕粮海运的航路缩影，《广舆图·海运图》

1 一是图第绘边海形势，其毗连内地诸境，自有郡邑，各图可考。凡系海疆州县，虽抵海边，较远者亦必酌量方位书载，以便查核。一水师重镇驻扎之所，与郡县佐二分防之处，第书地名即可按查。一外洋险要与内洋岛屿庞杂，港口冲僻，为此图肯綮，是以详细咨访，按核现今情形确绘，即将各说于每段下分晰注明，使阅之了然。一联省相接界限大段载明至州县分界，每有改归增减之处，可勿繁及。

2 《乾隆五十五年沿海图》，清乾隆年间绘本，国家图书馆藏，索书号：068.2/2/1790—2。

3 《海疆洋界形势全图》，清彩绘本，国家图书馆藏，索书号：068.2/2/1860。

4 《广东海疆全图》，清中期彩绘本，国家图书馆藏，索书号：068.2/233/1860。

5 （清）戴杰绘：《山东海疆全图》，清光绪六年彩绘本，国家图书馆藏，索书号：068.2/212/1880。

6 《北洋沿海深浅图》，清光绪年间彩绘本，国家图书馆藏，索书号：034.43/240.02/1901。

是明代漕粮海运还是河运争议下海运航路的最佳方案，《海运全图》是清代运河淤塞和列强环伺的背景下漕粮海运航路图。我们从中也看到开放的航海观从主动进取到被动求变的思想历程。

明清时期，延续几百年的海禁政策从深层次改变了中国人开放的海洋观念。开放的航海观在与禁锢的海防观念博弈过程中长期处于下风。由此带来的现象就是在专题海图中，虽然专题航海图出现时间早，但是占据主体的是海防图。美国国会图书馆馆藏嘉靖年间绘本《万里海防图》是目前所见较早的海防图，成图年代远远晚于明初航海图。从嘉靖年间开始，直到鸦片战争之前，海防图数量激增。禁锢的海防观念是绝对主流思想。鸦片战争之后，被动的海禁观念已不适应时代发展趋势。洋务派开始开眼看世界，被压制了几百年的开放海洋观重新提及。在这样的时代背景下，一批与航海有关的专题海图重新出现，并受到重视。

（二）在不同航海观的指导下，古代海图具有很强的实用性

无论是航海图、海防图、海疆图，还是其他专题海图，都显示出古代海图很强的实用功能。航海图注重标绘航路、航向、潮汐、暗险、泊船等与航行有关的信息。海防图注重标绘州县、卫所、防御工事、驻军单位、两地道里等与军事防御有关的信息。海疆图注重边海形势、海疆区划、相邻区划分界等与疆域有关的信息。其他专题海图也都与特定的功用直接相关。地图的实用功能反映出绘图的地图思想，所以分析海图的用途差别是海图分类的有效方法，更是解析地图背后海洋观念的可靠依据。

此外，古代海图特别注重地图上标注各种地理要素的相对位置，而对这些地理要素之间的绝对距离往往重视程度不

够。相对位置的确定，可以为航行提供可靠参照，意义远大于标注绝对距离。这种以实用功能为目的的海图绘制方式，几乎贯穿于整个专题海图的发展史。

（三）古代海图在观念和实用兼顾的同时，最终实现政治性和现实性的合流

如果说航海图代表了开放的海洋观，而海防图代表了禁锢的海洋观，那么海疆图，特别是乾隆年间之后出现的大批海疆图，一定程度上反映了开放与禁锢思想最终博弈的结果。

从视角方面分析，航海图采用陆上海下、海上陆下、对景法等视角。视角不统一，但所绘地图均以航路为主体。这种不拘泥于地图形式，但注重航路中重要地理因素相对位置的标绘，同样体现出开放的航海观念。相比之下，海防图视角几乎固定地遵循海上陆下的传统，从形式到内容均反映了禁锢的、拘谨的海防思想。

国家图书馆馆藏海疆图，绘制时间基本上都是清代。清初，少量反映某个省的区域海疆图开始出现。乾隆年间，绘制全局海疆的地图出现。嘉庆年间之后，各个版本的全局海疆图陆续出现，直至清末。与航海和海防图不同，海疆图几乎普遍遵循陆上海下的绘图视角。在全局海疆图上还会画出环海全图和重要附属岛屿图。这种陆上海下的视角，是航海者的视角，是开放的海洋观念的胜利。但与此同时，海防图中的军事防御要素同样标绘详尽。开放与禁锢的海洋观在海疆图中巧妙融合。海疆图主体强调开放的视角，同时并不忽略海防观念和防御体系。将两个矛盾的观念有机统一的思想，是海疆，更是海洋地图背后浓重的政治思想。海疆是陆疆的延伸。清朝，特别是雍正皇帝之后的清朝，是君主专制中央集权达到顶峰的时代。大一统的思想根深蒂固。海疆图

就是在这样的历史背景下，将大一统的政治思想充分地体现出来。疆域观念的政治意义和现实意义远远高于航海和海防的需求。在这种条件下，看似矛盾了几百年的海洋观念悄然融合了。

明清时期海运地图的视角与谱系

元明清三朝，中央王朝政治中心和经济中心的南北分离，造成都城的运转过度依赖漕粮北运。漕运是否畅通直接关系到王朝是否稳定。而漕粮北运选择海运还是河运的争议，始终伴随着元明清三朝。这样的历史背景影响了明清时期海运地图和漕运地图的制图历史。流传至今的明清海运图基本上都与漕粮海运有关；同样，大量的运河图也与漕粮河运有密切关系。明清时期，海运从来不是主流，造成存世的海运地图数量较少。本文选取明清时期具有代表意义的海运地图梳理海运图的发展脉络。这些海运图包括《海道经·海道指南图》《广舆图·海运图》《海运编·新河海运图》《三才图会·海运图》《皇明职方地图·海运图》《海运全图》。

一、明代的海运图及其特点

据《元史·食货志》记载，宋代就已经开始收藏与海运有关的地图。元代开辟海运漕粮，曾利用宋代官藏图籍数据开拓海路[1]。遗憾的是，我们已无法从现有文献中找到宋代绘制海运地图的原本。《海道指南图》是目前所见最早刊刻的海运地图，出自《海道经》。据《四库全书总目·地理类存目四》记载："《海道经》一卷，户部尚书王际华家藏本，不著撰人名氏。纪海运道里之数，自南京历刘家港开洋，抵直沽，及闽、浙来往海道。……考海运

1 [明]宋濂等：《元史》卷九十三《志第四十二·食货一》，中华书局，1976年，第2464页。初，伯颜平江南时，尝命张瑄、朱清等，以宋库藏图籍，自崇明州从海道载入京师。

惟元代有之，则亦元人书也。后有《海道指南图》，乃龙江至直沽针路。嘉靖中袁褧以二本参校，刻入所编《金声玉振集》，复录元延祐间海道都漕运万户府《海运则例图》。”[1]据此可知，清人判断《海道指南图》是元代所作。但根据学术界已有研究成果判断，《海道经》成书年代在明永乐十三年（1415）之前[2]。无论是元代人所作，还是明代人根据元代海运经验而作，《海道指南图》都反映了元代海运海路的原貌，是海运地图的开山之作（图 8–1）。《海道指南图》的视角陆地在下，海洋在上，标绘北起柳河、南到宁波府的海运航路。地图的画法既不是计里画方，也不是形象画法，而是用极简的线条勾勒航路，并在线条两边标注地名。地图的视角随航路的变化而变化。由于从宁波府到柳河的航线正好沿中国大陆东海岸一路北上，所以地图的图向保持上东下西、左北右南的大致方位。除航路和地名外，《海道指南图》没有标注其他地理信息，就连陆地和海洋也仅用“岸”和“大洋”的文字标注来区别，完整的海岸线都没有在图上绘出。根据《海道经》记载，当时海运航路有四条：第一条，自南京开洋，至刘家港抛泊。第二条，刘家港开船至辽东盖州、直沽，以及直沽南还刘家港航路。第三条，辽河口开洋，南还刘家港。第四条，福建布政司水波门长乐港船厂至山东靖海卫口。从地图上看，航路北起辽河支流柳河，南到宁波府。相比文字记载，少了福建水波门船厂到宁波府的一段航路。《海道指南图》出现在明初，与真正指示航海的海运图有一定差别。这幅地图是《海道经》描绘航路的示意图。地图中标注各个地点的准确性和方位都有待进一步落实。但在相对简略的航路标绘中，标注地点的相对位置基本准确。也就是说，航船在航行过程中途经的地点基本与图中标注的地点相符合。这说明在早期航海图中，航路沿途地点相对位置

1 [清]永瑢：《四库全书总目》卷七五《史部·地理类存目四》，中华书局，1965年，第650页。

2 章巽：《论〈海道经〉》，《章巽文集》，海洋出版社，1986年。最早收录《海道经》的是嘉靖二十九年（1550）袁褧印于苏州的《金声玉振集》。章巽先生推测此书没有提到永乐十三年（1415）罢海运这样的大事，所以成书年代应早于永乐十三年。

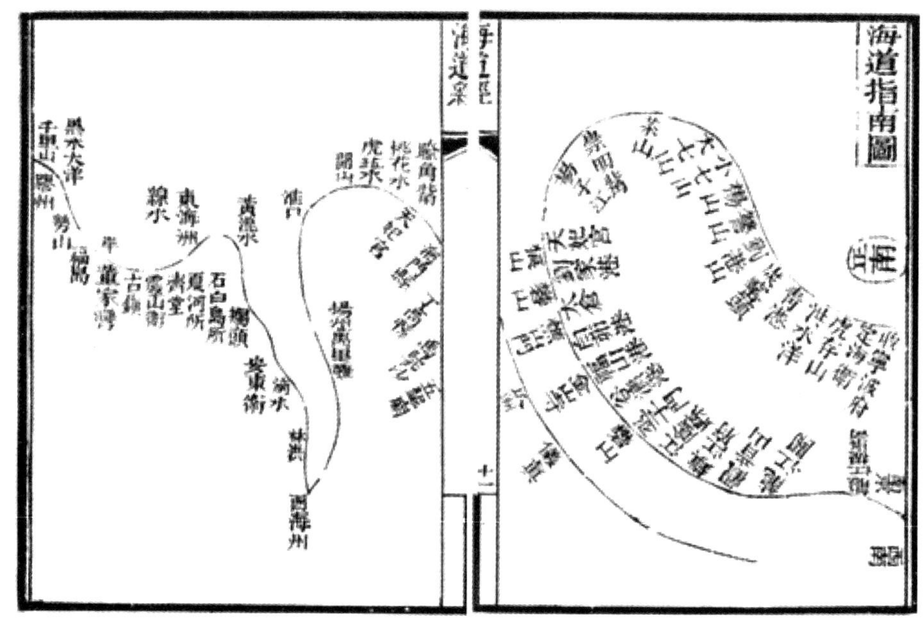

图 8-1 海道指南图（局部）

的准确性，重要程度要远远大于这些地点绝对位置的正确性。船在海上行走，根据沿途所经地名就可以判断航船是否偏离航路了。如此来说，航海图强调相对位置的重要性，是个十分久远的传统。

《广舆图》是明代嘉靖年间由罗洪先编绘的一部综合性地图集，也是现存地图中最早绘有明代专题海运航路的地图。国家图书馆馆藏《广舆图》是嘉靖三十四年（1555）初刻本，所绘地图包括舆地总图及两直隶十三布政使司地图、九边总图分图及重要区域边防图、河流水运图、诸番异域图四大类。《海运图》前一幅是《黄河图》，后一幅是《漕运图》，可见海运与黄河、漕运的关系十分密切。《海运图》画面的视角海洋在下，陆地在上，标绘漕粮北运的海运航道及海岸线（图 8-2）。海岸线北起朝鲜、鸭绿江入海口，南到闽北福清县。陆上采用计里画方的方法，临近海岸线各级行政区划地名用不同的图例表示，并详细标注。陆上河流近海部

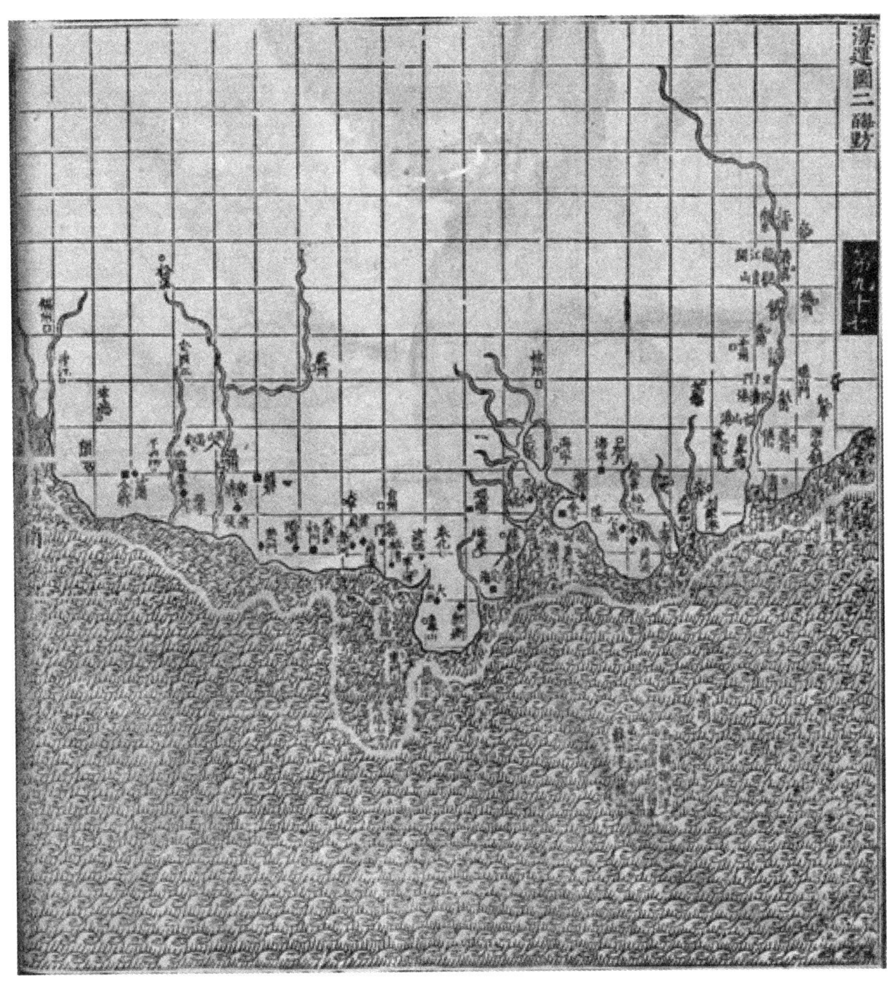

图 8-2　广舆图·海运图（局部）

分及河流入海口同样标绘清楚。相比之下，海上用水波纹表示海面。海面上用文字标注海洋名称及相关岛屿，这与陆上图例加文字的标注方式有所区别。在铺满水波纹的海面上，有一条明显的海运航道。根据《海运图》图说记载，明代海运航路有四条：第一条，南起福建布政司水波门船厂，北至登州靖海卫。第二条，南起刘家港，北至辽东。第三条，直沽南还之道。第四条，辽河口至刘家港。从地图上看，这四条航道组成一条完整的明代海运航线。南起福州府福清县入海，沿海岸线一路北上。在淮河入海口，有一条支线航道汇入北上主航道[1]。在海州和胶州，又各有支线航道汇入北上主航道。胶州湾支线航道与胶莱河相接，可直接行船至莱州湾。出莱州湾进入渤海，有一条从蓬莱镇起始，向西北方向航行，在龟岛附近与主航道汇合直至直沽口的航线。而主航道绕过山东半岛继续北上，经渤海海峡，直通直沽口。另有辽河口直通直沽口航线，在近直沽口海域与主航道汇合。此外，在旅顺口有支线航道，与主航道和辽河口通直沽口航道分别相连。这样一条由南向北航道为主线，辅以主要河流、港口支线航道的海运大动脉便直观地呈现在眼前。《广舆图》成书之后，对后世海运图的影响极大。我们现在所见明代晚期的海运图，比如《三才图会》和《皇明职方地图》中的《海运图》，都以《广舆图・海运图》为蓝本，继承明显，变化有限。

《海运编》是明嘉靖年间由崔旦编绘完成的有关河海南北运输的专门著作。书中有《新河海运图》[2]，开辟了近海海运地图的新模式（图 8–3）。《新河海运图》绘制以山东半岛为中心的漕运河道、河流水系、近海河口及近海岸线的海面等区域。图中陆地占据绝对主体，海面区域非常小。地图视角遵循以上为北的原则。地图范围西北至京师，西南到徐州，东北、东南为海。画面主要展现的是黄河侵运区域的河运网络。以运河和计划开凿的胶莱新河为主体。图中并未画出海运航路，只在环山东半岛的海面上标注了三处“元运故道”的字样，并标注海运漕粮的文字说明。与其他几幅海运图比，这幅海运图其实展现的是海运和漕运两方面的情况。地图以改善陆上河运为主，海运故道处于相对次要的位置。

《三才图会》是明万历年间由王圻及其子王思义编绘完成的一部以图画为中心的类书。其中《三才图会・地理五卷》是专门收录与海洋有关地图的卷目。《海运图》为列其

1 洪武三年，开淮安城东北之菊花沟，以通海运。

2 王云五主编：《丛书集成初编・元海运志・海运编・明漕运志》，商务印书馆，1936年。

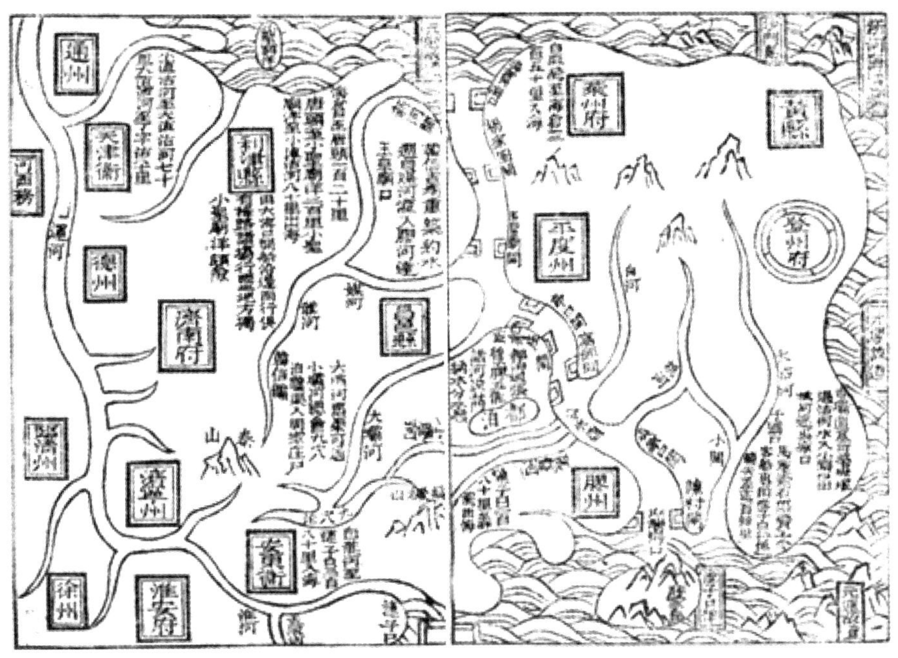

图 8-3　海运编·新河海运图

图 8-4　三才图会·海运图（局部）

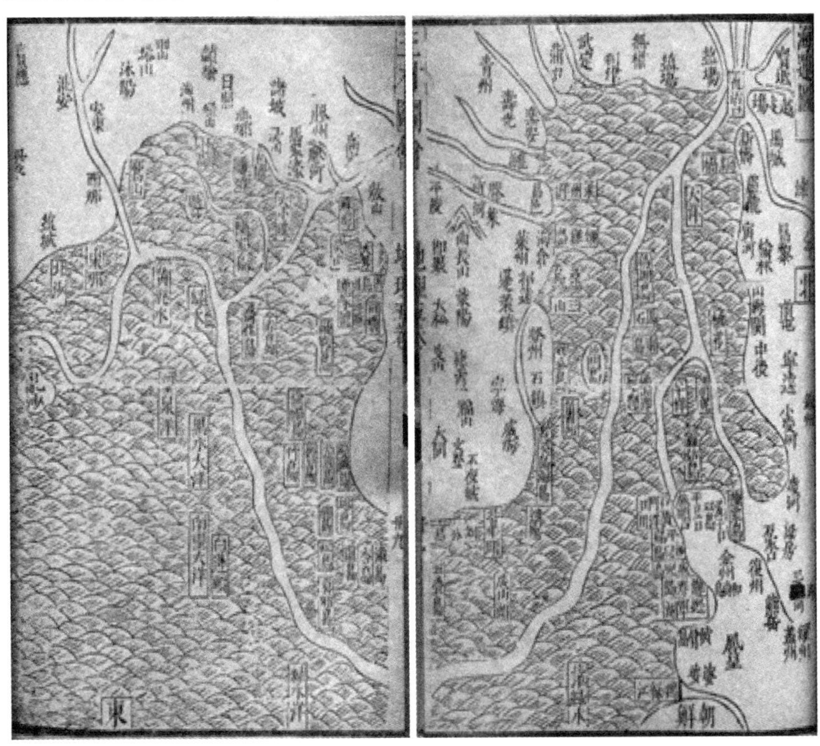

中（图 8–4）。《海运图》之前，有《浙江沿海总图》《南直隶沿海总图》《山东沿海总图》《辽东沿海总图》四幅沿海总图。其后有《海市图》一幅。沿海重点区域的沿海总图展现海陆分界的地形地势，此类地图陆地占据画面主体，海面只是很小的一部分。而陆地上地理要素基本以各级行政区划的城池和军事防御卫所为主体。显然这些沿海图具有明显的海防图特征。相比之下，《海运图》的海面明显多于陆地。画面视角与标绘海运航路与《广舆图 · 海运图》几乎相同。与《广舆图》不同的是，《三才图会 · 海运图》无论是陆地还是海面，都没有画出计里画方的方格。

《皇明职方地图》是明崇祯年间由陈组绶编绘的一部综合性地图集。这部书可以说是《广舆图》的增补本。全书共有三卷三册，国家图书馆藏下卷，绘制内容包括川海、江山、漕黄、海运、江防、外夷几部分，并配有图表说明等信息。《皇明职方地图 · 海运图》前一幅图是《漕黄治迹图》，后一幅图是《江防信地营图》。这种地图分类方式说明海运与漕运、黄河、长江等陆上江河地图关系密切。这部书中的专题海运航路图，所绘海岸线、海运航道、近海陆地及入海河流与《广舆图 · 海运图》十分相似。仅在海面的画法与《广舆图 · 海运图》有所不同。《皇明职方地图 · 海运图》的海上画法，与航线相关区域用水波纹表示。在远离航线的海面，并未画出水波纹，而是采用计里画方的方法，与陆上画法相同（图 8–5）。

《广舆图》《三才图会》和《皇明职方地图》中的《海运图》有诸多相似的特点，总结如下：第一，海运图均为一部书中的一幅地图。海运图与其关系最密切的地图编排在一起，体现了海运图与其他地图的关联性。《广舆图》中海运图与黄河图、运河图等陆上河道图相邻，体现海运与河流水

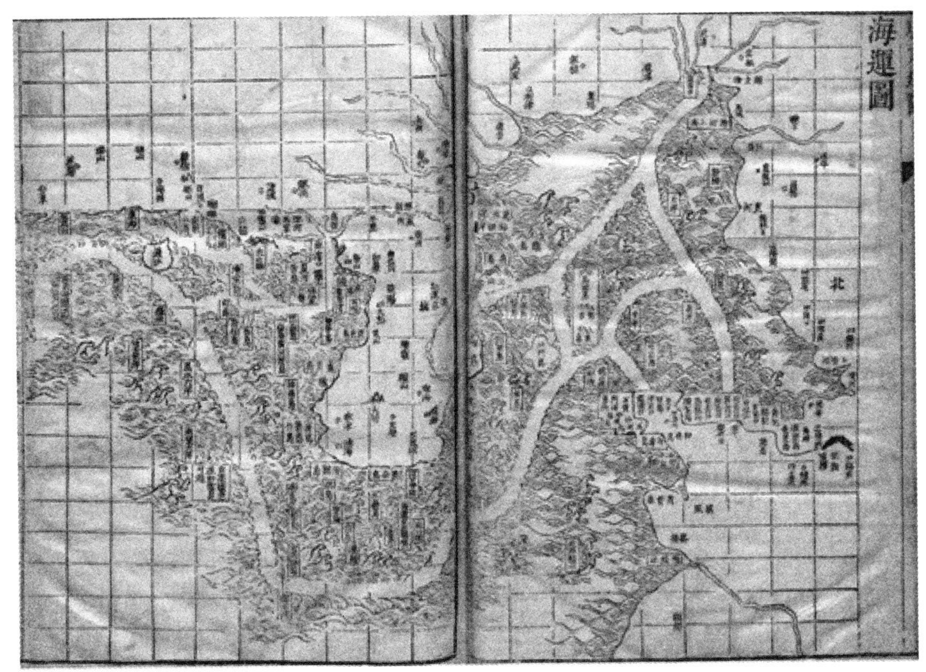

图 8-5 皇明职方地图·海运图（局部）

运的密切联系。《三才图会》中海运图与各省沿海图、海市图相邻，体现海运和沿海政区的密切关系。海市图则是航海过程中也许能看到的景象。和其他地图相比，海运图和海市图的关系也是十分密切的。第二，地图画面视角遵循上方为陆地、下方为海洋的构图模式。根据传统地图的读图方式，海洋是近处，也是读图者所在的位置。也就是说茫茫大海是地图的主体，海运图的视角是从海上看陆地，是航行者的视角。所以说海运图又代表了开放的海洋观念。第三，海运图应该都采用了计里画方的制图方式。其中《三才图会·海运图》没有绘出方格，但其他要素标绘方式都与《广舆图》相似，推测此图应该也是根据计里画方绘制，只是在摹绘《广舆图》的时候，没有画出方格而已。相比之下，《皇明职方地图·海运图》对计里画方的应用优于前两幅图。无论是海面还是陆地，都可以通过数方格的形式计算路程。第四，三幅地图对海运航路的标绘基本一致。航路南起福建布政司水波门船厂，北到直沽口。其他支线航线也都分别标绘。三幅海运图航路都是沿着近海海岸线标绘。除去福建水波门船厂到刘家港一段，这条航路其实是元代第一次开海运时的航路。航路与海岸线走向十分相似。航线上经常需要躲避浅滩、暗礁、岛屿等地标。元代海运航路经过两次调整，其实有三条不同的航路[1]。而明代海运图无一例外绘出了元代开海运的初始路线。这是十分显著的特点。

二、清代《海运全图》及其特点

清承明制，清初漕粮北运选择海运还是漕运，继承明朝晚期的传统。在漕粮大都依靠运河运输的时代，是海运的萧条期，同样也是海运图的沉寂期。近代以来，实行了几百年的海禁政策在西方列强的渗透下，早已千疮百孔，名存实亡。加之“黄流变迁，运河淤浅”[2]，大量漕粮已无法通过运河运抵京师。国家图书馆馆藏同治年间绘本《海运全图》[3]，成为我们了解清代海运的重要数据。《海运全图》全名《道光六年海运全图》，是同治十三年（1874）作者胡振馨根据其父在道光六年（1826）所绘原图摹绘而成。全图详细绘制了道光六年（1826）漕粮北运的海运航道。与明代海运图相比，《道光六年海运全图》显现出很多不同的特点：第一，《海运全图》单独成卷，而不是综合性地图集的组成部分。此图长126厘米，宽45厘米，幅面远超明代海运图。第二，《海运全图》是彩绘本，这个版本是根据道光六年原图摹绘而成，明显比明代刻本海运图绘制精细。第三，《海运全图》的画面视角海洋在上，陆地在下。这与明代海运图的视角完全相反。根据中国传统地图的读图习惯，在没有明确标注方向的地图中，画面下方是近处，也就是作者和读图者所在的位

1 [明]宋濂等：《元史》卷93《食货一》，中华书局，1976年，第2465—2466页。

2 [清]胡振馨：《道光六年海运全图》题跋，国家图书馆藏。

3 [清]胡振馨：《海运全图》，同治十三年彩绘本，国家图书馆藏。

置。人在陆地面向海洋的视角可以看出,《海运全图》虽然以海运为中心，但以陆地为守势的防御思想根深蒂固。第四,《海运全图》采用计里画方的方法绘制。全图每方二百里，陆地和海洋同样置于方格之内，测算距离十分方便。相比之下，明代海运图虽然同样是计里画方的方式，陆上绘出清晰的方格，但在海上却用水波纹表示，没有绘出方格。如此，测算海上距离行程就复杂很多。第五,《海运全图》采用形象画法绘制，但形象画法的主体是展现陆上河流，海上岛屿、浅滩、暗沙等与航向相关的地理要素。海面上并未采用水波纹，取而代之的是海面上的大片空白和计里画方的方格。这种画法把与航海无关的注记几乎全部摒弃，海运路线清晰明了。第六,《海运全图》主航路用大红点线表示，航路南起上海黄浦口岸，出吴淞口东行，经畲山一路北上，经黑水洋、清水洋、绿水洋，西行入渤海海峡，直抵直沽口。在主航道之外，用小红点线表示其他支线航路。这些支线航路包括乍浦出东大洋水道、主航道入渤海海峡后另有北行至关东锦州、牛庄的航路。此外，图中标绘元初从刘河口至海门转廖角沙北行航线和殷明略新开从刘河至崇明三沙放洋向东行入黑水洋航线。

《海运全图》的海运航路与明代海运图还有明显差别。首先，明代海运图南端起点是福建布政司水波门船厂。无论明初海运中，福清至刘家港段航路的实际作用如何，这段航路都在海运图上明确标绘，并都辅以相关文字，说明航线路程、风向、避风港等重要信息。《道光六年海运全图》明确海运南端起点是上海县黄浦口。而南端起点不是刘家港，图中文字解释是:“刘河即娄江，元代由此出运，今已淤塞。”地图对福清至刘家港段航路只字未提。其次，明代海运图航路沿着近海海岸线标绘。而清代海运图航路明显远离海岸线，航路基本是一条直线在深海航行。这样的航线可以减少航行中躲避障碍的风险。这条航路与元代至元三十年（1293）最终成熟的海运航路基本一致[1]。清代海运船只的革新，可以轻松应对复杂的深海环境，保证漕粮高效运抵京师。最后，明代海运图中其他支线航路，比如从海州、胶州、蓬莱镇出发汇入主航道的航线，在清代海运图中均没有绘出。推测这可能与运河江苏、山东段淤塞，漕粮无法运抵海州、胶州等地有关。也说明开胶莱新河海河并行的转运方案在道光年间几乎绝迹的事实。

三、明清时期海运地图产生的时代背景

纵观明清时期海运图的发展历程发现，海运图的兴衰和漕粮海运这个重要历史事件密切相关。也可以说海运图的兴衰就是漕粮海运由兴到衰的缩影。元明清三朝，政治中心和经济中心南北分离，京师正常运转需要从江南大量转运漕粮。所以从元朝开始，漕粮北运的问题伴随着元明清三朝。据《海道经》[2]和《广舆图》[3]记载，至元二十一年，由丞相伯颜建议开海运，起运漕粮。赐朱清、张暄万户之职，押运漕粮三万五千石北上。另据《元史·食货志》记载，元初海路自刘家港起，在万里长滩出洋，沿海岸线北上，经盐城县、东海县，抵成山[4]。元初对漕粮海运的探索，将政治中心和经济中心联系起来，海运在元代逐渐兴盛，成为国之命脉。“元自世祖用伯颜之言，岁漕东南粟，由海道以给京师，始自至元二十年，至于天历至顺，由四万石增至三百万以上，其所以为国用者大矣。”[5]

明初定都金陵，省去政治经济中心南北分离带来的漕运压力，但退守大漠的北元带给明代长城沿线巨大的军事压力。漕粮北运是否顺利到达北方，关系到明朝北疆是否长治

1 [明]宋镰等：《元史》卷93《食货志一》，中华书局，1976年，第2366页。从刘家港入海，至崇明州三沙放洋，向东行，入黑水洋，取成山，转西，至刘家岛，又至登州沙门岛，于莱州大洋入界河。当舟行风信有时，自浙西至京师，不过旬日而已，视前二道为最便云。

2 [明]佚名撰，[清]钱稀祚、锡甫校：《指海十五集·海道经》影印本，上海大东书局，1935年。至元二十一年起运海粮，擢用朱清、张暄万户之职，押运粮船三万五千石，赐立海道万户府、千户所、百户所，领虎符、金牌、素银牌面，各领品职，成造船只。

3 [明]罗洪先：《广舆图·海运建置》，国家图书馆藏。至元二十一年，伯颜建议海运。乃招二人，授以金符千户，押运粮三万五千石。

4 [明]宋镰等：《元史》卷93《食货志一》，中华书局，1976年，第2366页。初，海运之道，自平江刘家港入海，经扬州路通州海门县黄连沙头、万里长滩开洋，沿山峡而行，抵淮安路盐城县，历西海州、海宁府东海县、密州、胶州界，放灵山洋投东北，路多浅沙，行月余始抵成山。计其水程，自上海至杨村马头，凡一万三千三百五十里。

5 [明]宋镰等：《元史》卷93《食货志一》，中华书局，1976年，第2366页。

久安。明太祖继承元代漕粮海运的传统，利用元朝海运故道北运漕粮。并在元朝海运的基础上，增加海运辽东的通道，以解决驻守辽东将兵的军粮问题。但海运规模远不及元朝鼎盛时期。随着洪武年间北方屯田初见成效，漕粮北运的军事意义逐渐被取代，海运随即开始没落。明成祖将都城迁至北京，政治中心与经济中心的南北分离致使漕粮北运再次被提上日程。此时，海陆兼运漕粮是常态。由于海运运力有限，客观上又促使运河疏通工程。运河贯通，又进一步降低了王朝对海运的依赖。海运漕粮逐渐废止。《海道经》的成书年代在永乐十三年之前，所以《海道指南图》反映的海运航路主体是明初记录下来元代的漕粮海运路线。此外，明初海运漕粮至辽东的航路通道也在图中标绘。

永乐十三年前后，运河逐渐疏通，运河代替海运，成为南粮北运的交通大动脉。永乐十三年（1415）三月，罢海运粮[1]。运河成为保证明朝正常运转的唯一南北交通命脉，可是这条命脉却和很多不确定的因素相关，给运河转运带来潜在的风险。运河与黄河交汇，而治理黄河是上古时期便遗留下来的问题，几千年未决。明英宗正统年间，黄河侵扰运河。此后，黄河改道给南粮北运带来巨大困扰。到明嘉靖年间，运河屡遭破坏。为保证南北转运，海运再次被提起。虽然嘉靖皇帝坚决拒绝海运，但恢复海运的舆论已经形成。在这样的时代背景之下，《广舆图・海运图》应运而生。随着明代中晚期运河淤塞越来越严重，漕河转运越发艰难。海运与漕运的争论持续进行。开凿胶莱河，缩短海运行程的转运方式成为折中方案。《明史・河渠志・胶莱河》记载嘉靖年间多次复议开胶莱新河之事[2]，但最终因经费问题而作罢。《广舆图・海运图》中可以清晰地看到“胶莱新河”的河道。河道与海运航路相连，形成一条不必绕行山东半岛，就可以实现

1 [清]曹溶：《元海运志・海运编・明漕运志》，商务印书馆，1935年，第3页。

2 [清]张廷玉等撰：《明史》卷八十七《志第六十三・河渠五・胶莱河》，中华书局，1974年，第2139—2141页。

物资南北转运的通道。《广舆图·海运图》反映了嘉靖年间海运与漕运争议下，力主海运士人的政治理想。可惜开胶莱新河的方案最终未能实现，成为留在海运图上的空想。《海运编·新河海运图》是嘉靖年间朝中河运海运争论激烈的背景下，力主胶莱海运的崔旦给朝廷提出的南北转运方案。《海运编》本来是顺应时局写成的时政策划书，却无奈接受成为故纸堆里过期的历史资料，的确令人感慨。《新河海运图》反映明代中后期试图改变南北转运情况最后的挣扎。明代后期，在万历初年和崇祯十二年，都有小规模的海运试运成功。但因远离大规模海运的年代太久，恢复海运的基础早已消耗殆尽。无论是技术、人员，还是经费，乃至政治环境，都无法支撑大规模海运。《三才图会》和《皇明职方地图》中的海运图较之《广舆图》并没有太多变化，基本上反映了明初海运的原貌和嘉靖年间试图开海运的海路航线。明代后期，士人试图开海运的急切心情一览无余，但终一事无成。

清初延续了明朝的海禁政策，人们的观念中对海运漕粮一直心存顾虑。康熙三十九年（1700），康熙皇帝因运河淤塞，希望“拟以沙船载粮，自江下海，至黄河入海之口，运入中河，则海运不远”。[1]但因朝臣反对，海运未能实现。雍正时期，逢华北灾年，允许辽东海运接济山东等地[2]。乾隆年间也曾试行海运[3]，后废止。嘉道年间，黄河侵运，漕粮河运的种种弊端日益凸显。治河成本逐年增加，迫使朝中复议海运之事。嘉庆皇帝下令试行海运[4]。后因阻力太大，海运和禁海两派争论激烈，海运之事再次搁浅。从康熙朝海禁政策松动开始，民间私下海运贸易市场逐渐形成，客观上为道光年间开海运奠定基础。道光初，主张海运一派占据上风。《清史稿·河渠志》记载：“道光初，试行海运。二十八年，复

1 赵尔巽撰：《清史稿》卷一百二十七《志一百二·河渠二》，中华书局，1977年，第3775页。

2 《清实录·世宗宪皇帝实录》卷九九，雍正八年十月，中华书局，1985年，第322页。将奉天近海州县贮存米粮，运送二十万石至山东海口，交与地方官。

3 《清实录·高宗纯皇帝实录》卷三二五，乾隆十三年九月下，中华书局，1986年，第366—367页。今岁各省秋成俱称丰稔，漕粮可尽数起运。着于江南漕粮内截留九万石，浙江截留六万石，共十五万石由海道运至闽省，以裕储备。

4 《清实录·仁宗睿皇帝实录》卷二二六，嘉庆十五年二月下，中华书局，1987年，第40页。闽江浙各海口，本有商船赴关东一带贩运粮石者，每年络绎不绝。其船只皆于风涛熟于沙线。该二省均有出海之路。着松筠、章煦、蒋攸铦体察情形，或将本年漕米就近酌交商船洒带若干。先为试行以观成效。

因节省帮费，续运一次。”[1]道光六年开海运，采取官督商运的形式实行。海运同时，清廷形成一套系统的海运管理制度。魏源的《道光丙戌海运记》详细记载了此次开海运的过程。同时，《道光六年海运全图》就是反映道光六年海运漕粮这一历史事件而专门绘制的海运图。与明后期小规模的海运不同，清朝首次海运漕粮的成功是基于民间海上贸易的成熟经验。海运虽然是清廷为缓解漕粮河运危机而制定的临时方案，但实际上顺应时势，形成了“利国利民利官利商”的局面。次年，因漕运河道恢复，海运随即废止。道光二十八年（1848），为缓解京粮危机，二次海运。此后，工业革命的成果陆续在中华大地上推行，海运成为常态。《清史稿·河渠志》记载：“迨咸丰朝，黄河北徙，中原多故，运道中梗。终清之世，海运遂以为常。”[2]同治年间，传统海运漕粮转为招商轮运。新式海运较之传统漕运优势明显。在近代技术变革的时代背景下，传统的海运图也走向没落了。同治年间摹绘的《道光六年海运全图》是为数不多的传统海运图最后的影子。清末，随着铁路建设和轮运畅通，延续了几百年的漕运彻底衰落了。

明清时期海运图的历史反映的就是漕粮海运的历史。明初，海运兴，则相应的海运图就会应运而生。黄流变迁，漕运不畅，矛盾积累到一定程度，就会引起漕运和海运的争论。恢复海运的舆论形成规模，就会产生相应的海运图。海运图是表达海运主张的重要途径。传统海运在同治年间之后走向没落，传统海运图也随之没落。取而代之的是西方制图技术影响下的近代航海地图。

1 赵尔巽撰：《清史稿》卷一百二十七《志一百二·河渠二》，中华书局，1977年，第3769—3770页。

2 赵尔巽撰：《清史稿》卷一百二十七《志一百二·河渠二》，中华书局，1977年，第3770页。

重开海运与国家图书馆藏晚清海运地图

一、胡振馨绘《海运全图》

国家图书馆馆藏《海运全图》[1]一幅，同治十三年（1874）胡振馨绘，幅面长126厘米，宽45厘米。此图采用形象与示意相结合的画法，画出南自钱塘江口、北至辽东漫长海岸线的走势，并标绘沿岸的沙洲、岛屿及海运航线情况。各段海运航路走势、里程和影响航运的关键地点，均附详细图说。图上钤印有“胡振馨印”“辛斋”“诵先人之清芬”“家在黄山白岳间”和“婺原清华胡氏家藏之”。

《海运全图》全名为《道光六年海运全图》，系画者胡振馨根据其父胡德璐所绘海运图摹绘而成，遵循上东下西、左北右南的图向，画面视角海洋在上，陆地在下。这样的地图视角与传统的海防图视角相同，而与大多数航海图的视角相反。此图采用计里画方的方法绘制，画面布满方格。地图右上角题名处，标注画方比例是“每方二百里”。根据图上所绘方格，可以大致测算出图上距离代表的实际距离。此图以海岸线为界，分为陆地和海洋两部分。陆地部分主要绘制近海河流走势、河流入海口的位置、各地行政区划设置和一部分军事驻防地点。海上部分主要绘制海运航线、近海沙洲、岛屿，并画出各洋分界。此图虽名为《海运全图》，但对陆地部分的绘制十分详细。由海上进入内河的水路航

1 [清]胡振馨：《海运全图》，同治十三年彩绘本，国家图书馆藏。

道，一目了然。图上除了标注漕粮北上京师的海运航路之外，还画出了从乍浦东出大洋的水路，以及漕粮北行至辽东锦州、牛庄的航路。已经废弃的元代海运故道也一并画出，作为道光六年（1826）海运航路的参照。

胡氏父子属于历史上著名的徽州婺源清华胡氏望族。道光初年，浙西遭遇水患。江浙两省合议治理[1]。胡德璐时任石门县试用主簿，曾在道光三年（1823）至四年（1824），随杭州、嘉兴、湖州三郡主政者考察勘测浙西水利[2]。道光四年，在考察之后，时任乍浦同知的王凤声等人撰写《浙西水利备考》。胡德璐参与其中，负责《浙西水利备考》中所有地图的绘制工作[3]。此次浙西水道考察，正值清廷筹议海运。胡德璐在详细描绘河道河工的同时，也有意识地思考筹议海运的相关事宜。胡德璐亲历地方政务，关心时政，于道光六年（1826）实行海运之后，绘制《道光六年海运全图》，以示海运航路情形及沿途海陆形势。此后，因擅长绘图，胡德璐还曾随浙江巡抚乌尔恭额北上，记录所见所闻。随行期间，又曾绘制山海关、新疆以及关外诸多地区的地图。胡德璐回归浙江以后，历署嘉兴秀水、石门、乐清、德清知县，前后宦游浙江近四十年，后敕授文林郎，咸丰十一年（1861）去世。胡德璐所绘的诸多地图，大都毁于太平天国战乱之中。

胡德璐之子胡振馨，早年出嗣旁支，未入仕途。在其父去世后，胡振馨曾考虑将《浙江水利备考》抄录副本，重新刊刻，但由于工作量太大，最终没有完成。同治十三年（1874）夏，胡振馨的侄儿在破旧的帘子中偶然发现旧绘本《道光六年海运全图》。于是，胡振馨利用闲暇时间，照旧绘本摹绘多幅，以便流传。摹绘之时，距重开海运已将近五十年。此时，漕粮北运的运河河道已经淤积不通，漕粮北运已经全部依赖海运。世事变幻，令胡振馨感慨"若持此以往，

1 [清]王凤生撰：《浙西水利备考·重刻浙西水利备考序》，光绪四年三月，浙江书局重刊本。

2 [清]王凤生撰：《浙西水利备考·凡例》，光绪四年三月，浙江书局重刊本。

3 [清]王凤生撰：《浙西水利备考·重刻浙西水利备考序》，光绪四年三月，浙江书局重刊本。

未始非蠡测之一助云耳”[1]。显然，胡振馨摹绘《海运全图》，最主要的目的是纪念父亲，希望父亲的地图作品可以流传于世，而非任何实用目的。于是这幅摹绘的《海运全图》作为家族文献，收藏在家堂之中，以示崇敬之心。“诵先人之清芬”的闲章也表达了绘图的目的。

二、胡凤丹刻印《航海图》

国家图书馆馆藏《航海图》一幅，单色刻印本，胡凤丹校梓，幅面长113.5厘米，宽33厘米。此图同样采用形象与示意相结合的画法，绘制道光年间开海运之后的航路走势。《航海图》遵循上西下东、左南右北的图向，画面视角海洋在上，陆地在下。这样的视角符合传统航海地图的视角，与明代《广舆图》《三才图会》和《皇明职方地图》中的《海运图》视角相同，与胡振馨所绘《海运全图》的视角相反。由海岸线将地图分为陆地和海洋两部分。陆上部分与《海运全图》相比，增绘了嘉兴府、镇江府等距海较远的陆域范围，地名标注也更详细。这幅地图除了标绘河流走势、入海口位置、各级行政建置以外，还标注了两省分界。各级行政建置采用不同的图例以示差别。沿岸军事设施也标绘更为细致，要塞、炮台择要标注。海洋部分标绘内容与《海运全图》几乎相同，但缺少了各洋分界的界线。从地图绘制内容来看，胡凤丹刻印《航海图》与胡振馨绘制《海运全图》除图向视角之外，其他地理要素画法相似，似乎出自同一地图母本。

胡凤丹，字月樵，浙江永康人。生于道光三年（1823）[2]，以捐纳入仕，是晚清著名的藏书家、出版家。《航海图》的刻印流传，与胡凤丹的私人刻书经历是分不开的。同治二年（1863），宦游在外的胡凤丹回籍守制，通过海路赴沪。但却因太平天国运动的影响，海路迂回延迟。直至同治三年

1 [清]胡振馨：《海运全图·题跋》，同治十三年彩绘本，国家图书馆藏。

2 [清]胡凤丹：《退补斋文存》卷4《病中述病记》，永康胡氏退补斋，同治十二年，光绪间重印本。

（1864）春天才回到家里[1]。此次海路经历可能是触动胡凤丹刻绘航海图的直接原因。同治五年（1866），胡凤丹游历至湖北，任补用道员，负责全省厘务[2]。同治六年（1867），湖北省设立崇文书局，胡凤丹授命兼职管理书局[3]，开始参与刊刻书籍。与此同时，胡凤丹开始私人校对、刻书，将私刻书局命名为退补斋。其中，胡氏重刻本《读史论略》卷首题有“永康胡凤丹月樵校”。这与《航海图》图说落款的“浙江永康胡凤丹月樵校梓”相似。根据《航海图》没有退补斋的落款推测，《航海图》的刻绘时间，应在胡凤丹命名私刻书局退补斋之前，与重刻本《读史论略》的刻印时间相近。也就是说《航海图》是同治年间胡凤丹初涉私人刻书时的作品。如果推论无误，《航海图》与《海运全图》几乎完成在同一时代。同治年间，士人采用不同的方式，使海运地图得以流传，说明了海运地图符合当时时代需求，具有特定的实用意义。

[1] [清]胡凤丹：《退补斋文存》卷4《病中述病记》，永康胡氏退补斋，同治十二年，光绪间重印本。

[2] [清]胡凤丹：《退补斋文存》卷4《病中述病记》，永康胡氏退补斋，同治十二年，光绪间重印本。

[3] [清]胡凤丹：《退补斋文存》卷4《病中述病记》，永康胡氏退补斋，同治十二年，光绪间重印本。

三、晚清海运地图的谱系

《海运全图》与《航海图》虽然图向不同，但内容相似，都表现了道光六年试行海运之后的海运航路。本文从两幅地图的异同点对比，来追溯晚清海运地图的由来。

胡振馨彩绘《海运全图》，不同的地理要素用不同的颜色画法来表示，内陆河道涂成青色，近海沙洲涂成红色，各地行政建置用红圈表示，岛屿、小山涂成绿色，长江、黄河和漫长的海岸线边缘涂黄，以示水陆分界。大幅面上运用多颜色的示意方式，使地图所绘内容更加形象，层次非常清晰。图说随图就势，标注在相应的地点旁边。《海运全图》在底本的基础上，特别增绘了强调专门表示道光六年海运路线和外洋分界标注。如吴淞口至佘山段标注“本年海运由吴淞口至崇明十滧，放洋东向佘山，转北入黑水大洋”、清水洋和绿水洋之间标注“石岛以北为绿水洋”等。这些标注都与海运航行直接相关。相比之下，胡凤丹刻印的《航海图》幅面局促，限于刻印方法，只能用单色标绘各种地理要素。海岸线及近海岛屿用实线勾勒，近海沙洲用虚线表示，海上航路用波浪线画出，小山用三个叠加在一起的三角来标注。《航海图》与《海运全图》在内容方面最大的区别，就是更注重陆上各级行政区划和军事设施的标绘。省一级行政区划用回字形图例标注，府用方形图例标注，州用矩形图例标注，县用圆形图例标注。军事机构，厅用三角形图例标注，近海炮台也用三角形标注。其余场、镇、河口等众多地名，不用图例，直接采用文字标注。《航海图》对长城和鸭绿江口东侧高丽边门的画法独具特色，与《海运全图》的表示方法不同。《航海图》对行政区划等级和分界的重视程度远高于《海运全图》，地图的政治性更强，与官绘地图关系更为密切。同时，《航海图》并未强调特定的海运时间，通用性更强，只是缺少与航行有关的外洋分界信息。

两幅地图在画面构图、绘图风格和图说标注方面又高度一致。由于篇幅限制，《航海图》将海运航路的分段说明置于卷首，而《海运全图》的分段说明置于每段航路的正上方。两幅地图的分段航路图说完全相同，正好印证了两幅地图可能出自同一个母本的推测。道光六年（1826）二月初三，江苏巡抚陶澍上奏给道光皇帝《敬陈海运图说折子》[1]。折子中的《海运图》及分段图说，就应该是两幅同治年间海运地图的母本。同治年间流传于民间的海运地图，具有明确的官绘来源。而陶澍上呈道光皇帝御览的《海运图》，又与道光年间重开海运的历史事件直接相关。

道光四年（1824）冬，南河黄水骤涨，高家堰漫口，自

1 [清]陶澍：《敬陈海运图说折子》，《陶文毅公全集·奏疏》卷8《海运》，《续修四库全书·集部·别集类》，上海古籍出版社，2002年，第575页。

高邮、宝应至清江浦，河道浅阻，输挽维艰[1]，漕粮无法抵京，京师面临重大粮食危机。道光五年（1825）二月，道光皇帝下旨讨论应对策略，重开海运已成为江南漕粮转运最为可行方案。然而，议行海运之事仍然阻力重重。同年五月，陶澍由安徽巡抚转调江苏巡抚，以魏元煜为漕运总督，琦善为两江总督，总体负责漕粮转运事宜。六月，陶澍上奏，停江南折漕，建议河海并运[2]，但魏元煜坚决反对海运。主张河运和海运的观点争执不休。在此次议行海运的过程中，协办大学士户部尚书英和、两江总督琦善、江苏巡抚陶澍、江苏布政使贺长龄等人，在重开海运中起到关键作用，留下《筹漕运变通全局疏》《复奏海河并运疏》[3]等重要筹议海运的奏疏。最终结果，以魏元煜为首的反对海运官员获罪。主张海运的官员开始筹备海运。据《清史稿》记载，琦善、陶澍"咸请以苏、松、常、镇、太仓四府一州之粟全由海运。乃使布政使贺长龄亲赴海口，督同地方官吏，招徕商船，并筹议剥运兑装等事"[4]。由此，漕粮海运进入实质性筹备阶段。道光皇帝亲命设海运总局于上海[5]，负责海运漕粮的交兑事务。道光六年（1826）正月，江浙两省各州县剥运之米，以次抵上海受兑，分批开行[6]。此处重开海运期间，陶澍上呈《敬陈海运图说折子》，将海运航路画图展示，并辅以各段图说，详细记载海运里程、各段风向水深、途中参照物等情况。《海运图》及图说得到道光皇帝的肯定之后，成为道光六年重开海运的官方指导用图，对晚清海运具有不可替代的指导作用。

此后，陶澍绘海运图随即刻印发行。国家图书馆馆藏道光六年（1826）陶澍撰《海运全图》刻本[7]，是晚清海运地图首次公开发布。《海运全图》采用陆地在上、海洋在下的视角，分叶表示航路。在陶澍的《海运全图》印行之后，作为漕粮海运的核心地区，江苏、浙江两省分别整理省内与海运

1 赵尔巽撰：《清史稿》卷122《志九十七·食货三·漕运》，中华书局，1977年，第3593页。

2 赵尔巽撰：《清史稿》卷17《本纪十七·宣宗本纪一》，中华书局，1977年，第635页。

3 [清]魏源：《皇朝经世文编》卷48《户政二十三·漕运下》，《魏源全集》（第十五册），岳麓书社，2004年，第606、624页。

4 赵尔巽撰：《清史稿》卷122《志九十七·食货三·漕运》，中华书局，1977年，第3594页。

5 赵尔巽撰：《清史稿》卷122《志九十七·食货三·漕运》，中华书局，1977年，第3595页。

6 赵尔巽撰：《清史稿》卷122《志九十七·食货三·漕运》，中华书局，1977年，第3595页。

7 [清]陶澍撰：《海运全图》，道光六年刻本，国家图书馆藏。

有关的公牍文册。道光六年（1826）十二月，陶澍主持编纂的《江苏海运全案》十二卷官刻本刊行。《海运全图》作为重要的地图资料，列于第十二卷卷首，名为《海运图》[1]。图说列于地图之前，保留陶澍上呈奏疏的原貌。咸丰三年（1853），黄宗汉等编纂《浙江海运全案》十二卷官刻本刊行[2]。《海运图》列于初编卷八图说卷首，与《江苏海运全案》中的《海运图》完全相同，但却没有抄录陶澍的海运图说。道光至咸丰年间，陶澍刻《海运全图》的官方流传过程逐渐清晰。

同治初年，根据《清史稿》记载："迨咸丰朝，黄河北徙，中原多故，运道中梗。终清之世，海运遂以为常。"[3]同治年间，随着传统海运逐渐改为招商轮运，海运效率大幅提高。民间对海运的需求增加，也希望了解海运航路的更多细节。在这样的背景下，胡凤丹既有官宦背景，又有刻印出版方面的优势，还有对浙江的桑梓情怀和海上航行的窘迫经历，深知海运地图的意义。于是，他将官方文册中的分叶分幅《海运图》重新制版，刻印成《航海图》。胡凤丹刻印《航海图》最大的优势就是将分幅地图合并为整幅，然后又将原图分段图说刻印在图侧，形成一图配一说的形式。这样的改良更便于携带，所绘航路也更加直观。胡振馨绘《海运全图》是依据旧作临摹。其父胡德璐在浙江多地为官，有机会在陶澍《海运全图》刊刻后，观看到此图。加之胡德璐本来就以绘图见长，又长期参与地方政务，所以在重开海运之后，根据陶澍刻印《海运全图》重新创作，绘就整幅海运地图。胡德璐所绘《海运全图》与陶图最大区别可能就是地图视角的变化。由于幅面较大，胡德璐将陶图的海运分段图说，分段写于图上，观览更为方便。由此可知，陶澍刻印《海运全图》流传至民间的线索也逐渐清晰。其中，胡凤丹刻印《航海图》流传范围更广，使用频率更高，官绘痕迹明

[1] [清]陶澍撰：《江苏海运全案》，《历代海运文献汇刊》（第四册—第六册），国家图书馆出版社，2019年。

[2] [清]黄宗汉修：《浙江海运全案初编》，《历代海运文献汇刊》（第七册—第十册），国家图书馆出版社，2019年。

[3] 赵尔巽撰：《清史稿》卷127《志一百二·河渠二》，中华书局，1977年，第3770页。

显。胡振馨的摹绘本，是经过再创作之后的地图，虽更有私人绘图的风格，却因数量有限，几无流通。

四、晚清海运地图反映的海运航路形成

道光六年（1826）开海运，采取官督商运的形式实行。清廷形成一套详细的海运管理章程。海运航路确定就是其中重要的组成部分。

根据陶澍奏疏，从道光六年（1826）重开海运开始，航路分为六段，大体不变。第一段由上海县黄浦口岸至崇明县南岸十滧。黄浦口岸是吴淞江汇流黄浦江的河口处，便于吴淞江和黄浦江沿途各地的漕粮，通过水路转运至上海县黄浦口岸海运总局交兑。之后，根据出海行程安排，漕粮分批装船。海船由黄浦口，沿黄浦江河道北行，在吴淞口入海。因吴淞口外有复宝沙，海船需向东绕行，再北行至崇明十滧停泊，待风向适宜时放洋。第二段由崇明十滧至苏松镇佘山。海船出十滧，向东航行，途经铜沙，到佘山。海船见到佘山，可抛锚停航。佘山是航路转而向北的参照地标。第三段由佘山至鹰游门以东洋面，即黑水洋与清水洋分界处。海船由佘山转而北行，《海运全图》与《航海图》对此处的画法稍有不同。《海运全图》所绘航路绕行佘山，从佘山东侧转而向北。《航海图》所绘航路，见到佘山即转向，由佘山西侧北行。《航海图》的画法与官方记录相同。由于此段航路周边几乎没有岛屿参照，所以，图说以近海陆地为参照，描述航路所在位置，并注明途经海域所属的军事辖区。此段航路选择可顺利避开五条沙等近海浅沙，北行航路几无险阻。但在云梯关外迤东有大沙一道，阻挡航路。所以海船需调整航路，在大沙与沙头山之间的缺口处穿行。第四段由自鹰游门外洋至荣城石岛。海船过大沙后，即由黑水洋进入清水

洋。海船继续北行，即到石岛。石岛北侧是清水洋与绿水洋分界。也就是说，第四段航路基本上是在清水洋内航行。如果航路没有偏移，就可顺利到达山东半岛东南角的石岛。第五段由石岛至蓬莱县庙岛。此段航路沿山东半岛东缘行进，至成山调转航向向西，经刘公岛，到达半岛北端庙岛。由于地段航路贴近陆地，需时时注意避开众多礁石。第六段由庙岛至天津东关。此段航路分为海上和内河两部分。海船行至天津直沽口需抛锚停泊，待长潮时进入海河河道，上溯至东关外。漕粮海运行程至此结束。

陶澍拟定的六段海运航路，与近海陆地相对应，还出于对海运安全的考虑。魏源在道光六年海运之后，写下《道光丙戌海运记》，记录此处海运的前因后果。这篇文章概括了海运航路的沿路防御范围。第一段至第三段，从黄浦口至鹰游门为江南提督、苏松镇和狼山镇总兵管辖。第四段至第五段，从鹰游门至庙岛，为山东登莱镇总兵管辖。第六段从庙岛至天津直沽口，为天津镇总兵管辖。

《海运全图》和《航海图》都全文引用了陶澍《敬陈海运图说折子》的分段航路图说。在晚清漕运逐渐废弃的背景下，海运成为沟通南北的交通命脉，海运分段航路信息也就显得格外重要。民国年间，刘锦藻撰写《清朝续文献通考》其中在记述晚清海运的章节，也将陶澍的分段图说全文摘录。从两幅海运地图来看，除了分段图说记载的海运路线之外，另有元明海运故道、晚清海运支线和商船出洋航线一并绘制。《海运全图》和《航海图》都标绘了两条由刘河口出长江口的元代海运航路。元初海运，从刘河口向东北方向开行，至廖角嘴转而向北。后殷明略开辟新航线，从刘河口直接东行，进入黑水洋。道光年间，长江口的沙洲形势早已不同。由于崇明岛和启东群沙阻挡了元代海运航路，刘河口也因为泥沙淤积，通航能力下降。所以改由吴淞口经崇明十滧放洋，航线最为顺畅。《航海图》还标注一条明代从淮河口至胶州湾的航路，而《海运全图》没有画出。《海运全图》标绘了三条晚清海运支线，且都是商贸故道，在《航海图》没有画出。这三条航路是在海船行至山东半岛最东端成山后，出现分途。第一条，由成山直接北行，到达辽东半岛东侧碧流河口。第二条，海船进入渤海后，北行至大辽河口，可抵牛庄。第三条，海船由常山岛北行，至锦州小凌河口。《海运全图》和《航海图》还同时画出了由浙江乍浦港东行，经舟山群岛，直至太平洋的远洋商贸航路。

陶澍在《敬陈海运图说折子》记载的海运路线，其实是清代康熙年间重开海禁之后，商船北行多年的经验积累，也是筹议海运诸多官宦士人共同努力的结果。从康熙年间重开海禁至道光年间重开海运，筹议海运的官宦士人一直在寻找合理可行的放洋航路。

雍正五年（1727），蓝鼎元由吏部引荐给雍正皇帝[1]，曾上《漕粮兼资海运疏》，提出可根据元代海运经验，试行漕粮海运之法。蓝鼎元是康熙、雍正年间筹议海运一派的代表人物。曾于康熙六十年入台，筹划治理台湾。与同朝官员相比，蓝鼎元的海洋思想既超前又务实。蓝鼎元在考察山东、北直隶运河时，曾感叹“输挽维艰”，建议“兼资海运”[2]。海运可先拨苏、松漕粮，雇募闽、广商船试行。运船以缯尖底船为主，海运航路“由崇明三沙放洋，东行尽山花岛，在五沙头直放黑水大洋，取成山转西，经刘公岛、登州沙门岛、莱州大洋，入界河，以至天津”[3]。蓝鼎元上疏的缯尖底船海运航路，与道光年间重开海运的航路已经非常相近了。除这条外洋航路外，蓝鼎元还建议用江南沙船沿内洋海岸线航行。这条航路在道光年间海运时并未实行。嘉庆年间，曾两

1 [清]蓝鼎元：《鹿洲全集·鹿洲奏疏·履历条奏第一》，厦门大学出版社，1995年，第803页。

2 [清]蓝鼎元：《漕粮兼资海运疏》，《皇朝经世文编》卷48《户政二十三·漕运下》，《魏源全集》（第十五册），岳麓书社，2004年，第590页。

3 [清]蓝鼎元：《漕粮兼资海运疏》，《皇朝经世文编》卷48《户政二十三·漕运下》，《魏源全集》（第十五册），岳麓书社，2004年，第591页。

次筹议海运，都搁置未行，但关于海运方案的讨论，已日渐成熟。时任浙江巡抚阮元曾暗筹海运并写下《海运考》。当时阮元初到浙江，对近海港口认识有限，他认为海运应该从太仓刘家港起运[1]，是遵循元明两朝的旧制。嘉庆十六年（1811），高培源在《海运论》中，将蓝鼎元的筹议海运航路的方案细化，并根据自己的海上考察经验确定航路。高培源明确论述江南海运出口以吴淞口为便，而非元明两朝曾经使用的刘家港。运船出吴淞口，有两条放洋路线：一由老宝山嘴趋崇明十滧，正东行至佘山西脚，开放大洋。一转过崇明，由海门北岸，迤逦东行，出廖角嘴放洋[2]。显然，高培源的海运航路方案，与蓝鼎元的两条航路几乎相同。只是嘉庆年间，崇明沙洲面积扩大，所以二者对航路的表述略有不同。高培源也明确表示："今重运开洋，似宜从南岸之崇明十滧为正道。"高培源的海运方案就是《航海图》上所绘经佘山西脚放洋的路线。同一时期，谢占壬在《海运提要序》中也持相似的观点[3]。道光五年，英和、陶澍等筹备海运重臣，在考察海运期间，吸取康熙至嘉庆朝历来的海运方案，最后确定了航路章程，绘制官方指定的海运航路地图，成为道光年间重开海运的附属成果。

从康熙年间解除海禁开始，经过诸多官宦士人的努力，重开海运终于成行。同时，为指导海运航行，陶澍刻印的《海运全图》及相关图说，对后世传统海运地图的绘制，具有重要影响。同治年间，海运地图在民间已经有了较为广阔的市场。单幅私人刻绘版《航海图》适应民间需求而产生。清末民初，随着西方测绘技术和绘图方法在航海图中的应用，这种采用传统画法绘制的海运地图逐渐消失，传统海运地图的流传至此终结。

1 [清]阮元：《海运考》，《皇朝经世文编》卷48《户政二十三·漕运下》，《魏源全集》（第十五册），岳麓书社，2004年，第581页。

2 [清]高培源：《海运论》，《皇朝经世文编》卷48《户政二十三·漕运下》，《魏源全集》（第十五册），岳麓书社，2004年，第587页。

3 [清]谢占壬，《皇朝经世文编》卷48《户政二十三·漕运下》，《魏源全集》（第十五册），岳麓书社，2004年，第593页。

《江海扼隘图》与近代海疆思想的萌芽

引子

《江海扼隘图》一轴，清嘉庆十四年（1809）单色绘本，高培源绘。幅面展开横向长173厘米，纵向宽39.8厘米。此图采用示意与形象画法相结合的绘图方式，绘制西起长江入海口两岸苏州府福山镇（今属常熟市）、通州狼山镇（今属南通市崇川区），东到舟山群岛北端，乘泗列岛最东端的尽山、陈钱山（今属嵊泗县嵊山岛），北至廖角嘴（今启东市北吕四场东），南达金山卫与乍浦营交界处的海陆形势。卷首有金石学家翁方纲题写的图名，图末有嘉庆年间陈廷庆、王蔚宗等人跋文十八篇。2013年,《江海扼隘图》入选第四批《国家珍贵古籍名录》。

《江海扼隘图》既不是典型的海防图，也不是航海图，而是将海防与航海地图中的军事、交通等要素一并绘制，形成一幅展现长江口海陆形势全景的海疆地图。此图遵循上南下北的图向，重点标绘长江入海口的两岸走势及海口、近海的沙洲岛屿分布情况。这幅地图的画法与现代地图类似。其中，长江口两岸的海岸线、汇入河口的河道、岸边港口、河口沙洲等要素都用简单的线条绘制。陆上城池、小山、炮台也用近似图例的符号表示，仅有岛屿小山和江海水面，采用山脉和水波纹的形象画法，点缀其中。《江海扼隘图》对地理要素的简单画法，与大篇幅繁复的文字标注形成强烈的反差。长江口两岸和崇明岛驻守的墩台汛地、港口炮台均一一标注。陆上城池和海上岛屿旁空白处，附有成篇的文字说明，记录地形地势、道路里程、历史沿革、军事驻防及水路航道等信息。这些成篇的图说包括《福山城记略》《福山记略》《常熟昭文记略》《苏州府抚标记略》《大羊山记》《小羊山记》等。这些文字说明几乎涵盖了长江口所属府州县域和军事辖区的基本情况，内容十分丰富。除此之外，在航线途经的岛屿、沿岸军事重地、重要港口以及陆上河流沿线等处，都有简短的文字说明和重点提示。画面左侧另有总说一篇，记录江南海备的整体格局。

《江海扼隘图》对长江口的描绘，体现了嘉庆年间长江口地区海防布局的真实情况，也反映了清代中期清廷对海疆管理的普遍认识。长江口既是沟通沿海各地的中心，又是沿江进入内陆的重要水道，在清廷的沿海防御体系中，具有举足轻重的战略地位。《江海扼隘图》对长江口的画法，以及这幅地图反映出来的海疆思想，与传统海防图差异明显。这些差异引发笔者如下层面的思考：

第一，就《江海扼隘图》与传统海防图的图像差异去考察。首先，从《江海扼隘图》的地图命名来看，绘图者将这幅地图当成是传统的海防地图。但这幅地图用三分之二的幅面来展现东海近海区域及海上诸岛，与传统海防图大相径庭。在更早的明清海防图中，近海区域并不会作为重点描绘，也不会占据大量幅面。《江海扼隘图》海防图的命名，与地图所绘的内容有一定偏差。其次，《江海扼隘图》采用上南下北的图向，画面描绘江海与陆地，示意性明显。这与传统海防图陆地在下海洋在上，视角不断变换的形象画法差异明显。此图将延续了数百年的海防图视角抛弃，转而采用更直观而简洁视角来表现海陆关系。

第二,《江海扼隘图》既继承了传统海防思想，又显示出初步的海疆思想和海运设想，体现了嘉庆年间士人阶层对海权观念的认识，也反映出他们对国家转型的种种思考。明清以来，在禁锢的海洋观念和传统筹海思想中，开始酝酿新的海疆观念。传统筹海思想逐渐向近代具有“主权意识”的海疆思想过渡。

第三，嘉庆年间，清帝国面临的社会危机已经显现。闭关锁国的清帝国开始谋求转型。在漕运举步维艰和列强环伺的背景下，士人阶层开始有意识地重视帝国疆域之内的防御重点。这些防御重点也是近代中国开眼看世界的前沿。在海防与海运思想的激烈碰撞下，具有主权意识的海疆观念开始形成。《江海扼隘图》反映了嘉庆年间海疆思想形成过程的萌芽状态。与此同时，传统王朝帝国也完成了向近代主权国家的转变。

以往学术界对海疆图的研究，集中在明清海防图的个案研究，以及海防图的谱系演变等方面。清中期以后的海陆形势地图，并不是学术界关注的重点。清乾隆、嘉庆年间，随着西方殖民文化的渗透，清廷开始有意识地对西方文化的冲击予以回应。嘉庆年间，东南沿海有“艇盗之扰”，清朝主政者仍以传统海防思想去应对。身处江南地带的士人阶层，对长江口的海陆形势体会更加深刻，在为主政者提供海防策略的同时，也将他们对江海形势的理解融入到策论之中。《江海扼隘图》就是在传统王朝帝国向近代主权国家过渡阶段，士人绘制的具有初步主权意识的海疆地图。通过《江海扼隘图》的个案分析，可以反映嘉庆年间，海疆观念形成的历史进程，从而引发学术界对清代海疆观念的进一步思考。

一、《江海扼隘图》与嘉庆年间的开海之争

传统中国是以农耕文明为基础的内向型文化，由此形成了“重陆轻海”的观念，并不断强化。在王朝帝国“大一统”观念的影响下，土地是人们观念中最看重的疆域，而海洋大都作为陆地的边界来看待。比如《尚书·禹贡》提到“东渐于海，西被于流沙”，就是将海与流沙视为当时天下的边界。将海视为陆地边界的观念，一直影响着后世王朝主政者的思想。

明初洪武年间，为防止旧朝余党和海盗滋扰，朱元璋下令实施海禁[1]。由此开始，明清两朝海禁政策持续近五百年。清朝前期，海禁政策随着漕运阻滞而有所松动，海运之议在朝中渐起。康熙二十三年（1684），江浙沿海诸省首开海禁之先[2]，允许商人出海从事贸易活动。虽然海运贸易仍有诸多限制，但开海运还是让主政者看到了切实变化，于国于民皆有裨益。康雍乾三朝，当漕运受阻之时，朝臣就有漕粮海运的提议。漕运与海运的争议持续不断。明清以来，固有的漕运思想和运河沿岸的利益纠葛，严重影响了漕粮海运的历史进程。嘉庆年间，黄河水患频发，漕运会通河段经常淤塞，江南漕粮无法抵运京师，朝中议行海运。嘉庆九年（1804）正月，因嘉庆八年（1803）河南衡家楼黄河漫溢，黄运交汇处淤堵，给事中萧芝陈请采买海运。嘉庆皇帝将海运之议发交江浙各处督抚，并下谕不许心存成见表达观点。以阮元为代表的封疆大吏以海道险远，不敢轻试，以现无旧办章程堪以循照等原因，否决海运之议[3]。漕粮北运仍以治理运河水路，快速恢复漕河运道为首选。当年十月，因洪泽湖水弱，无法冲刷黄河带入运河河道的泥沙，七省粮船，全部停滞。在加紧治理运河的同时，浙江巡抚阮元暗筹海运，终因运河河道

1 [清]张廷玉：《明史》卷八十六《志第六十二·河渠四》，中华书局，1974年。洪武三十年冬“屯种其地，而罢海运”。

2 [清]清高宗敕撰：《万有文库·清朝文献通考》卷33《市籴考二》，商务印书馆，1936年，第5155页。

3 《清实录·仁宗实录》卷125，嘉庆九年正月，中华书局，1986年，第684—685页。另据《魏源全集·皇朝经世文编》卷48《户政二十三·漕运下·海运考跋》，岳麓书社，2011年，第573页。阮元《海运考跋》记录此次海运之议于嘉庆八年十一月预筹。

复通而搁置[1]。此次暗筹海运，让阮元意识到海运的重要性，遂将筹划海运方案汇成《海运考》，以备参考。嘉庆十五年（1810）二月，海运之议再起。漕运阻滞频繁，嘉庆皇帝不得不考虑后备转运方案。此时，由于开海禁多年，江浙各海口均有北上贩运粮食的商船，熟悉海运情形。于是，嘉庆皇帝下谕，命松筠、章煦等人，考察出海之路。可将本年漕粮交由商船转运试行，以观成效[2]。同年四月，江苏巡抚章煦上奏筹议海运之事，以商船构造、转运费用等为由，认为海运弊端太多，无法成行[3]。嘉庆十六年（1811）三月，两江总督勒保等人商议后，上疏海运不可行者十二事[4]。嘉庆年间第二次议行海运就此终止。嘉庆年间第二次议行海运期间，从两江总督勒保、江苏巡抚章煦奉旨筹办海运，到上疏海运无法成行，前后共历时三个月。

《江海扼隘图》的作者高培源，是江苏青浦人。他长期生活在长江口周边，深感海运之利之于国家的重要性。在嘉庆年间第二次议行海运期间，在地方主政者派人考察长江口两岸的出海水路通道之前，高培源已有意识地考察长江入海的水路通道，并着手绘制地图。考察海运水路之后，高培源以“海运不可废”立论，于嘉庆十五年（1811）议行海运期间，创作《海运备采》十四卷，将筹办海运的相关事宜逐一论证，进呈地方主政者。《独学庐三稿》对此事曾有记载：“上年峰值之后，臣章煦即委新阳县丞程志忠亲历海洋，勘道路，绘图贴说，奏呈御览。近日，臣勒保又访得青浦县贡生高培源著有《海运备采》一书。臣等取书查阅其所载海运源流本末甚详，所言应行事宜亦甚周备。”[5]高培源以贡生身份参与筹办海运之议，并提出系统的时政意见，给主政者留下深刻印象。

高培源自幼失去父亲，由母亲抚养长大[6]，母席氏倾尽全

1 [清]阮元：《海运考跋》，《魏源全集·皇朝经世文编》卷48《户政二十三·漕运下》，岳麓书社，2011年，第573—574页。

2 《清实录·仁宗实录》卷226，嘉庆十五年二月下，中华书局，1986年，第39—40页。

3 《清实录·仁宗实录》卷228，嘉庆十五年四月，中华书局，1986年，第58—59页。

4 《清实录·仁宗实录》卷240，嘉庆十六年三月，中华书局，1986年，第238—242页。

5 [清]石韫玉撰：《清代诗文集汇编447·独学庐三稿》，上海古籍出版社，2010年。

6 [清]沈诚焘、陈其元等纂：《青浦县志》卷19《人物三》，光绪五年刻本。

力，以儒家思想培育幼子。求学期间，高培源师从乾隆年间名臣王昶，后来以贡生身份参与政事，特别是与松江府有关的事务。高培源曾参与嘉庆年间《松江府志》的修纂工作，被时任府志总纂官莫晋称赞为“良史才，通达时务”[1]。嘉庆年间《松江府志》刊刻于嘉庆二十三年（1818），此时，高培源早已多次实地踏查松江府辖境山川形势，也曾出海记录长江口海陆形势，成为《松江府志》所载舆图的绘图人[2]。作为地方志的修纂生员，高培源能得到总纂官的高度评价，与他常年的工作成绩是分不开的。在参与《松江府志》的修纂之前，高培源“通达时务”的特长早已显现。

根据《江海扼隘图》总说“是图始绘于乙丑岁，迄今五祀余”得知，此图的创作时间始于嘉庆九年（1804），历时五年，至嘉庆十四年（1809）十月最终完成。这与嘉庆年间朝中两次议行海运的时间基本同时。也就是说，当朝中重臣重提议行海运之事开始，作为地方主政者的参谋，高培源将自己对长江口筹海形势的理解绘成地图，以供参考。《江海扼隘图》的画法，反映出嘉庆年间，士人阶层对长江口区域防御体系的认识，同时也包含了近代海权意识和海疆思想的萌芽。

在海运廷议尚不明朗的情况下，《江海扼隘图》仍以长江口各处江防、海防要塞作为绘图重点，主要绘制长江口区域的水陆形势。同时，对河口防御薄弱的地点、人迹罕至的岛屿沙洲进行细致标绘，以备海防所用。以海防为首要目的的地图表达，反映了嘉庆年间，放弃对近海区域的控制，守住海口，加强内河防御等传统海防思想。然而，在这幅以传统筹海思想为基础的地图，却显示出一些不同于海防图的地图表达。高培源将实地考察长江口岛屿、水路等信息采用相对隐晦的方式也一并绘在图上，实际上是在暗筹海运，表达

1 [清]沈诚焘、陈其元等纂：《青浦县志》卷19《人物三》，光绪五年刻本。

2 [清]孙星衍、莫晋纂：《嘉庆松江府志·纂修衔名》，嘉庆二十三年刻本。

与传统筹海思想截然不同的开海思想，为主政者提供可供参考的倾向性政见。虽然，嘉庆年间议行海运之事终未达成，但道光年间先后两次重开海运的方案，均与高培源所著《海运备采》的提议相同。高培源所论海运之议和绘制的水路地图，成为道光年间重开海运的重要参考。

因此，高培源绘制《江海扼隘图》的背景逐渐清晰。嘉庆年间，清廷逐渐加强以吴淞口为中心的区域管理，增设驻防，建立县治。无论是设立营汛驻防，还是建立地方治所，都需要掌握十分详细的长江口两岸及水路航道的地理情况。高培源作为地方主政者的谋士，有针对性地展开对长江口的考察，最终完成《江海扼隘图》。这幅地图不仅仅反映长江口的地理形势，还为主政者决策提供详细的参考。两次游历长江口的经历，又是在嘉庆年间议行海运的背景下展开的，暗含了早期海权和近代海疆思想的萌芽。这些处在萌芽阶段的开海思想，与传统筹海思想大相径庭，成为后来高培源书写《海运备采》、修纂《松江府志》的基础。《江海扼隘图》对放洋航路的说明，其实已经明确表达了高培源“海运不可废”的观点，也成为上疏《海运论》的基础。

二、《江海扼隘图》反映的长江口海陆形势与近代海疆思想的萌芽

一般认为，中国近代在西方列强的入侵之下，才开始被迫思考国家海权的问题。其实在嘉庆年间两次筹议海运之时，士人阶层，特别是生活在沿海地区的知识分子，已经开始意识到海洋实际控制权和利用权对于国家的意义。近代以来，由于西方列强的入侵，海禁政策名存实亡而逐渐废止。虽然在长期的海禁过程中，偶尔出现海禁松弛的短暂局面，但禁海是主流，所以在明清时期所绘的海图中，守卫陆疆安

全的海防图是绝对的主体。《江海扼隘图》打破了以往海防类地图的画法，将江防、海防、海运三大主题，与长江口的海陆形势结合起来。其中，江防部分继承了“重陆轻海”的传统防御思想；海防部分将防御体系扩展到近海岛屿，显示出王朝国家对近海海域实际控制权；海运部分将元代海运路线进行优化，重新规划海运航路。近海岛屿防御体系与海运航路的构建，都与近代海权思想和海疆观念的形成有一定关联，可以看作是近代海疆观念的萌芽。

《江海扼隘图》总说，开篇介绍长江入海口的地理形势，之后陈述明清时期海陆要塞和布防情况，然后用大篇幅说明嘉庆年间海陆驻防情况，最后记录绘图目的和考察经历。在行文各处穿插记述长江口至尽山放洋航路沿途的沙洲淤积、靠岸港口、水路枢纽形势，以备航运参考。《江海扼隘图》的绘图原因，与嘉庆年间增添吴淞口岸的驻防兵力，并设川沙之治直接相关。在增兵增设建置的过程中，需要详细考察并记录辖境的山川地势。高培源接受了地方主政者的托付，希望绘制一幅可供主政者参考的地图。因此，高培源开始以记录江海形势为目的的游历考察。五年时间，他两次实地考察长江口放洋水道，广泛收集历史掌故，亲身感受各地风土人情。航路上的岛屿、沙礁、墩堡、关津，均亲身所见，一一记录。游历期间，高培源还与当地士大夫一同游览，听取他们的观点旧事，并收集生活在村舍中普通百姓的见闻。游历之后，绘就地图一幅，但却因图幅较窄，无法承载如此丰富的考察内容，于是重新绘制，将考察内容一并写于图上。

三、《江海扼隘图》反映的嘉庆年间长江口海陆形势

《江海扼隘图》以长江口南北两岸海岸线为界，可以大致划分为江和海两部分。东半部为海，主要绘制各处岛屿，并标注与岛屿有关的航路信息，以海上航行作为说明重点。西半部为江，主要绘制沿江陆地和沙洲分布，并标注地方建置、驻防营汛等信息，以海防、江防布设为说明重点。将画面一字展开，本文分述地图江防、海防和海运陆形势如下。

（一）江防

长江口的江海形势，之于明清政权都是至关重要。无数官宦儒生以江海形势立论，表达对长江口军事防御的看法。在传统重陆轻海观念的影响下，士人长期认为江防重于海防。《江海扼隘图》对江防的理解，与传统筹海观念基本保持一致。长江口的军事防御也是依照江防重于海防的观念布设。明嘉靖年间抗倭英雄唐顺之曾总结长江口形势，认为福山、狼山隔江相对，是陆上江防的第二重门户[1]。乾隆年间，郭起元所作《吴中江海形势说》继承了唐顺之的观点，认为防汛之法，在先知由海入江之门户。廖角嘴处，两沙相对，是江防的第一重门户；狼山、福山相对，是第二重；江、靖两邑相对，为第三重，圌山、永生洲相对，为第四重[2]。江防应在四重门户重点布设。《江海扼隘图》对江防区域的绘制，集中在前两重门户。相对而言，对第一重门户长江口南岸区域表现最为详细。由此可知，作者高培源对以往的江防布防持肯定态度。道光年间，著名的海防述论大都持这种观点。比如，魏源在《海国图志·筹海篇》陈述江海守备观念，认为："守外洋不如守海口，守海口不如守内河。"[3]近代以来，清廷重新筹议江海交汇处的江防布设，但可供借鉴的经验并

1 [清]高培源：《江海扼隘图·狼五山记略》，国家图书馆藏。

2 [清]郭起元：《吴中江海形势说》，《魏源全集·皇朝经世文编》卷83《兵政十四·海防上》，岳麓书社，2011年，第504页。

3 [清]魏源：《魏源全集·海国图志》卷1《筹海篇一·议守上》，岳麓书社，2011年，第1页。

没有摆脱抗倭缉盗思想的影响，但来犯之敌已经变换成了工业革命后的西方列强。

以廖角嘴、崇明岛、大泐口连线作为江海分界，先分析《江海扼隘图》描绘长江口之内的江防情形。地图之上，长江口南北两岸标绘重点有所不同。长江南岸，沿江一线标注军事驻防墩台名称。长江北岸，虽同样有沿江墩台驻防，但沿江一线标注河港名称。河港与墩台同样有防兵驻守，以示江防布设之严密。但南岸和崇明岛上的驻防密度明显高于北岸。这也表示长江口的江防海防以南岸为重点。

嘉庆年间，长江口第一重门户，崇明岛两侧水道，都由太仓州管辖。其中，崇明岛南侧水道，沙洲较少，大船易行，水路畅通，又因吴淞口、刘河口有黄浦江和刘河汇入，可通长江口南岸腹地。所以，南侧水道成为长江口第一重门户的江防要冲。清初立国，在太仓州辖境长江口南岸设置刘河、吴淞、宝山二营，并将苏镇标驻崇明[1]，驻守水路两侧。吴淞口至松江府城的黄浦江河道、刘河口至昆山县新阳县的刘河河道也都绘制清晰。观览此图，便可了解黄浦江和刘河的沿河驻防情况。除重兵把守的长江口南岸之外，地图还绘制了太仓州以南松江府的驻防布局。也就是说长江口南岸直到杭州湾北岸的陆上布防形势，均一目了然。图上标绘的松江府营汛有川沙抚民厅川沙营、南汇县南汇营、奉贤县青村营、柘林营和金山县金山营五处。其中，从吴淞口东岸宝山营辖域至金山营一段近海陆上，沿海岸线设置前后两重墩汛。而吴淞口西岸吴淞营至福山营一段，只设立一重沿江墩台。从驻防墩台布局来看，沿海兵力设置明显多于沿江一段。与长江口南岸隔江相对是崇明岛。顺治二年（1645），苏州水师总兵官移镇崇明县[2]。岛上所有墩台营汛，归崇明县苏松镇管辖，下设四营。凡岛上沿江港口处，均设造台驻防。

1 [清]王昶等纂修：《续修四库全书·史部·地理类·嘉庆直隶太仓州志》卷23《兵防上》，上海古籍出版社，2002年，第372页。

2 [清]王昶等纂修：《续修四库全书·史部·地理类·嘉庆直隶太仓州志》卷23《兵防上》，上海古籍出版社，2002年，第374页。

四营分汛处特别标注。在崇明岛南岸隔江与刘河口相对处，还设置防御炮台。再看长江口第一重门户北侧水道。崇明岛北岸与长江口北岸之间，有多处浅沙淤积，行船不便。无论从海防还是航海的角度，北侧水道的地位都不如南侧。高培源在《海运论》中曾详细记述此段水道，认为当时“廖角嘴淤浅，嘴内有大阴沙，与戏台沙相接，海舟不能出入”[1]。《海运论》的记载与《江海扼隘图》对长江北岸浅沙的画法完全对应。嘉庆年间，崇明岛北侧水道，江中诸沙归属太仓州管辖，长江北岸及近岸诸沙归属海门厅管辖。但在江防体系中，位于长江北岸海门厅辖区，设置海门协，由驻守崇明岛的苏松镇水师总兵兼辖[2]，以便保证北侧水道防御的整体性。由于北侧水道沙洲众多，在长江口北岸形成一道天然的屏障，所以，一般渔船都会避开北路，选择崇明岛南路十滧经停、通行。因此，长江口北岸廖角嘴至海门厅治一线，沿江驻防的密度不如南岸。地图上标绘的防御设施也不及南岸。

福山、狼山隔江相对，形成长江口江防的第二重门户。此处占据天险，沿江两山成为江防的屏障。逆流而上，在两山脚下，南有福山港，经河道与常熟县、昭文县县城相连；北有狼山港，经河道与通州狼山镇相通。港口连通的城池正是沿江两岸重要的行政建置所在。所以，两山门户亦是沟通沿江城池的交通要道。画面西侧，长江口南岸起点在福山镇总兵统辖福山营与江阴县下辖杨舍营交界处的乌沙墩。从乌沙墩至白茅港东侧王泾墩为福山营所辖[3]。北岸由狼山镇总兵统辖通州狼山镇管辖。南岸布防明显高于北岸，再次突出江防重点。

从《江海扼隘图》对长江口江防形势的描述来看，传统筹海思想中的江防体系，特别在门户位置加强守备的思路，基本沿用下来。

1 [清]高培源：《海运论·海道》，《魏源全集·皇朝经世文编》卷48《户政二十三·漕运下》，岳麓书社，2011年，第584页。

2 赵尔巽等撰：《清史稿》卷131《志一百六·兵二》，中华书局，1977年，第3911页。

3 [清]李铭皖、冯桂芬等纂修：《江苏府县志辑7·同治苏州府志》卷28《军制》，江苏古籍出版社，1991年，第678页。

（二）海防

江海交汇，海防是江防的外部屏障。嘉庆、道光年间著名的海防著作《洋防辑要》开篇即有“自昔谈海防以御外洋，堵海口为要策”[1]的观点。显然，以江海交汇的海口以及海陆交汇的海岸线为海防屏障，为大多数人所接受。乾隆年间，英国使者马嘎尔尼访华，期望与中国商议通商事宜。此时，清帝国对工业革命之后的西方国家知之甚少，但却明显感受到来自西方文明冲击带来的压力。嘉庆年间，清王朝内部矛盾凸显，农民起义和边疆危机使得士人阶层开始重新考虑王朝国家的命运。与此同时，在重陆轻海观念的影响下，士人阶层虽有意经世致用，但却对西方海上来犯的认识有限，海防思想仍然按照以往防御海盗的思路来考虑。《江海扼隘图》从缉盗的角度，表达了对长江口海防应更进一步的观点。从图上显示，高培源认为海防是江防的屏障，海防的起点不应该是海岸线，而是海上航路途经岛屿。将海上航路途经的岛屿纳入海防体系，显示清帝国对长江口外海域具有实际控制权。这与近代以来，海防战略中的“制海权”如出一辙。嘉庆年间，士人阶层基于缉盗而设置的海防体系，已经具有了初步的海疆防御意识。在海上岛屿之内，沿海岸线驻防构成海防的第二重屏障。

《江海扼隘图》准确画出近海溧泗列岛的位置，并认为应该控制海上岛屿有利于海防。其一，控制近海航路，可防止海盗在岛上聚集。其二，可作为海岸线防御的应援部队。其三，大小岛屿皆驻防，形成护卫江浙沿海的第一重屏障。近代以来，魏源的海防思想深刻影响到清朝的主政者。魏源在《海国图志》曾批判“御诸内河不若御诸海口，御诸海口不若御诸外洋”[2]的看法，究其原因，是清军战船落后，不适应外洋海战的缘由。因此，魏源主张重兵以守孤悬之岛，不

1 [清]严如熤：《洋防辑要序》，《魏源全集·皇朝经世文编》卷83《兵政十四·海防上》，岳麓书社，2011年，第523页。

2 [清]魏源：《魏源全集·海国图志》卷1《筹海篇一·议守上》，岳麓书社，2011年，第1页。

得地利[1]。魏源与高培源二人，主张守海口和守岛屿的观点差异，与海防防御对象不同有关。受时局观念限制，高培源的海防观点，适用于防御海盗对沿海陆地的侵扰，并未考虑列强新式战舰入侵的情形。传统筹海思想影响下，高培源将海防第一重屏障扩展到近海岛屿，是较为先进的海防思想，也有初步的海权和海疆防御意识。相比之下，魏源亲历鸦片战争，更了解列强战舰在海战中的优势，遂以守海口、阻江湾为海防策略，削弱敌船优势。但仅就海防思想的发展进程来看，确实具有明显的滞后性。其实，在嘉庆朝之前，江南海防以缉盗为目的的情况下，很多人都持与高培源相似的观点。乾隆年间郭起元所作《吴中江海形势说》、明嘉靖年间郑若曾所作《筹海图编》等，都表达了完善海外守备的观点。从这些观点可以看出，明清时期，传统王朝国家对近海海域早已具有实际控制权。

《江海扼隘图》在岛屿布设守备的思路，集中在大羊山和小羊山两处。大小羊山在长江口以东的近海上。大小羊山以东，有陈钱山作为航船由海上入长江口的地标。过陈钱山向西，就是大小羊山为主的岛屿群。高培源在《小羊山记》中引《筹海重编》的观点，认为“洋山乃苏松御寇海道之上游也”，此地“山形如圈，中有十八嶴，如一大湖，可藏数百艘”，且羊山与长江口的航海距离适宜，正是近海岛屿屯兵驻防的最佳地点，所以得出了“古来言守御海上者，莫能舍此而他求”[2]的结论。同样，《大羊山记》引用《两浙海防类考》的观点，再次强调大小羊山所处地理位置的重要性：“此地不守，则马迹可以结巢，而徐公上下皆为寇薮。不惟许山有唇齿之虑，而声息不通，应援阻绝，衢洋当一面之冲，浙西失藩蔽之固矣。”[3]显然，大小羊山的驻守不仅有缉盗的作用，还可以连通周边诸岛，成为沿海陆上防御的屏障。

[1] [清]魏源：《魏源全集·海国图志》卷1《筹海篇一·议守上》，岳麓书社，2011年，第4页。

[2] [清]高培源：《江海扼隘图·小羊山记》，国家图书馆藏。

[3] [清]高培源：《江海扼隘图·大羊山记》，国家图书馆藏。

最终，高培源得出大小羊山之于江浙一带海防的意义是“不惟苏松之门户，亦钱塘南北之锁钥”，一语切中要害。

高培源绘制《江海扼隘图》时，将长江口的海防守备扩展到近海诸岛的意识，反映了嘉庆年间，清廷对东海海疆的实际控制权，同时，增加近海岛链防御体系的建设，是较为先进的海疆防御思想。

（三）海运

除江防海防之外，《江海扼隘图》还表现出高培源对海运路线的考察结果。开海与禁海的争论，在高培源心中已经有了答案。元代开海运，江南各地漕粮汇集刘河口，经崇明三沙，由海门廖角嘴转而北行。明代隆庆年间试行海运，因沙洲扩大，已无法采用元代海运方案，于是“或欲以江北诸郡漕出淮口，常、镇漕出丹徒之月城，苏州漕出福山，松、太漕出刘河”[1]。明代的海运方案，仅江北漕粮出淮河口北上，其他各处漕粮仍需经长江水道出海北行。长江口出海航路因河口沙洲不断变化。至清嘉庆年间，随着崇明岛面积扩大和长江口北岸浅沙遍布，再次筹议海运早已以无法采用元明海运故道。原有从廖角嘴北上的航路，因廖角嘴至淮河入海口一段，早已沙洲暗滩遍布，不便通航。

高培源在两次考察长江口江海形势之后，认为刘河口处泥沙淤积，已无法承载商舶大船出行。如果仍采用刘河口为海运起点，漕粮难以汇聚，海运能力极为有限，且出海即是崇明沙洲，无法直达廖角嘴北行。从康熙年间开禁至嘉庆年间，大量江浙商船出海，都经吴淞口，抵达上海县。在上海县，吴淞江汇入黄浦江，沿江上溯，河道畅通。《江海扼隘图》时，刻意描绘长江口南岸的吴淞口、刘河口水道，其实是为筹划海运航道做准备。图上清晰标绘刘河由昆山县新阳县，经过太仓州镇洋县，汇入长江的河道情形。其中，镇

1 [清]高培源：《海运论·江南海运》，《魏源全集·皇朝经世文编》卷48《户政二十三·漕运下》，岳麓书社，2011年，第585页。

洋县至刘河口段，还画出了已经淤积废除的故道与当时商船行驶的河道。吴淞口及黄浦江、吴淞江河道是图上标绘最详细的河道。从图上看，黄浦江从松江府一路北上，在上海县东侧陆家嘴，吴淞江由西侧汇入黄浦江。两江汇流处在图上刻意标注。黄浦江北流至吴淞口，河道宽阔，有利于商船航行。以吴淞口为筹议海运的起点，可以汇集黄浦江和吴淞江流经地区的漕粮。松江府、苏州府等地漕粮，尽归于此。

漕粮在吴淞口装船，途经崇明十滧，等候放洋风向。之后，航船向东航行，在蛇山转而向北，进入黑水洋。这样的海运航路，与元明航路相比，少有浅沙暗礁干扰。《江海扼隘图》非常详细地标绘了吴淞口、崇明十滧和蛇山的位置，但并未标注与航路有关的说明。反倒是着重标注从陈钱山进入长江口的航路信息。陈钱山、尽山为商船进入长江口的门户，过陈钱山，经马迹山、徐公山，可达大小羊山港口，最终抵达乍浦港、长江口等地。陈钱山至乍浦港的海上航路，是江浙商船东行放洋的旧有航线。由此可知，高培源在绘制《江海扼隘图》时，更注重如实记录考察过的已有商船航海路线。

《江海扼隘图》对漕粮海运路线的考察，距离元明海运已经相距数百年。此时，虽有海盗困扰，但清朝还是拥有对本国东部海域的绝对控制权。元明时期的海运历史，为清中晚期筹议海运提供参考。同时，嘉庆年间两次议行海运面临的社会背景，又与元明时期大不相同。漕河阻滞只是试行海运的一个原因，更深层次的原因在于社会变革，士人阶层经世致用的想法愈发强烈。在传统筹海观念中，寻找化解社会危机的办法，客观上促使清廷对海疆的关注。

综上，江防海防要塞及各营驻防布局是地图首先要表现的内容。江防海防以缉盗为中心，要塞布防主次清晰。长江口南岸沿海防御兵力最为集中，其次是崇明岛和长江口南岸沿江区域，再次是长江口北岸沿江驻防，最后是长江口外近海诸岛的驻防。在表现要塞驻防的同时，长江口的出海航路是作者希望表现的内容。长江口北岸的沙洲、南岸的港口河道以及近海诸岛的绘制，都是筹议海运航路的地理基础。

四、小结

《江海扼隘图》是传统文人在面对清帝国出现潜在危机的情况下，对长江口做出积极筹备防御的海防地图。与传统海防图不同，这幅地图反映出近代前夜，中下层文人对国家前途命运产生的忧患意识。

（一）士人阶层海疆观念的转变

《江海扼隘图》用简单的线条、详细的文字标注和大篇幅的图说展示的长江口江海交汇的地理形势，与当时官方彩绘地图的风格差异明显。同时，高培源参与地方志的修纂，受到官修志书的影响，所以《江海扼隘图》又与方志舆图有一定的相似性。此图的绘图目的是为主政者提供参考，但高培源以贡生身份绘图收藏，显示了地图的私人属性。从地图本身来看，大量的成篇图说是对地理形势的客观记述，也是表达画者个人观点的出口。如果是官绘本地图，表达个人思想的说明不会占据如此庞大的篇幅。地图以“扼隘”为主题，但海域占据幅面的三分之二。加重近海描绘的比重，明显反映了高培源的个人倾向。最能反映《江海扼隘图》私人属性的是图上题写的十八篇士人跋文。这些跋文是高培源在各种场合展图观览，由亲朋好友题写而成，反映题写者观图的心情感触、绘图见闻，颇有文人志趣，充满私人意志。《江海扼隘图》的士人题跋，同时反映了近代前夜，士人群体对海疆问题的迫切关注。

这些题写跋文的士人依次是陈廷庆、王蔚宗、程师羲、钮沅、王昶等人。这些官宦士人既有高培源的恩师挚友，也有姻亲后学。士人跋文多从地图引申到高培源的筹海思想，夸赞他的海防考察，抑或赞扬他的海运筹议。称赞高培源的跋文，以恩师王昶题写为代表。王昶为《江海扼隘图》写跋文时已八十高龄，还记述《江海扼隘图》的创作经过。高培源与王昶是青浦同乡。乾隆五十九年（1794），王昶辞官回乡，在书院讲学。高培源作为后学师从王昶。王昶对高培源的评价与莫晋的评价相似，认为“有经世才，好读古书”。也正是因为高培源既喜好读古书，又关心时政，有治理世事的才能，才会针对嘉庆年间海防与海运发表独到见解。《江海扼隘图》是高培源绘制的第二幅江海形势地图。嘉庆十年（1805），王昶撰写跋文记载，高培源曾将名为《江浉海山图》的地图展示给恩师。绘制这幅地图图时，高培源还曾参照茅元仪和郑若曾的相关图文资料，对所绘地理形势进行考证。王昶对高培源赞不绝口，将他举荐给时任两江总督的铁保，以学报国，这才有了高培源参与地方政务的机会。在两次考察长江口之后，高培源重新绘制《江海扼隘图》，作为自己撰写《江苏海防小志》的索引，一并呈给恩师。王昶认为此图比原图更加详细，因此对高培源寄予厚望。通过王昶跋文记载可以看出，当时士人阶层对海疆主权意识的关注，希望通过梳理传统筹海思想和实地考察海路，提出适应清帝国转型阶段的海疆主张。《江海扼隘图》是高培源为主政者提供参政建议的文本，地图的官方性和私人性兼具。地图将“扼隘”为主题，以江防海防为重点，与《江苏海防小志》相配，具有图文互说的意义。

《江海扼隘图》的跋文，题写时间从嘉庆十年（1805）至道光七年（1827）之间。而现在所见《江海扼隘图》绘成于嘉庆十四年（1809）。由此推测，在现在所见《江海扼隘图》之前，应该另有此图的初绘本。这幅初绘本是王昶曾经观览的《江海扼隘图》，也就是高培源在总说中提到的“旧图幅窄，未能补缀”的那一幅。嘉庆十四年（1809）十月，当重绘《江海扼隘图》完成后，画者将初绘本的跋文誊录在重绘本上，于是才有了流传至今的十八篇跋文。

（二）传统海防图向近代海疆图的过渡

《江海扼隘图》保持了传统地图上南下北的图向，但却与传统海防图将陆地画成一线，图向随海岸线的变化而变化的视角完全不同。传统海防图采用陆地在下、海洋在上的视角，以地图下方为观图者所在位置。这样的视角，正好是从陆上看海洋所见到的场景。传统海防图画法的优势就是观图者可以以防守者的视角，观察海陆形势。但这种画法，存在特定地点方向判断可能出现偏差、海陆之间众多岛屿与陆地的相对位置和相对距离出现偏移等情况。《江海扼隘图》打破传统海防图的画法，将长江口及近海诸岛之间的海陆形势真实地描绘出来。这种画法，放弃了观图者观察海域的第一视角，却可以非常轻松地判断出海上诸岛与陆地之间的相对位置。这对于判断海防整体布局、海上来犯航路和出海航路都更加直观。从传统海防图到《江海扼隘图》，绘图者的海防思想正在悄然改变。传统海防图展现的以海岸线为海防屏障的思想，转变为近海海陆岛屿整体配合的海防思想。由陆到海，海权意识和清廷对海疆的管理意识，在海防图的画法转变中逐渐凸显。

《江海扼隘图》的画法，与现代地图的画法类似，示意性强，仅在海面和岛屿采用形象画法。传统海防图的形象画法正逐渐被简化的地图符号和线条取代。明末清初，西方制图技术早已影响到中国传统地图的绘制，但对海防图的画法影响并不明显。《江海扼隘图》展现了传统海防图向近代海图绘制过渡的中间状态。这种过渡状态，可以看出海疆的重视程度在提升。此外，《江海扼隘图》用三分之二的幅面来描绘海域和近海诸岛，真实展现了海上诸岛与海岸线之间的相对位置关系。与传统海防图相比，近海海疆作为地图绘制的重点，也说明嘉庆年间，士人阶层关注海疆，试图立足近海岛屿构建海防体系。具有主权意识的海疆观念已经开始萌芽。

（三）传统筹海思想向近代海防思想的过渡

近代以来，传统中国在变革与自省中走向现代的历史过程，引起学术界的广泛讨论。费正清（John King Fairbank）用“冲击—回应”模式来解释近代中国社会的变化发展[1]。这一模式认为中国近代以来的变革是一个被动的“回应”过程，忽视了中国社会发展的内在规律和自省过程。其实，在近代西方列强进入中国之前，清朝已经开始了由传统王朝帝国向近代主权国家演进的进程。这一演进进程，是“天下子民”对清朝现有制度有意识地主动改革的过程。

在康雍乾时期，已经出现了王朝帝国向主权国家演进的思想萌芽[2]。由于在传统观念中，海疆的地位远不及陆疆，所以，清王朝海疆主权意识的萌芽，晚于其他制度的改革。嘉庆年间，清帝国面临的社会危机已经显现。闭关锁国的清帝国开始谋求转型。在漕运举步维艰和列强环伺的背景下，士人阶层开始有意识地重视清帝国疆域之内的防御重点。在海防与海运思想的激烈碰撞下，具有主权意识的海疆观念开始形成。嘉庆年间绘制的《江海扼隘图》，反映了士人阶层在传统筹海思想中汲取营养，并在传统筹海思想的基础上，根据时代环境变化，自觉主动地思考海防、海运及海疆问题的思想转变。以高培源为代表的江南士人，以敏锐的眼光，

1 [美]费正清著，张沛译：《中国：传统与变迁》，北京世界知识出版社，2002年。

2 任昳霏：《冰嬉盛典与前近代民族主义思潮的萌芽》，待刊。

感受到时代变化带来的海疆观念的变化。因此,《江海扼隘图》反映出来的早期海疆主权意识，是近代海疆主权观念形成的萌芽阶段，也是传统王朝帝国向近代主权国家转型的过渡状态。嘉庆年间，具有初步主权思想的海疆观念，在传统筹海思想中酝酿、萌芽，逐渐成为近代海疆观念形成的思想基础。

《大沽沿海至山海关图》与同光年间的直隶海防

一、《大沽沿海至山海关图》的版本及内容

国家图书馆馆藏《大沽沿海至山海关图》一幅，经折装，清光绪七年（1881）彩绘本，幅面一字展开，横向长177厘米，纵向宽19厘米。此图采用传统形象画法，绘制光绪年间直隶省辖境内，大沽口至山海关一段的海陆形势。图上，漫长的海岸线、诸河入海口、沿海城池村落、营盘炮台、陆上道路及近海浅滩等地理要素均一一标绘，是晚清时期直隶沿海形势地图的代表。地图首页下贴题签，一面上书图题“大沽沿海至山海关图”，另一面题写地图来源“叶署卿军门赠”。

按照晚清筹措南北洋水师的辖境划分[1]，直隶省海域分属北洋大臣的防务范围。直隶沿海辖境南起直隶与山东交界的天津府盐山县，经沧州、天津县，进入顺天府宁河县、遵化州丰润县，再到永平府滦州、乐亭县、昌黎县、抚宁县、临榆县，北端直抵山海关直隶与盛京两省交界。其中，大沽口至山海关一段，因靠近京畿，事关国本，成为清政府沿海防御的重点。直隶沿海与渤海海峡相对，山东、盛京两省海防体系呈犄角之势，守卫由渤海进入内河的海上通道。《中国海口图说》对此地的形势的描述“上据山海关岛，下扼威海卫营，右襟旅顺，左带烟

[1] 赵尔巽撰：《清史稿》卷136《志一百十一·兵七·海军》，中华书局，1977年，第4033页。

台”[1]。十分清晰地反映了直隶沿海的地理位置和海防格局。大沽口至山海关一段，海岸线并不曲折，但近海处沙洲、暗滩众多，常致行船搁浅，不易通过。所以此段海防，主要镇守浅滩之间的行船通道，即可掌控大局。此处沿海陆地是视野开阔的平原地带。发源于太行山和燕山山脉的众多河流，由西北山地，流向东南入海。在近海陆地上，形成了诸多可以入海的水路通道。这些河流入海口遍布在大沽口至山海关漫长的海岸线上，既是海陆沟通的交通要道，又是直隶海防的重点区域。

1 [清]卫杰：《中国海口图说·直津海口形势论》，光绪年间彩绘本，国家图书馆藏。

《大沽沿海至山海关图》画面，陆地在上，海洋在下。地图图向并不固定，而是随着海岸线的走势而变化。大体上，由北向南展示大沽口以北的直隶海陆形势。图上白色表示陆地，绿色代表海洋和河流。画者视角好似从海上归来的航船，在近海船只上远望陆地所看到的场景。一般认为传统沿海地图，如果陆地在下，海洋在上，画者视角以陆地看海洋，是海防图的画法。相反，海洋在下，陆地在上，画者视角由海洋看陆地，则是航海图的画法。因此，《大沽沿海至山海关图》从地图分类来看，应该属于展示沿海形势的航海地图。地图之上，海洋部分主要绘制海岸线走势、海口位置、近海浅滩，并标注各海口、岛屿之间的距离，及各海口海水长潮、落潮时的水势情况。陆地部分是整个幅面的主体，主要绘制近海城池村落、山脉河流、军事设施、道路桥梁，其中，山海关、大沽口和北塘三处绘制较为详细。特别是山海关区域，长城、战壕与营汛都标绘清晰。相比海洋部分，所有陆上要素均没有标注详细的文字说明。与清代晚期其他直隶沿海图相比，这幅沿海图的画法比较简单，所绘各类地理要素的示意性明显。虽然陆地占据地图大部分幅面，但对海防军事设施关注较少，也没有刻意画出州县分界、防区分界等信息，却更重视海上航海路线相关信息的呈现和内河河道走向的画法。显然，这幅地图的水路指示功能要强于防御指示功能，符合航海图的特征。

二、地图来源与同光年间的直隶海防背景

《大沽沿海至山海关图》题签题写“叶署卿军门赠”的字样，提供了这幅地图来源的重要线索。“叶署卿军门”即叶志超。叶志超，字曙青，光绪元年（1875）署理正定镇总兵印务，率领新式练军驻守天津府新城，拱卫直隶海防。后来，调用防御山海关，因李鸿章推荐，实授正定镇总兵[1]。光绪十五年（1889），升直隶提督。军门是对叶志超的尊称。叶志超管理大沽口至山海关防务的历史，并不被人熟知。但在甲午战争中，时任直隶提督的叶志超，在朝鲜战场弃城而逃的历史却令人记忆犹新。在甲午战争之前，叶志超是淮军系统战功卓越的将领，曾在直隶海防事务中，负责最关键地点的防务。既然此图是叶志超所赠，叶志超又曾在天津府和山海关两地管理沿海防务，对大沽口至山海关一段海陆形势应该比较了解。此图很可能是他任职正定镇总兵期间，派人实地考察并绘图，或为亲自考察绘就。考虑到此人的武将身份，推测此图由叶志超领导督绘更为合适。赠予人特殊的将官背景赋予了地图特定的官方色彩。同时，此图可以转赠他人，还代表此图的私人属性。也就是说，这幅地图不是官绘本，绘图也不是为了呈送上级，而是作为私人收藏，供人随时便览。《大沽沿海至山海关图》的简单画法和示意功能略显随意，且不重视政区防区划界的特征，符合地图的私人属性。

此图虽以海上视角观览海陆形势，却摆脱不了晚清直隶海防思想的影响。直隶沿海地图的绘图历史与直隶海防建设

[1] 赵尔巽撰：《清史稿》卷462《列传二百四十九·叶志超》，中华书局，1977年，第12729—12730页。

的历史密不可分。直隶沿海军事防御体系建立始于元朝。中统元年（1260），元朝下诏在沧州海口达鲁花赤塔剌海麾下增设水军一百人[1]。此时，沿海防御体系的建设与漕粮北运的海运路线息息相关，并没有将水军集中在大沽口一带。现存最早刊刻的沿海地图是《海道经》中的《海道指南图》。清人认为此图是元代人所绘[2]。这幅描绘了龙江至直沽海岸线的地图，实际上是海运使用的针路图。明代，随着明成祖迁都北京，直隶海防的地位明显提升。又因明代沿海倭寇的频繁盗扰，所以蓟、辽两省，则在大沽海口宿重兵，领副总兵，而以密云、永平两游击为应援[3]。从明朝开始，由大沽口入内河北上京师的水路，就是直隶海防重兵把守的要道，并在山海关至大沽口沿海，以及京师北侧山区增设游击，作为海防力量的补充。也正因为如此，明代沿海地图中出现了一批以陆上视角看海洋的海防地图。清初水师设立，有内河和外海的区分。沿海各省外海水师职责以防守海口、缉捕海盗为主，与内河兵制并无本质区别[4]。雍正三年（1725），以满洲兵丁未习水战，增设天津水师营，以满洲、蒙古兵二千人隶之[5]。乾隆、嘉庆年间，天津水师营曾经过两次扩大，后又裁撤的过程[6]。近代以来，列强从海上入侵中国，清政府的海防压力陡增。直隶沿海作为海防的重中之重，需要格外加强。咸丰八年（1858），以海疆多警为由，增设海口六营，水师三千人[7]。此时正值第二次鸦片战争期间，英法联军的军舰直抵大沽口，直隶海防属于临时被动改制。随着海防压力的增加，清朝加重对沿海地区的关注，反映海陆形势的沿海地图也逐渐增多。以鸦片战争为界，清代前期的沿海地图以展示海疆形势为主，以《乾隆五十五年七省沿海图》为代表。近代以来，沿海地图中，以明晰陆上海防形势的海防地图明显增多。同时，在这一时期的海疆图和航海图中，有关海防军事

1 [明]宋濂等撰：《元史》卷98《志第四十六·兵一》，中华书局，1976年，第2510页。

2 [清]永瑢等撰：《四库全书总目》卷75《地理类存目四》，中华书局，1965年。《海道经》一卷，户部尚书王际华家藏本，不著撰人名氏。纪海运道里之数，自南京历刘家港开洋，抵直沽，及闽、浙来往海道。……考海运惟元代有之，则亦元人书也。后有《海道指南图》，乃龙江至直沽针路。

3 [清]张廷玉等撰：《明史》卷91《志第六十七·兵三·海防》，中华书局，1974年，第2247页。

4 赵尔巽撰：《清史稿》卷135《志一百十·兵六·水师》，中华书局，1977年，第3981页。

5 赵尔巽撰：《清史稿》卷135《志一百十·兵六·水师》，中华书局，1977年，第3982页。

6 赵尔巽撰：《清史稿》卷135《志一百十·兵六·水师》，中华书局，1977年，第4001页。

7 赵尔巽撰：《清史稿》卷135《志一百十·兵六·水师》，中华书局，1977年，第4001页。

设施的标绘也逐渐增多。《大沽沿海至山海关图》就是晚清传统沿海地图的代表。赠图者叶志超，亲历了光绪年间直隶海防建设的重要阶段。

第二次鸦片战争中，列强军舰一路北上，经大沽口直抵京师，给清政府留下了沉痛的记忆。增建属于大清的海军力量，加强沿海地带，特别是从海口进入内河的防务，必须引起清廷足够的重视。同治元年（1862），叶志超是李鸿章初创淮军中的低级军官，在淮军平捻的战争中立下战功，深得李鸿章赏识。同治八年（1869），李鸿章上疏奏请增加天津水师营制，设大沽协副将，驻新城海口，防守炮台[1]。一心经营直隶沿海防务的李鸿章，又在同治九年（1870）处理天津教案，增调淮军练勇驻防京畿重地。同年，李鸿章调任直隶总督，兼北洋通商大臣。同光年间，清廷曾就筹建海防和加强塞防之间展开过一次大讨论。李鸿章是坚定的海防论者，并对此上疏《筹议海防折》。此处讨论以清廷折中处理方式告终。主张海防的李鸿章和沈葆桢分别督办北洋、南洋海防事务，主张塞防的左宗棠督办新疆军务。这样的防务划分，坚定了李鸿章加强北洋海防，创建北洋水师的决心。在壮大北洋海防的过程中，与军事有关的工作骤然增加。随着李鸿章在直隶沿海职责的扩大，需要从旧部中提拔可用之人，负责直隶军事防务。叶志超作为淮军早年旧将，于光绪元年（1875）提升为直隶省署理正定镇总兵印务，并率领淮军练勇驻守天津新城，作为大沽口的海防保障。同年，李鸿章于大沽、北塘等处，增建炮台，购置欧洲铁甲快船、碰船、水雷船，以海军将领统之，不隶旧制协标之内[2]。淮军旧部在直隶海防中的比重越来越高，李鸿章依仗旧部驻防沿海重镇，把守沿海陆上交通要道，并负责守卫炮台。新式海军建设同期进行。光绪七年（1881），李鸿章在大沽口建船坞[3]，造海军

1 赵尔巽撰：《清史稿》卷135《志一百十·兵六·水师》，中华书局，1977年，第4001页。
2 赵尔巽撰：《清史稿》卷135《志一百十·兵六·水师》，中华书局，1977年，第4001页。
3 赵尔巽撰：《清史稿》卷136《志一百十一·兵七·海军》，中华书局，1977年，第4035页。

战船。此时，叶志超已实授总兵职位，带兵驻防山海关。

《大沽沿海至山海关图》就是在这样的历史背景之下，由负责山海关防务的叶志超督绘完成。这幅地图真实地反映了同光中兴期间，直隶沿海大沽口至山海关一段的海陆形势，特别是李鸿章加强北洋海防之后的近海通道和陆上营汛变化。

三、《大沽沿海至山海关图》与同光中兴直隶沿海形势

《大沽沿海至山海关图》由北向南展现直隶沿海形势。本文从水路通道和陆上防御两个方面来梳理一下大沽口至山海关一线的海陆形势。

（一）山海关区域的海陆形势

地图北起盛京辖境的金丝河，南到大沽口南岸炮台。其中，光绪年间，从金丝河至金山嘴沿线属于正定五营练军防御。山海关一带，处于华北与东北滨海走廊的咽喉位置，从隋唐开始就是军事重地。明初，因此地通道狭窄，西倚险峻高山，东临千里海疆，易守难攻，遂建山海关，与燕山古北口明长城相连。清军南下，经滨海通道入主中原。清代主政者对山海关的军事防御极为重视。顺治年间，八旗畿辅驻防兵在山海关驻防。康熙十四年（1675），八旗兵制定制，山海关总管一人，防御八人，满、蒙、汉兵七百有奇[1]。顺治元年（1644），绿营直隶官兵设山海关镇总兵官及镇标、守备、游击等[2]。山海路营归属通永镇总兵统辖[3]。顺治十三年（1656），另增设绿营南海口营，由天津水师管辖。同光年间，驻守山海关的绿营旧制处于衰减阶段，但尚未裁撤。同治二年（1863），直隶练军成立，依据湘军规制分地巡防[4]。同光年间，李鸿章调淮军旧部与原有直隶练军组成在直隶沿海各地驻防

1 赵尔巽撰：《清史稿》卷130《志一百五·兵一·八旗》，中华书局，1977年，第3864页。

2 赵尔巽撰：《清史稿》卷131《志一百六·兵二·绿营》，中华书局，1977年，第3892页。

3 赵尔巽撰：《清史稿》卷131《志一百六·兵二·绿营》，中华书局，1977年，第3908页。

4 赵尔巽撰：《清史稿》卷132《志一百七·兵三·防军陆军》，中华书局，1977年，第3932页。

的海防军队。驻防直隶山海关的正定练军五营被称为榆防，由正定镇总兵叶志超统领，主要负责山海关一带的沿海陆上防务。从山海关一带的军事防务演变来看，前期是八旗和绿营相结合兵制组合。同光年间，随着八旗和绿营的衰退，此地形成旧有绿营、新式练军与北洋水师相结合的海陆防御体系。其中，沿海陆上驻防主体是新式练军，主要职责是驻守海岸沿线的海口、炮台，防御敌军登陆。

先看水路通道。从地图上看，山海关至金山嘴一段，没有浅沙暗滩，海上航行船只可近岸停靠。沿岸有大小河流入海口三处。最北侧是流经山海关城的大石河和小石河河口，向南是秦皇岛大岛海口，再向南是汤河口。此段海口、海湾可近海停船处，均有文字说明，记录停船港口位置，潮水起落水深，便于航船判断是否可以停靠。文字标注如下：

> 大石河口，长潮水宽三丈，水深四五尺，落潮水宽二尺，水深一二尺。
>
> 小石河口至大石河口二里，小石河口长潮水宽五丈，水深六七尺，落潮水宽四丈，水深二三尺。
>
> 秦王岛山上，地方圆三四尺。大岛口水深一丈五六尺。秦王岛至小石河口二十五里。
>
> 戴家河至汤河口三十里。汤河至秦王岛八里。海口长潮水宽二丈五尺，水深五尺，落潮水宽一丈五尺，水深三尺。
>
> 金山嘴石山一座，山宽二里，长十里。山北有海湾一道，长潮水深一丈，落潮水深六尺。

通过这些文字标注可知，此段四处海口及金山嘴北侧海港皆适合航船近陆停泊。但由于海港的宽度和深度十分有限，所以停靠船只的吨位有限，多为民船使用。同时，由海口入内河的河道，也不适宜船只通航。因此，海陆之间，水路沟通能力受限。但在《临榆县志》曾有“石河口、汤河口皆可通船，向由奉省运粮接济民食”[1]的记载可知，石河口和汤河口的海陆水道曾经畅通，有民船运粮补充供给。山海关外，姚家山两侧及仔毛湾北另有三处海口。因这三处海口地处盛京辖域，图上并未标注近岸航路及潮水起落情形。

再看陆上防御。海口和海湾既是船只停泊的地点，也是陆上防御的重点。明代，曾在老龙头、秦皇岛、白塔岭汤河口设海防三营，官兵三千名[2]。据《临榆县志》记载：“国朝顺治十三年，设南海口营，隶天津水师镇本口防汛守，凡老龙头、南海口、秦皇岛、白塔岭，共四处。”[3]显然，清初立国，山海关沿海就在宁海城、大小石河口、秦皇岛海口和汤河口附近选址，驻扎汛守。同光年间，山海关一带的边防和海防形势并未有本质改变，不同的是，加强了海防军备的营建。地图之上，以山海关为主体的边防城关，是陆上防御的绝对主体。边墙横亘在山海之间的孔道上，临榆县城依山海关边墙而建，四面有城门，城门外各筑瓮城。临榆县城周围引大小石河的护城河，以及城池西侧开挖的城壕，是此处城池的第一道防线。山海关南侧边墙直抵老龙头宁海城，北侧边墙延伸进入燕山。南北边墙各有水门一处，翼城一座。长城入海处另筑宁海城，用于海防。宁海城与大石河之间，开挖战壕，组成抵御海上威胁的陆上第二道防线。山海关外东二里，另筑威远城为关外前哨，用于边防。威远城东，原有旧边墙位置也一并画出，成为抵御陆上威胁的防线。这样的城池边墙设计，显然是为了抵御来自东方陆上和南方海上的威胁。图上还画出山海关防区的海防建设情况。从图上看，宁海城至大河口一线的海岸线与战壕之间，是海防军队驻扎的中心。其他驻防地点分布在海口向内陆延伸的河道两旁，基本处于沟通华北与东北的大通道上。

1 [清]高锡畴修：《光绪重修临榆县志》卷14《海运》，光绪四年刻本。

2 [清]游智开修，史梦兰纂：《中国地方志集成·河北府县志辑19·永平府志（二）》卷44《海防》，上海书店出版社、巴蜀书社、江苏古籍出版社，第176页。

3 [清]高锡畴修：《光绪重修临榆县志》卷14《海防》，光绪四年刻本。

《大沽沿海至山海关图》绘制于光绪七年（1881）。此时，正定镇总兵叶志超率正定练军马步四营，在宁海城驻守。所以，此图对宁海城附近的绘制格外详细。图上不但画出了宁海城和瓮城样式，还画出了澄海楼、龙王庙等著名景点。老龙头至大河口之间的几处炮台位置标绘清晰。这些炮台是叶志超统领练军修筑的海防设施。宁海城区域是山海关至金山嘴沿海中，海水最深的区域，适合较大的官船和兵轮靠近停泊。这也是加强此处兵备的重要原因。宁海城炮台沿海修筑，实为兵船登陆的首道防线，同时还是守卫山海关城的第三道防线。光绪十年（1884），时任直隶总督的李鸿章在筹建直隶海防体系之后，曾向光绪皇帝上《遵筹战备情形疏》，说明直隶海防的总体部署[1]。山海关段海防，李鸿章极为看重。在委派旧将叶志超驻守宁海城的同时，李鸿章担心兵力单薄，不足以抵御列强军舰的重炮，遂增派甘肃提督曹克忠统带津胜六营，补充榆防。曹克忠部分别驻防山海关内外威远城、崔家台等道路沿线，实则是宁海城守军的应援军队。

（二）金山嘴至涧河口区域的海陆形势

金山嘴至涧河口一段海岸线政区分属抚宁县、昌黎县、乐亭县、滦州、丰润县辖境。沟通东北与华北的大通道沿海岸线走势一路南下。明代，在沿海设海防官兵驻防金山嘴至小滦河、内牛崖赤洋海口等处。清初，此段沿海由绿营驻防，归属直隶通永镇总兵山永协管辖[2]，包括蒲河营、乐亭营、丰顺营、玉田营。同光年间，此地沿海防务同样由新式练军介入，与旧有绿营共同负责海防。

金山嘴至涧河口一段沿海，海口众多，浅沙暗滩也逐渐增多。由北向南，河流入海口有戴家河口、洋河口、蒲河口、甜水湾、狼窝口、老米沟、泉水沟、清河口、刘家河

1 [清]李鸿章：《遵筹战备情形疏》，《台湾文献史料丛刊第四辑（70）·道咸同光四朝奏议选辑》，台湾大通书局，1984年。

2 赵尔巽撰：《清史稿》卷131《志一百六·兵二·绿营》，中华书局，1977年，第3908页。

口、蚕沙口、涧河口。其中，金山嘴至洋河口段，近海航路与金山嘴至宁海城段相似，少有浅沙暗滩。洋河口至清河口段，浅滩暗滩逐渐增加，航船近海靠岸必须选择固定的路线，以免搁浅。清河口至涧河口段，浅滩众多，航船几乎不能近岸。各处海口文字说明如下：

洋河口至戴家河口五里。戴家河海口长潮水宽十八丈，水深三尺，落潮水宽十五丈，水深一尺。

洋河口长潮水宽二十丈，水深八尺，落潮水宽十丈，水深四尺。外由拦江沙一道，至海口一里。

蒲河海口长潮水宽十六丈，水深四尺，落潮水宽七尺，水深二尺。距汛三里，至洋河口三十里。

甜水河口长潮水宽三十五丈，水深七尺，落潮水宽二十五丈，水深三尺五寸。河水长发，水深无量，上源滦河，下哨至甜沟。至浦（蒲）河口六十里。

浪窝口至老母（米）沟八里，浪窝淤塞。

老米沟海口长潮水宽三十丈，水深五尺，落潮水宽十三丈，水深三尺。老母（米）沟至甜水沟五十里。

臭水沟至老母（米）沟十二里。臭水沟海口长潮水宽十丈，水深七尺，落潮水宽三丈五尺，水深三尺。

清河海口长潮水宽十丈，水深七尺，落潮水宽三丈五尺。清河口至臭水沟五十里。

刘家河口长潮水宽八丈，水深四尺，落潮淤泥滩，行船水沟宽六尺，水深一尺。外有拦江沙一道，距口十五里。刘家河至马头营三十里。

北塘至涧河一百里。涧河海口长潮水宽十三丈，水深九尺，落潮水宽八丈，水深五尺。涧河至黑铅子河十二里。

从文字标注来看，同光年间，金山嘴至涧河口一段的九处河道入海口，水宽、水深与海口积沙情况差别较大。处于两端的戴家河口与涧河口，几乎无法泊船。戴家河口在明朝曾作为海运漕粮的屯粮口岸，旧志记载，在海口不远处还有浅沙一道，影响航路[1]。至同光年间，此海口已淤塞，航运退减。涧河口外两侧各有浅沙一道，导致航运有限。浪窝口、老米沟、臭水沟和清河口四处，航船可近岸停泊，但内河河段仍然无法通航。这四处海口都是滦河故道入海口。图上，老米沟、臭水沟和清河口三处，在海口不远处均有浅沙。近海停泊必须绕过浅沙，停船处多离岸十里以上，通航受限。洋河口、蒲河口、甜水沟和刘家河口四处海口，航船既可近岸停泊，又可入内河航行。但进入内河航道，需要等涨潮时才能实现。洋河口，平时河水太浅，涨潮时，海船可乘潮入口[2]。蒲河口多泊海船[3]，下口为浮沙所淤，商船收口甚艰[4]。甜水沟，本不能行舟，自滦水东合入海河槽遂广，而商船亦即由此进口。然清流迅急，大船俱泊太平湾[5]。刘家河口是滦河下游清河与泝河汇流后的入海口。光绪《永平府志》记载，刘家河口在涨潮时，百石之舟可入河道。二百石以上，须用小舟拨运[6]。显然，四处具有内河通航能力的海口，因近海拦江沙遍布，涨潮时内河水量仍然有限，影响了河道的通航能力。所以，在同光年间，进入内河的船只都是吨位较小的商船和民船。新式轮船和大船只能在沿海水深的海湾处停泊。

陆上沿海防御，与近海航路和海口的通航能力直接相关。清初，金山嘴至浪窝口一段，由蒲河营管辖。老米沟至蚕沙口一段，为乐亭营管辖。蚕沙口西岸至涧河口东岸一段，由丰润营管辖。涧河口西岸由玉田营管辖。地图之上，画出沿海炮台、墩台位置。陆上营汛驻防基本沿交通大道和内河分布。临近海岸线，布设炮台、墩台和堆拨。其中，蒲河口北岸有炮台两处，老米沟内河西岸有土炮台一处，臭水

1 于振宗：《直隶疆域屯防详考》，成文出版社，1968年，第221页。

2 于振宗：《直隶疆域屯防详考》，成文出版社，1968年，第221页。

3 于振宗：《直隶疆域屯防详考》，成文出版社，1968年，第221页。

4 [清]游智开修，史梦兰纂：《中国地方志集成·河北府县志辑19·永平府志（二）》卷44《海防》，上海书店出版社、巴蜀书社、江苏古籍出版社，第177页。

5 [清]游智开修，史梦兰纂：《中国地方志集成·河北府县志辑19·永平府志（二）》卷44《海防》，上海书店出版社、巴蜀书社、江苏古籍出版社，第177页。

6 [清]游智开修，史梦兰纂：《中国地方志集成·河北府县志辑19·永平府志（二）》卷44《海防》，上海书店出版社、巴蜀书社、江苏古籍出版社，第177页。

沟西岸有炮台一处、安营空地一处，清河口东岸有大炮台一处，刘家河口、蚕沙口和涧河口有营汛、墩台多处。光绪九年（1883），吴大澄奉命会办北洋军务，由于《大沽沿海至山海关图》绘制于光绪七年（1881），图上对吴大澄部在金山嘴至涧河口一段的海防部署尚未画出，驻防仍属旧制。据李鸿章《遵筹战备情形疏》记载此段沿海布防情况："吴大澄分拨所部亲军炮队一营，步队一营，驻乐亭之黑坨，副将刘超佩统巩字三营，驻乐亭甘草坨一带，往来巡哨，以防乘小舟登岸。昌黎之东曰洋河口，水势较深，轮船可泊十余里外，吴大澄派候补直隶州戴宗骞，统绥字马步四营，分驻扼守。"[1]相比旧有绿营体系，新式练军以炮队、步队、马队多各兵种驻防沿海要塞，补充旧制海防薄弱的形势。但与山海关、大沽口两地对比，中间一段海防尚显薄弱。当然，山海关至大沽口漫长的海岸线，本来也不必处处驻防，在可以通航的海口及近岸登陆处重点防御即可。

1 [清]李鸿章：《遵筹战备情形疏》，《台湾文献史料丛刊第四辑（70）·道咸同光四朝奏议选辑》，台湾大通书局，1984年。

（三）北塘河口至大沽口区域的海陆形势

北塘河口至大沽口一段，是直隶海防的重中之重。大沽口即海河入海口，也是京师的水路门户。沿海河河道逆流而上，就是天津府城。海河与京杭大运河连通，水路经三岔河口沿北运河继续北上，可以直抵京师。由山海关外连通京师的近海陆上大通道，经过芦台、北塘到天津府城，在府城与大沽口沿河而上的陆上通道相连。陆上通道几乎与水路并行北上，过通州，由京师东侧入城。正因为北塘河口至大沽口一线的海防关系到京师海陆通道的安全。特别是第二次鸦片战争，由此路北上的英法联军占领京师，促使晚清主政者极力思考北塘、大沽口一带的海防布局。

清代，北塘河口至大沽口沿海归直隶天津镇总兵统辖。

大沽口一带设大沽协，下辖六营[1]，负责海防。道光二十二年（1842），因海防压力增加，在直隶芦台增设通永镇总兵官，以北塘、海口等十五营均归统属，分三营，设游击、守备等将领，新镇标兵凡五千四百余，专操水陆技艺[2]。通永镇管辖范围包括山海关到北塘一线的沿海防务。《大沽沿海至山海关图》上，除大沽口区域之外，均归属通永镇统辖。涧河口西岸至北塘河口岸是驻军大营的集中分布区域，分属玉田营、通永镇右营、北塘营管辖。北塘河口南岸至大沽海口，分属通永镇北塘营和天津镇大沽协六营管辖。同治七年（1868），因筹议海防，调驻直隶练军至天津，分五营驻防[3]。同治八年（1869），以督标亲军炮队营及前营副营驻天津，以亲军炮队营驻大沽炮台[4]。至此，天津府城至大沽口的水陆通道，也由重兵防守。此外，同光年间，李鸿章在大沽、北塘筹建北洋水师，成为直隶海防的新增力量。显然，有清一代，北塘河口至大沽口一线的海防力量逐渐增强，以便应对日益严峻的海防形势。

从涧河口西岸至大沽口一带，近海浅滩随潮水涨落，时隐时现。地图之上，拦江沙呈长条形分布在北塘河口两侧。此段近岸海口港口即北塘河口和大沽海口两处，通航能力强于其他海口，是山海关至大沽口沿线，仅有的两处新式轮船可直接通航内河的海口。北塘河口下有文字说明：

> 金钟河，起于天津大河东北贾家口庄北，东入塌河□，由獾坨庄北□中通出向东南，直达于宁车沽东南，海河王爪湾止，共长一万一千四百余丈，计六十里。共筑板桥四座，第一桥筑于獾坨庄东北，距庄二里。第二桥筑于赤碱滩东北，距庄四里。第三桥筑于传家官堼，其他荒厂并无村庄。第四桥筑于宁车沽庄西，其河入于蓟运海河。

1 赵尔巽撰：《清史稿》卷131《志一百六·兵二·绿营》，中华书局，1977年，第3907页。

2 赵尔巽撰：《清史稿》卷131《志一百六·兵二·绿营》，中华书局，1977年，第3899—3900页。[清]徐以观、关廷牧纂修：《中国地方志集成·天津府县志辑6·光绪宁河县志》卷6《武弁》，上海书店出版社、巴蜀书社、江苏古籍出版社，第267页。对此事的记载是道光二十三年（1843）。道光二十三年，移通永总镇驻扎芦台，兼巡北塘海口，自游都以及千把分驻各隘口。

3 赵尔巽撰：《清史稿》卷132《志一百七·兵三·防军陆军》，中华书局，1977年，第3932—3933页。

4 赵尔巽撰：《清史稿》卷132《志一百七·兵三·防军陆军》，中华书局，1977年，第3933页。

与此前海口的文字说明不同，这段文字说明没有记录涨潮落潮情况和海口之间里程，而是详细记录了由北塘河口进入内河的水路走向、里程和架设板桥情况。从图说可以看出，北塘河口是近海航船进入内河的主要通道，拦江沙及涨潮落潮对航船的影响不大。但在进入内河之后，选择合适的水路，避免架桥影响通行的指示信息，就显得更加重要了。大沽口是直隶沿河沟通内河的主要通道。图上没有标注大沽口的文字说明，但在海口北岸，画出通向天津府城的陆路通道。对于绘图者和观图者来说，大沽口水路附近的海陆形势应该已经非常了解，不必刻意说明。

陆上防御与北塘河口、大沽口及内河通航河道有关。从地图上看，通永镇总兵驻扎芦台，位于北塘内河水道北侧，临近陆路大通道。沿北塘内河水路，有北塘营及下辖炮台驻守。大沽口两岸均有大炮台，内河两侧有驻防营汛。图上标注地点有芦台、北塘和大沽口大炮台三处，其他驻防地点只简单画出，并未标注。光绪元年（1875），此图的督绘者叶志超曾率军驻扎天津新城，为大沽口海防的应援。光绪十五年（1889），叶志超升任直隶提督时，芦台防军也归其管辖。但在绘制地图时，居于直隶海防最重要的大沽、北塘河口，却没有山海关区域绘制详细。这样的画法很可能与叶志超当时的统军辖区有关。据《遵筹战备情形疏》记载，在《大沽沿海至山海关图》绘制后三年，李鸿章完成对北塘至大沽沿海的布防[1]。其中，记名提督大沽协副将罗荣光统辖大沽口南岸炮台，记名总兵刘祺统辖大沽口北岸炮台，提督丁汝昌率新建水师驻扎大沽海口。署广西提督唐仁廉统辖北塘南岸炮台，直隶提督李长乐驻芦台为后应。作为大沽和北洋海防的援军，大沽后路天津新城、北塘后路军粮城、天津府城等处另派兵驻防。

1 [清]李鸿章：《遵筹战备情形疏》，《台湾文献史料丛刊第四辑（70）·道咸同光四朝奏议选辑》，台湾大通书局，1984年。

《大沽沿海至山海关图》以山海关至大沽口沿海的近海航路、内河水路和陆路通道为地图绘制主体。由于受到地图绘制时期历史背景的影响，地图在表现海陆形势的同时，还增绘了沿途的军事防御设施。虽然此时的直隶海防并没有建设完成，但图上描绘的海防体系已初具规模。督绘者叶志超，作为直隶海防体系中的重要将领，督绘完成的地图内容，相对真实地反映了光绪七年（1881）直隶沿海的海陆形势。《大沽沿海至山海关图》是我们了解同光年间直隶海防建设的重要地图资料。

明代西湖全景图的谱系

西湖山水是中国传统山水画的创作母题。唐宋以来，随着人文景观的逐步建成，西湖独特的湖山风光和厚重的人文气质，被历代文人青睐。因此，以西湖为主题的山水字画、诗词歌赋层出不穷。西湖还是国人向往的盛世景观。于是，融合山水风光和地图指示功能的西湖全景图便开始出现。具有指示功能的西湖景观地图，既满足了人们随时便览西湖风光的愿望，又可以作为畅游西湖的导览指示，还可以作为描述西湖山水的诗文对照。本文以形象画法的西湖全景图为研究对象，梳理明代西湖全景图的演变过程及特征功能。

一、西湖自然与人文景观的形成

西湖，位于浙江杭州市区西南部，是江南特色的自然与人文景观相结合的风景名胜。在漫长的地质时代，西湖所在区域曾是西靠陆地、东临大海的浅海湾。西湖南侧的钱塘江在浅海湾附近入海。后来，经过长时间的江流和海浪冲刷，泥沙沉积，浅海湾东侧开始形成沙洲。沙洲与海湾东、西陆地相连，形成西湖。沙洲面积逐渐增大，形成现在杭州主城区所在的平原地带。所以，西湖是西、北、南三面环山，东面紧邻平原的地形，俗有“三面环山一面城”的说法。历史时期，周边低山丘陵流下的溪水和钱塘江是西湖的水源。西湖周边，溪流纵横，水网密布。通过湖面东侧平原地带的水网，西湖北与京杭大运河相连，南与钱塘江沟通，最终从杭州湾汇入东海。因此，西湖周边水路交通发达，成为此地开发的便利条件。

处于亚热带季风气候的西湖，湿润多雨，湖山相映，云雾笼罩，好似仙境。古人游历此处，感叹自然山水，营建人文景观。西湖作为江南名胜，历史十分悠久。此地，《汉书·地理志》称武林水[1]，《水经注》称明圣湖[2]，但流传更广的名称，还是与钱塘江有关。秦始皇统一六国，在西湖西侧建立钱塘县[3]。隋朝统一天下后，将钱塘县城由湖西迁建到湖东平原[4]。一池湖水位于县治之西，于是就出现了钱塘湖和西湖的名称。隋唐时期，在大运河的沟通下，全国经济重心开始南移。江南经济开发为西湖开发带来前所未有的契机。经过隋唐、吴越国和北宋年间的持续建设，直至南宋迁都临安，西湖主要的人文景观基本形成。元明清时期，西湖人文景观的建设仍在继续，景观也处在动态变化之中。随着孤山清代皇家行宫的修建[5]，西湖景观增添了浓重的政治色彩。至此，“一山、二塔、三岛、三堤、五湖”的景观格局最终形成。

西湖全景图的产生，与人文景观的营建开发密切相关。全景图的流变传承，又与西湖景观的政治地位抬升直接相关。五代时期，吴越国定都杭州。西湖作为最重要的景观，得到吴越王的整治，西湖风光渐渐具有了特定的王朝气质。流传至今最早的西湖全景图，是南宋《咸淳临安志》中的《西湖图》。南宋时期，北人南迁给临安城带来巨大变化。地位抬升的同时，与这座城有关的记载开始增加。《临安志》将京城、皇城、府署、名胜等处一一考辨记录，并辅以地图参照。方志中的西湖全景图，从一开始就有了官绘的痕迹。明代，记录杭州府的方志和记录西湖自然人文历史的专志，

1 [汉]班固撰：《汉书》卷二十八上《地理志》，中华书局，1962年，第1591页。钱塘，西部都尉治。武林山，武林水所出，东入海，行八百三十里。莽曰泉亭。

2 [北魏]郦道元著，陈桥驿校正：《水经注校证》卷四十《渐江水》，中华书局，2007年，第939页。县南江侧有明圣湖，父老传言，湖有金牛，古见之，神化不测，湖取名焉。

3 [汉]司马迁撰：《史记》卷六《秦始皇本纪》，中华书局，1963年，第260页。三十七年十月癸丑，始皇出游。……过丹阳，至钱唐，临浙江，水波恶，乃西百二十里从狭中渡。

4 [宋]乐史撰：《太平寰宇记》卷九十三《江南东道五·杭州》，中华书局，2007年，第1861页。十一年复移州于柳浦西，依山筑城，即今郡是也。

5 [清]梁诗正、沈德潜等修纂：《西湖志纂》卷一《名胜图》，乾隆二十年刊，二十七年增辑本，赐经堂藏板，台湾文海出版社，1971年，第42页。康熙四十四年，圣祖仁皇帝南巡驻跸西湖，臣民懽忭踊跃创建。行殿于孤山之南。

都保留了不同版本的西湖全景图。嘉靖年间纂修《西湖游览志》中的《宋朝西湖图》《今朝西湖图》，万历年间纂修《杭州府志》中的《西湖图》和《西湖志类钞》中的《湖山一览图》是明代西湖全景图的代表。

二、《咸淳临安志·西湖图》的内容及特征

《咸淳临安志·西湖图》是一幅典型的方志舆图。宋代以前，方志舆图就曾大量存在于志书中，形成图文互说的传统。但在刻书尚未普及的情况下，志书流通有限，其中的舆图大都散佚了。宋代以后，随着刻书的普及，大量方志得以流传。这些志书中的地图成为难得的图像资料，具有鲜明的方志舆图特点。首先，舆图绘制一地的山川形胜、治所辖境、独特景观，所绘地图均与文字记载相对应，方便读图。其次，方志一般由地方主政官员主持编纂，或由当地入仕的文人编写。因此，方志舆图不可避免地表现出政治色彩。最后，方志舆图是编绘者实地勘查完成，既具有明确的实用指示功能，又体现出绘图者的思想。所以方志舆图具有很强的实用性、时代性和思想性。

《咸淳临安志·西湖图》[1]具有方志舆图的所有特点。此图采用形象画法绘制西湖湖山景观全貌（图 12–1），遵循上西下东、左南右北的图向，仿佛画者站在西湖东堤临安城内，俯视全景。画面布局由近及远，地势由低到高，层次清晰。临安城位于近处，西湖居中，三面环山作为湖景的衬托，属于远景。画面之上，无论是城景、湖景还是山景，均刻绘简单，甚至看不出景观的任何细节。此图湖景以苏堤、白堤为界，将湖面划分为不同区域。同样，山景以“郎当岭南北分山处”为界，将武林群山分为南北两部分。沟通湖面、城址和群山之间的纵横水网，是地图的绝对主体。与其说这是一

1 [宋]潜说友纂修：《咸淳临安志》，道光十年振绮堂汪氏仿宋本，国家图书馆藏。

图 12-1　咸淳临安志·西湖图

幅西湖全景图，倒不如说是西湖泉源水利情形总图。图中湖山地貌和城址地名，都是水网的参照。为清晰展示西湖周边水网，湖面和群山被压缩在很小的空间内，而山湖之间和西湖东北侧的水网占据画面开阔地带。水网之外，此图还特别重视标注西湖周边的政区分界、诸军驻防、河流道路去向等信息。山景以西，依次标注於潜县、昌化县、新城县、富阳县。另标注山中道路“路自余杭来，度岭出富阳”及山景南北分界“郎当岭南北分山处”。西北向标注余杭县。北侧河流尽头标注“奉口通安吉”“天目入太湖西市”“下塘河通平江”“上汤河通秀州”说明河流流向。湖山之间和东部平原标注多处守卫府城的军队驻地。

《咸淳临安志·西湖图》的出现，说明西湖景观在临安府的特殊地位。图上细致描绘的水网，应该是修志者考察过的。以水网为主，湖山景观为辅的画法，表达了画者重视水系的思想。地图周边政区、河道、道路的图说标注，又强调了境域分界的重要性。西湖全景图具有了政区地图的特点。《咸淳临安志》另有《九县山川总图》，绘制临安府辖境的山脉河流分布情况。这幅地图西湖周边的画法俨然就是《西湖图》的缩小版。由此可以看出，《西湖图》保留了明显的政区图的痕迹。重水系、分边界、标驻军、略景观是《咸淳临安志·西湖图》的重要特征。

三、明代多叶分幅的西湖全景图

明代西湖全景图保留在与西湖有关的各类志书中。本文选取嘉靖年间《西湖游览志》、万历年间《杭州府志》和《西湖志类钞》，以及《三才图会》的西湖全景图来说明明代西湖全景图的特征。根据分幅方式差异，西湖全图可以分为多叶分幅和双叶分幅两类。《西湖游览志》和《三才图会》西湖图，都属于多叶分幅的西湖全景图。

（一）《西湖游览志》

嘉靖年间，进士出身的田汝成辞官回乡。他广泛收集与西湖有关的记载，特别是宋代流传下来的历史资料，并实地勘查，便览湖山盛迹，最终写成全面介绍西湖景观的导览专志。《西湖游览志》开篇有地图四幅，描绘西湖景观的是《宋朝西湖图》和《今朝西湖图》[1]。

《西湖游览志·宋朝西湖图》以《咸淳临安志·西湖图》为底图，将原图南北向拉长，幅面扩大了三倍，占八叶（图12–2）。扩大的幅面，造成景观之间的距离失准，但湖山布局、水网走势及景观之间的相对位置都没有改变。增加的幅面可以更细致地刻画景观。此图中，城墙、群山、河流、建筑的精细程度均优于底图。此外，突出的景观刻绘，还表现在城景之中。位于画面下方临安城内外，点缀祥云。传统地

1 [明]田汝成辑撰：《西湖游览志》卷首，万历二十五年重刻本。

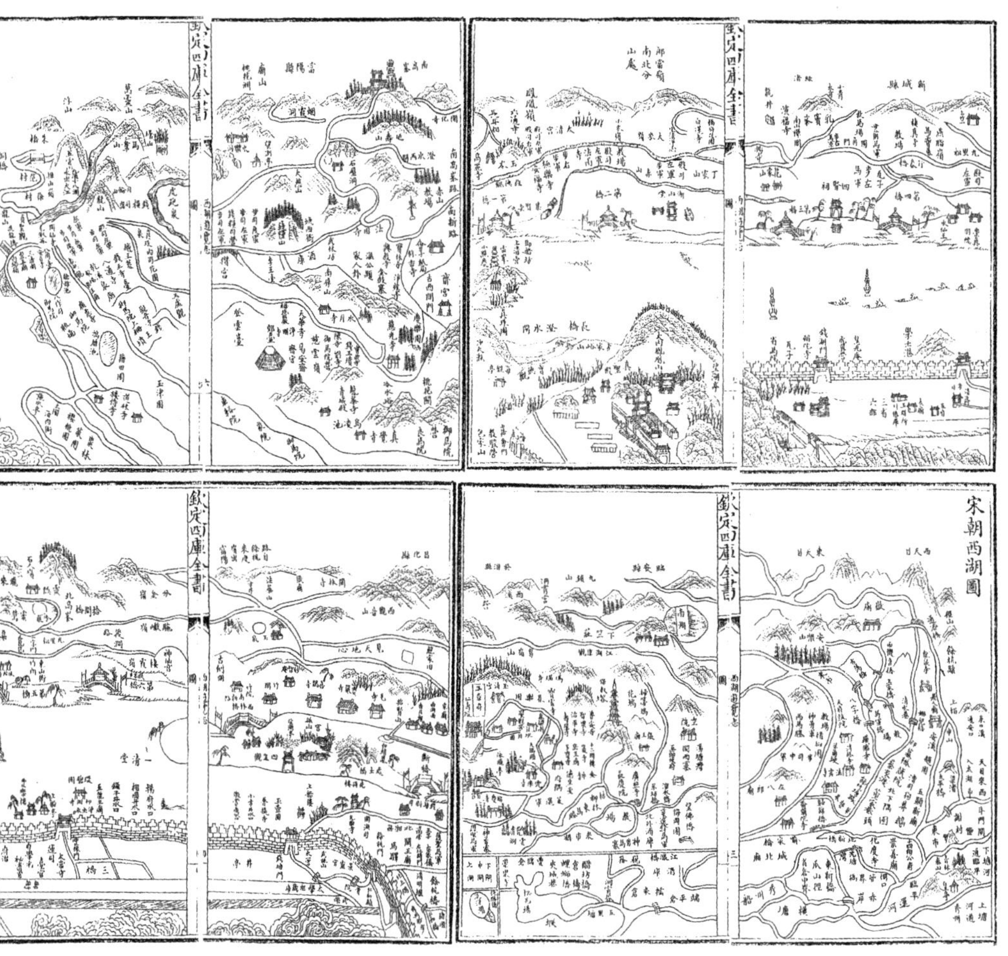

图 12-2 西湖游览志 · 宋朝西湖图

图中的祥云是一种特殊的画法，既表示此处景色优美，宛如仙境，又说明此处地位特殊，应是帝王居所。从《宋朝西湖图》可以看出，重水系略景观的宋代西湖全图到了明代，已经开始刻意增加湖山景观内容。

《西湖游览志 · 今朝西湖图》是具有明确导览性质的实用指示地图。《今朝西湖图》与《宋朝西湖图》一样，采用南北向拉长的页面布局，幅面仍占八叶（图 12-3）。此图同样遵循上西下东、左南右北的图向，由低到高展现西湖全景。画面最近处，是旧城城墙。也就是说，地图视角是画者

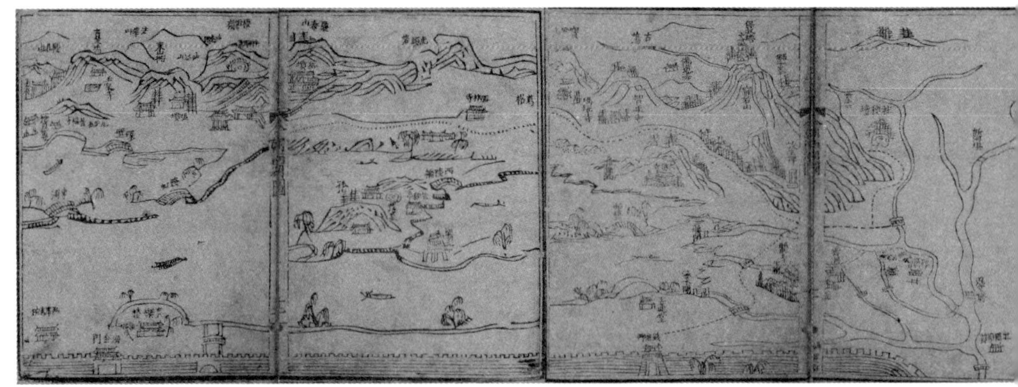

图 12-3 西湖游览志·今朝西湖图

站在西湖东堤的旧城东墙之上，环视西湖周边景色。与《宋朝西湖图》不同的是，此图布局以湖景为主，山景为辅。湖景处于画面中心，占据大部分幅面。湖景以白堤、苏堤、杨堤为界，划分不同区域。其中，苏堤又是湖景的绝对中心。山景环绕湖景，以西侧群山中标注“南北两山分处”，说明山景的南北分界。图中城景消失，仅保留旧城东墙作为湖景参照。南侧低山外标注钱塘江，用来确定西湖与钱塘江之间的相对位置。这样的布局，增加了湖景的表现空间，突出了湖景在全景的中心地位。“湖分三堤，山分南北”的分区更加清晰。值得注意的是，此图以湖山景观为重点，湖山之间和东部开阔地带的河道仅简略画出。这与《宋朝西湖图》以河网为重点的画法完全不同。河道之外，这幅地图增绘了景观之间的道路，湖山景观通过道路串联起来。文字标注也体现了地图的重点。处于湖山之间的景观都用文字标注。但河网沿途地名、城址衙署、驻防军队和境域分界等信息在这幅地图均未体现。重景观、略水系、画道路、去疆界是《今朝西湖图》的特征。

《今朝西湖图》延续了《咸淳临安志·西湖图》的图向和布局。而这幅地图具有的新特征，与游览志的插图性质和文字记载有关。《今朝西湖图》是介绍西湖风光的指示导览图，重点表现湖山景观，因此，画出通向各处景观的道路是十分必要的。景观相对位置的细致描绘，同样为了方便导览。《今朝西湖图》所绘河道，不是为了展现河网，而是作为景观和导览路程上的参照而存在。相比而言，与游览叙事相对疏远的衙署、军队和境域分界等信息，自然也不是导览图需要表现的要素。这部游览志的结构，首列西湖总叙，第二部分是孤山三堤胜迹，第三部分是南山胜迹，第四部分是北山胜迹，第五部分是南山城内胜迹，第六部分是南山分脉城内胜迹，第七部分是北山分脉城外胜迹，第八部分浙江胜迹。图中湖分三堤、山分南北的景观分区，与《西湖游览志》的景观叙述顺序完全对应。以《今朝西湖图》为代表，专志中的西湖全景图开始摆脱方志舆图的影响，创作具有导览实用功能的专志插图。

（二）《三才图会·西湖图》

《三才图会》是嘉靖年间进士王圻及其子王思义编写的，图文搭配的百科类书。这部书地理卷有《西湖图》一幅。从画面内容来看，这是一幅重点表现西湖景观的山水胜景图。如果不是图上的文字标注，很难将这幅木刻山水画与地图联系起来。

《三才图会·西湖图》[1]延续了《西湖游览志·今朝西湖图》的画面布局，南北向拉长，占据六叶幅面，同时遵循上西下东、左南右北的图向（图 12–4）。西湖东堤旧城城墙一线为画者视角。此图布局，湖山各占一半。湖景为中心，山景环绕湖景，但山景并不处于从属地位。湖景以白堤、苏堤衬托，主要展现外西湖和北里湖。外西湖湖面及船舫是湖景的中心。山景分远近两个层次，远山只画出轮廓，近景刻绘细致，山中怪石、树木都一一表现。近处城门城墙是湖山景

1 [明]王圻、王思义辑撰：《三才图会·地理》卷九，万历三十七年刻本。

观的参照。此图湖山景观经过刻意筛选，选取最著名、最具代表的景观刻绘。这些挑选后的景观，以山中寺观为主，兼顾宝塔、山峰和亭台。虽然，此图展现的景观数量较少，但每处景观都精美繁复，并用文字标注。湖山之间，游人点缀其中，观图者可以找到身临其境的感觉。远处群山中的云层，营造了宛如仙境的景观氛围。与《西湖游览志·今朝西湖图》相比，此图不画水系，不画道路，不考虑景观分界，也不在意全景边界，而是专心刻绘画者精心挑选的景观。地

图 12-4 三才图会·西湖图

图的导览指示作用减弱，景观描绘进一步加强。画面越来越有山水画的风格，成为兼具地图与山水画特征的西湖胜景图。画面特征与叙述景观的说明相对应。《三才图会》对西湖的记录，湖景简略，山景详细，内容涉及西湖的位置、范围、代表景观，以及与景观有关的名人轶事。其中，山分南北的叙述顺序，与《西湖游览志》相同。地图以景观为主，湖山并重，山分南北的特征与文字记录完全呼应。

明代的多叶分幅西湖全景图，来源于南宋方志舆图中的西湖全图。将原来两叶分幅的地图南北向拉长，增加刻绘湖山景观的空间，同时，又保留了原图的图向和空间布局。在此基础之上，多叶分幅地图开始对原图进行改造。供人游览的专志地图增加了景观和道路的绘制，同时削弱水系和政区划界等要素。后来，介绍各地风景名胜的类书，又强化了西湖代表性景观的刻绘。西湖全景图的地图指示特征逐渐减弱，同时山水画的创作风格逐渐增强。多叶分幅西湖全景图演变成描绘湖山景观的胜景地图。

四、明代双叶分幅的西湖全景图

万历年间修纂的方志《杭州府志》和专志《西湖志类钞》均附有西湖全景图。这两幅图都属于双叶分幅的全景图。

（一）《杭州府志·西湖图》

《杭州府志》成书于万历七年（1579），由杭州知府刘伯缙掌修，陈善纂，是明代官修方志的杰作。首列《咸淳临安志序》《成化杭州府志序》，显示这部方志与历代修志之间的关系。其实，在《成化杭州府志》也保留一幅西湖图，但这幅图更符合山水画的特征，所以本文不展开叙述。《西湖图》[1]是万历《杭州府志》地图的最后一幅。此图之前是辖境总图和各县分图。志图序说明绘图目的："善曰，志崇叙述尚矣，

1 [明]刘伯缙等修，陈善纂：《万历杭州府志》卷首《万历杭州府志图》，万历七年刻本，台湾成文出版社，1983年，第138—139页。

乃披阅险易，则莫要乎图。故古之人不越堂序，而指画宇县如视诸掌，惟图据也。”[1]与文字记录相比，方志舆图在表现山川地形方面优势明显。观图者以地图为凭据，就可以对辖境地形地貌了如指掌。《西湖图》与政区地图分列，同样具有方志舆图的特点。

《杭州府志·西湖图》采用形象画法展现西湖全貌，遵循上北下南、左西右东的图向，好似画者在空中鸟瞰全景（图 12–5）。画面清晰简略，湖面是绝对主体，三面以群山为界，东侧以旧城城墙为界。这样的画面布局，山景、湖景、城景之间的相对位置清晰，做到了山川形势一目了然。其中，湖景以白堤和苏堤为界，苏堤处于湖景中心。山景环绕湖景，南北分山并不明显。但在文字记载中，山景分为城内南山和城内北山两部分来叙述。图上大量的景观标注，集中在山景和湖山之间的空地。此图采用简单符号式的画法绘制群山、湖面、桥梁及城墙，河流道路也绘制简略。所有景观只有标注地名，不刻绘细节，也不画舟船人物。以湖为主，以山为辅，展现湖山形势，符合方志舆图的特征。同时，标注景观又不刻绘细节，也突出了此图的示意性。

（二）《西湖志类钞·湖山一览图》

《西湖志类钞》由万历年间进士俞思冲等人纂。这部专志卷首，是十八幅西湖景观地图。首列总图《湖山一览图》[2]，之后是各处分图。《湖山一览图》采用传统形象画法画出西湖全景。相比分图，总图对景观的刻绘简单，与方志舆图展现山川形势的画法更为接近。卷首引用南宋李嵩《西湖图卷》张靖题记，来说明绘制景观地图的目的：“丹青藻绘浮于世景，今为空垣虚榭，烟树凄迷，平波远山帆樯相映。披阅中，使人心目迟回，有感慨吊惜之怀，无追攀壮浪之想。”[3]全图可以保存最美的西湖景色，引起观图者的联想。总图与

[1] [明]刘伯缙等修，陈善纂：《万历杭州府志》卷首《万历杭州府志图》，万历七年刻本，台湾成文出版社，1983年，第65页。

[2] [明]俞思冲等纂：《西湖志类钞》卷首《图之类》，万历年间刻本，国家图书馆藏。

[3] [明]俞思冲等纂：《西湖志类钞》卷首《图之类》，万历年间刻本，国家图书馆藏。

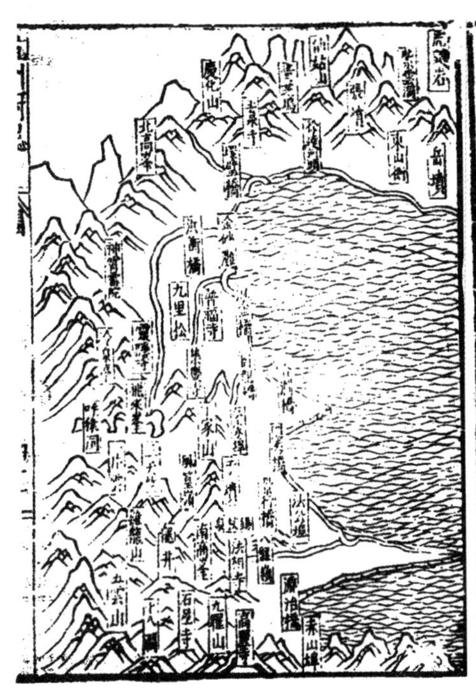

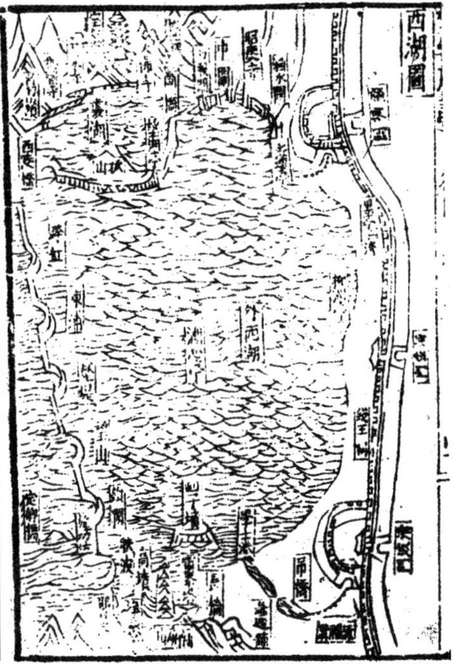

图 12-5 杭州府志·西湖图

分图搭配的方式，总图起到定位指示作用，反映画者对西湖全景的整体认识。分图细致刻绘景观，以达到由景如情的带入感。

《西湖志类钞·湖山一览图》遵循上西下东、左南右北的图向，好似画者在空中俯视全景（图 12–6）。这样的图向是西湖全景图最常见的一种。《湖山一览图》受到这种图向影响，延续了地势由低到高的画面布局。继承传统的同时，为达到一目了然的视觉效果，此图采用以湖景为中心，三面山景呈向心式分布的方式表现地形地势。湖景由白堤、苏堤分界，外西湖是湖景中心，岛屿、湖心亭和舟楫点缀其中。山景环绕湖景，山景的向心画法取代了南北分界。同时，各处景观也都采用向心式的文字标注。地图四周另有境域分界的标绘。其中。东侧有城门城墙，南侧有南关驻节、沙地标注和钱塘江，西侧有桐庐、钓台、富阳和西兴关。这些分界

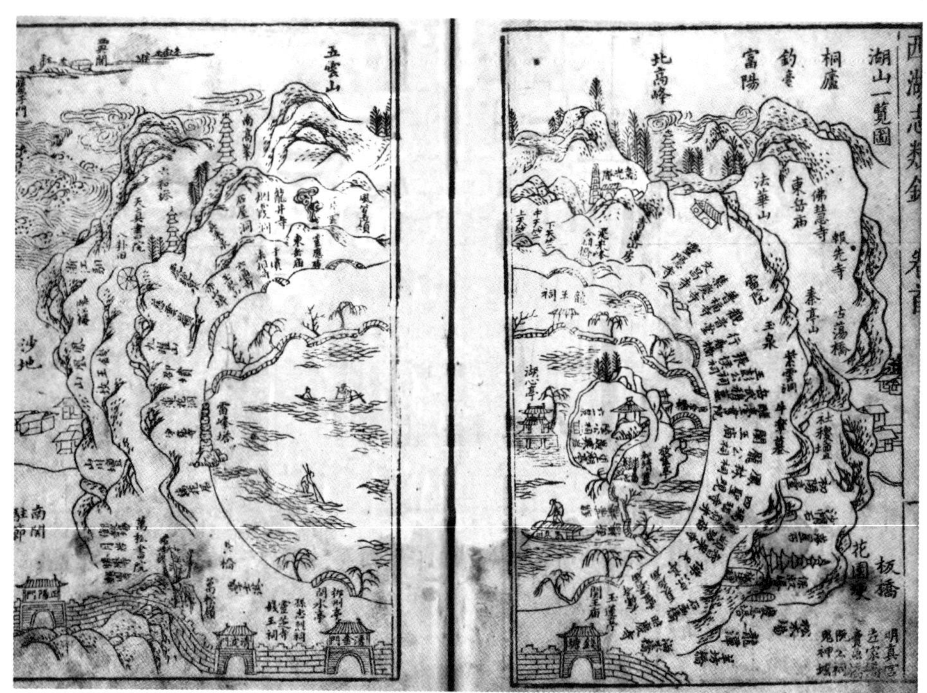

图 12-6　西湖志类钞 · 湖山一览图

性质的地理要素，增强了地图的划界特征。画面之上，部分具有代表性的亭、塔、桥、树等景观形象绘制，但大部分景观都是文字标注。景观之间既没有河流，也没有道路串联在一起。如果以此图为向导，游览西湖，显然无法确定任何一条游览路线。也就是说《湖山一览图》是一幅展现湖山形势的示意图，不展现景观的具体细节，也不具有导览指示功能。《西湖志类钞》对景观的文字叙述，与绘图相似，首列总叙，然后将景观分类，山、峰、岭、石、洞、亭、堤、台等，依次叙述。以这样的叙述顺序，在总图寻找景观定位，检索方便，清晰明确。总体来说，《湖山一览图》虽然是西湖专志总图，但在一定程度上受到政区地图的影响，重视境域分界。此外，此图的示意性和省略景观的画法，与方志中的西湖全图比较相似。

万历《杭州府志 · 西湖图》与《西湖志类钞 · 湖山一览

图》虽分属方志和专志，但对西湖全景的刻绘具有诸多的共性。首先是重视地图的示意性和文字标注。两幅地图都具有山川形便、一目了然的特征。同时，为清楚找到志书叙述的景观，两幅地图都把景观标注置于重要位置。其次是省略的景观细节刻绘。省略景观细节，可以突出湖山地形，以免细节冲淡主体。最后是两幅地图都不具有导览指南功能，而重视层次分界。无论是《杭州府志·西湖图》湖、山、城分立的绘图，还是《湖山一览图》境域分界的标绘，都深受传统方志中政区地图的影响，根深蒂固。需要注意的是，两幅地图也表现出各自的风格，比如不同的图向、不同的布局、不同的湖山刻绘风格等。总体来说，双叶分幅的西湖全景图，地图的示意特征增强，表达景观细节和山水意境减弱。这样的西湖全景图，成为展现山川形势、指示景观相对位置的示意图。

五、明代西湖全景图的特征

明代西湖全景图，作为方志、专志和类书中的插图，流传至今。这些地图或多或少都受到南宋全景图的影响，并根据文字记载的侧重点不同改绘地图。地图与文字互记互证，成为记录明代西湖景观的绝佳资料。

图向与视角。南宋著名山水画《西湖图卷》和方志舆图《咸淳临安志·西湖图》都采用遵循上西下东、左南右北的图向。这种图向被明代西湖全景图继承。传统形象画法的山水名胜图，以画面下方为近处。西湖全景，以东堤旧城城墙为近处，保持画面由近及远，地势由低到高的层次。这样的视角可以全面展现各处景观，避免遮挡。所以说，以上为西的图向是西湖全图的最佳图向，也是明清时期大多数西湖全图的图向。视角与图向既有联系，又有区别。视角是画者的创作角度，也是观图者的读图角度。南宋西湖全景图采用侧视远眺的视角。到了明代，全景图视角分为侧视和俯视两种。其中，多叶分幅的全景图采用的是侧视眺望的视角，双叶分幅的全景图采用的是空中俯瞰的视角。侧视视角更方便展现景观细节，俯视视角更直观展现地势变化。视角选择与地图表现的重点直接相关。

布局与比例。西湖全景图的布局首先要考虑湖景、山景和城景之间的比例关系。在画面之上，以哪个景观为主体，体现了画者的思想。南宋《咸淳临安志·西湖图》采用以山景和湖山之间的平地为主，湖景与城景为辅的画面比例。这样布局强调的是水网河道。同时，在图上画出临安城的大部分，突出城景的独特地位。《咸淳临安志·西湖图》的景观布局，并未被明代西湖全景图完全继承，而是进行了调整改造。明代西湖全景图无一例外去掉了旧城城内的刻绘，仅以旧城东墙的城门城墙表示城景。画面布局主要考虑山景和湖景之间的比例关系。如果地图重视山景，那么山景所占幅面就会增大。反之，则湖景所占幅面增大。大部分明代西湖全景图，湖景居中，山景环绕，湖山之间景观占比合理。在湖山比例基本确定的前提下，湖景和山景又有各自的布局方法。湖景是全图的中心，但各幅图的湖景布局却不一样。有些图以堤为中心，强调湖面三分的格局。有些图以湖面为中心，强调湖面舟船畅游的景观。同样，山景布局也有不同。一种继承了《咸淳临安志·西湖图》南北分山的布局，以郎当岭作为南北群山之间的分界。南山以南高峰为主峰，北山亦是如此。南北分山的画法受到传统山水画“三远法”的影响，群山高低错落，远近分明，秩序清晰。另一种是不刻意强调南北分山，而是将三面群山逐一画出。山体简略，方向固定。这种画法以向心式景观的《湖山一览图》为代表。山景自成一体，与湖景分立。

示意与意境。南宋《咸淳临安志・西湖图》兼具实用指示功能和山水画的意境，其中，标绘景观相对位置的指示性更强。这与方志舆图的定位有直接关系。明代西湖全景图试图在示意性和艺术性之间寻找平衡点，然而结果并不理想。于是，表示布局的示意图和表示意境的胜景图开始分离。双叶分幅全景图，侧重湖山景观相对位置的标注，增强地图辅助文字导引的功能和景观指示的功能。观图者可以在千里之外，就对景观形势了如指掌。多叶分幅全景图，侧重湖山景观的细节刻绘，增强画面意境的营造，使人感受到西湖胜景。同时，营造意境的胜景图，画出道路和河流，给人身临其境的同时，还可以辅助游人导览。

图文互说与地图呈现。地图作为文字记载的补充说明，在一定程度上，受到文字内容的影响。南宋《咸淳临安志・西湖图》作为方志舆图，保留了政区图重视境域分界的特征。这是文字记载对地图绘制的直接影响。明代西湖全景图与文字互为说明的特征更加明显。比如地图中湖景分三面，山景分南北的布局，与文字叙述的次序完全一致。同样，方志按照辖境分述也影响了地图的刻绘。地图标注周边辖境分界，与文字记载相对应。这种方志舆图重视分界的特点，还影响到了西湖专志示意地图的画法。也就是说无论是方志还是专志，西湖全景图或多或少都受到政治因素的影响。

由宋到明，原本属于方志的西湖全景图被更多的方志和专志继承。西湖全景图也在继承中不断变化。南宋西湖属于行都，至高无上的地位和政治性，对全景图的创作影响深刻。明代西湖属于杭州府，因《万历杭州府志序》对此地的定位“今天下浙为诸省首，而杭又浙首郡，东南一大都会也”[1]来看，西湖仍是诸省景观之首，政治性减弱，但早已名扬天下。在这样的背景之下，明代官修或者具有官宦背景的浙省文人，纂写有关西湖的方志和专志。这些志书在流传中互相借鉴，才形成西湖全景图的诸多相似特征。同样以家乡景观引以为傲的纂写者，又因记述内容不同，侧重点不同，开始调整改变西湖全景图，从而形成示意图与胜景图的分途。

1 [明]刘伯缙等修，陈善纂：《万历杭州府志·万历杭州府志序》，万历七年刻本，台湾成文出版社，1983年，第1页。

清代西湖全景图的谱系

清代的杭州城，经济富庶，文化繁荣。随着康熙、乾隆皇帝数次南巡，西湖增加了许多表现帝王意志的人文景观。帝王南巡赋予了西湖胜景浓重的政治含义。随之，应制而作的西湖全景图成为官方绘图的主流。宫廷画师、官宦名臣聚焦西湖，修湖志，写诗词，作书画。这些作品不但记录了西湖山水，还歌颂了治世繁华。然而，具有官宦背景的人，想要自由创作，却受到无形的制约。描绘西湖景观的地图也受到了这种情绪的影响，构图趋同，功能亦同。相比明代，清代记录西湖的志书，官修背景进一步增强。这些志书中的西湖全图，又直接影响到清代中晚期的西湖全图创作。

明代创作的西湖全景图，大致可以分为示意图和胜景图两类。其中，示意图是双叶分幅的形式，胜景图则是多叶分幅。在强烈的官方影响下，清代的西湖全图创作逐渐趋同。多叶分幅的胜景图不见了。胜景图中精细的刻绘方式，开始融入双叶分幅的示意图中。明代分途的示意图和胜景图在清代前期开始走向融合，并形成相对固定的地图风格。在这样的背景之下，清代西湖全景图以康熙年间《浙江通志・西湖图》、雍正年间《西湖志・西湖全图》和乾隆年间《西湖志纂・西湖全图》为代表，按照图向差别，将地图分为三类。

一、上西下东的西湖全景图

（一）《康熙浙江通志·西湖图》

康熙二十三年（1683），由王国安、赵士麟总裁，张衡编纂的《浙江通志》保留了一幅清初《西湖图》（图 13–1）。此图遵循上西下东、左南右北的图向，以涌金门与中天竺连线，将西湖全景分绘在两叶幅面上，好似画者站在东堤旧城城墙远眺湖山全景。画面布局由近及远，地势由低到高。这幅全图，特别是山景的范围明显缩小。湖景是画面的绝对主体，岛、堤、桥、树、亭等景观刻绘细致。山景衬托湖景，主要画出西侧群山，其中突出表现耸入云端的南、北高峰。南北两侧，山景成为山脚各处景观的点缀。城景压缩，仅见树石掩映的城墙上缘作为画面东界。地图选取最具代表性的景观刻绘，并辅以文字标注。背山面水的布局，避免遮挡，各处景观展示更加清晰。《康熙浙江通志·西湖图》显示出景观位置的指示性和细节刻绘的艺术性之间的融合。湖山相映的地形地貌，景观位置准确标注，继承了方志舆图便览山川形势的特征。同时，全图有意识地选择景观，精细复刻，试图还原景观的真实面貌。

《康熙浙江通志》有《图考总序》开篇明义，说明绘图的目的："自图书呈瑞，圣人则之精言奥义，载诸书器象形势列诸图。……浙襟江带海，为东南巨镇。志所考据详矣。其设险恶凭胜壤凑利赖者，绘图凡二十有二，以备乙夜之览。若山水明秀未易更，仆概勿及云。"[1] 这段话首先说明绘图目的是展现"器象形势"，了解"九州"境域，将文字不易表达的思想，用图画展现出来，便于理解。之后叙述清初浙江形势和绘图原因。此时，国土初定，浙江在全国的地位极为重要。刻绘地图表达辖境地势，山水风光，可供随时观

1 （清）王国安、张衡纂修：《康熙浙江通志》卷之首《图考总序》，康熙年间刻本，国家图书馆藏，索书号：A00166。

览。《西湖图》作为方志插图中的名胜图，具有表达山川形便的作用，也具有表现山水明秀的意境。相比之下，明代西湖全图中，三面环山，群山层叠的山景，被清代西湖图中山分南北，突出主峰的画法取代。同时，明代西湖全图突出分界的湖景，被清代西湖图突出岛、堤等人文景观的画法取代。清初西湖全景图的特征变化，反映了方志绘图目的的变化。

《西湖图》左上角附图说："西湖泉源自下喷涌，两山溪涧交注之。半入城中，仁海二邑承其流，仰以灌田。半由石岘，经达运河。自郭内四河，土日高，水日浅。而南新榷使，急于转运。竹木稍增，石岘之防，湖流益缓砂土，停蓄葑草四合。故开河之后，浚湖为急，苟失勿治，井汲卤恶，阡陌横流，病民实甚矣。"[1]这段图说既没有介绍山川地势、代表景观，也没叙述游览道路、历代轶事，而是记录了与西湖水系有关的内容。图说写到水系的来源、分流、水量变化、用途、水患情形及民情，这与湖山风光宛如云端仙境的地图画面极不相符。水系是西湖景色的根本，如果没有历代河道湖塘的疏浚修整，西湖风光早已不复存在。《康熙浙江通志》将西湖胜景表现的图上，却用图说表达了对河道水量变换的忧虑，体现了官修方志的特点。与此同时，这种强烈反差的图文互说方式，也说明清初官修方志是经过实地调查完成的，反映了当时西湖周边的真实情况。图文互说，侧重各有不同。不易变化的山水景观用地图来呈现，供人欣赏。变动较快的水网河道和实时民情，用图说记录，提醒主政者关注治理。《西湖图》浓重的官修特点，以及示意与意境并存的刻绘方式被后来的西湖全图继承。

1 （清）王国安、张衡纂修：《康熙浙江通志》卷之首《西湖图·图说》，康熙年间刻本，国家图书馆藏，索书号：A00166。

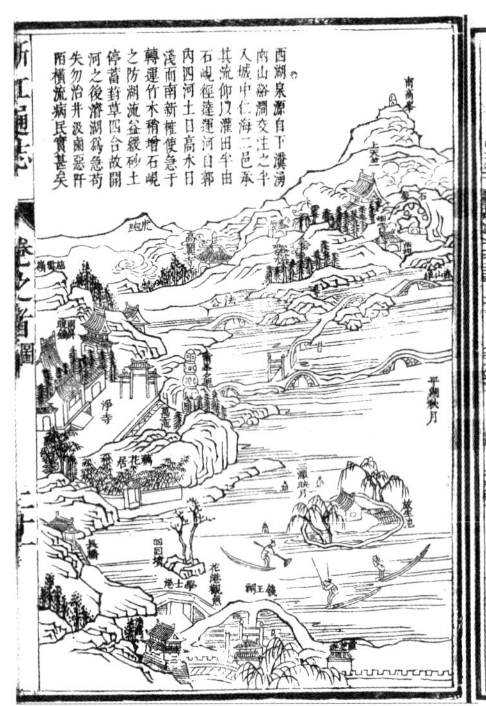

图 13-1　康熙浙江通志 · 西湖图

乾隆十五年（1750），湖上扶摇子辑彩色套印本《西湖佳景》（图 13-2），是《康熙浙江通志 · 西湖图》的复刻版。《西湖佳景》以全图和分图的方式展现西湖十景。序中点明绘图目的："今而后有慕西子湖，而不得亲睡者，庶几披图一览，即可当卧游云尔。"[1] 显然，此图是民间刻绘的西湖景观图。绘图是为了使不能亲历西湖的观图者有身临其境的感受。《西湖佳景 · 全图》无论是构图布局、景观选择还是细节画法，都与《康熙浙江通志 · 西湖图》十分相似。相比而言，《西湖佳景 · 全图》对西湖南北两侧缩减更为明显，景观细节和山水表现也稍逊一筹。与《康熙浙江通志 · 西湖图》不同，此图的彩色套印开始模仿山水画的意境，给人以带入感。此外，《西湖佳景 · 全图》减少对景观的文字标注，

1（清）湖上扶摇子辑：《西湖佳景 · 序六》，乾隆十五年杭州文昌阁刻本，哈佛燕京图书馆藏。

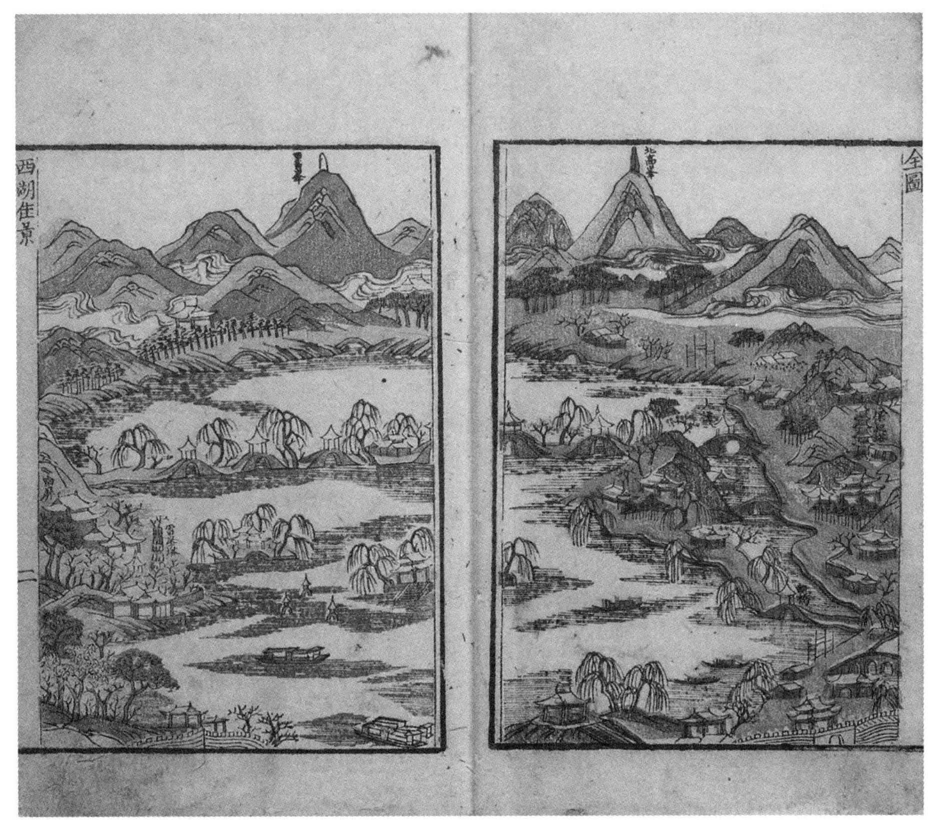

图 13-2　西湖佳景 · 全图

保持画面的整体性。图上仅有的七处标注分布在湖景四周，既不影响景观整体，又可以达到定位的目的。

（二）《西湖全图》

《西湖佳景 · 全图》是对《康熙浙江通志 · 西湖图》的全盘复制，这样的例子并不多见。但上西下东的图向和构图布局，更深刻地影响了清代中晚期的西湖全图创作。

《西湖全图》彩绘本，沈明绘（图 13-3）。与上述地图不同，这是一幅单幅大幅面的手绘西湖全景图。幅面长 165 厘米，宽 101 厘米。此图遵循上西下东、左南右北的图向，好似画者站在西湖东堤旧城东墙附近，远眺西湖全景。流传几百年的上东下西图向和由低到高的布景，开始出现在单幅彩绘的西湖全图上。画面之上，湖景为主，山景为辅，湖面开阔，群山环绕。湖景被苏堤和白堤一分为三。孤山是湖景的绝对主体，岛屿、船舫点缀其中。山景掩映在云雾之中，西侧群山是山景的主体，南北两侧仅画山脚边缘地带。群山远景用青绿色绘就，灰瓦红墙点缀山色。山分南北的特征在这幅图上并不明显，相反，远近高低的山体层次却十分清晰。湖山之间，所绘宫殿、寺庙、桥梁等建筑都十分精细。各处景点松柳环绕，营造意境。湖景东侧，另绘旧城城门城墙。湖景、山景和城景之间，由通向各处的道路和河道相连。写实的景观建筑、准确的标注和道路，反映了此图导览指示与胜景写意的融合。

康熙、乾隆皇帝南巡之后，西湖风光成了清宫反复描绘的主题。《西湖全图》符合大多数清代西湖山水图画的布局和风格。画面左下角有题款“壬寅初秋武林沈明写”。据此题款推测，此图绘制年代应是乾隆四十七年（1782）或者道光二十二年（1842）。画面右上方，另有图名和题记。原图无名，因清末民初社会名流宋小濂题名“西湖全图”，遂得此名。题记“已未正月，得于都门，褒成题讀”。钤印“小濂”“铁梅题记”。图画左下角还有收藏印“吉林宋季子古观室收藏金石图书之印”。1919 年，时任北洋政府中东铁路督办的宋小濂在北京得到此图。宋小濂在从政救国的同时，工诗善书，爱好书画收藏鉴赏。他的吉林宋季子古观室收藏历代书画精品，这幅清绘本《西湖全图》曾是宋季子古观室的藏品，后辗转入藏国家图书馆。

图 13-3　西湖全图[1]

（三）《西子湖图》

《西子湖图》，咸丰年间彩绘本（图 13-4）。这幅西湖全图由四个画轴悬挂拼成，幅面长 196 厘米，宽 172 厘米。《西子湖图》以西湖东堤旧城墙为画者视角，遵循上西下东、左南右北的图向，并保持传统山水画的构图，来表现西湖风景。因挂轴幅面影响，此图东西向拉长，南北向缩短，西湖湖面呈近圆形。画面之上，一半山景，一半湖景。湖心岛小瀛洲居中，苏堤、白堤分列两侧。山景以西侧群山为主，展现三面环湖的地形。西侧群山凸显玉皇山、南高峰、北高峰三座，其他山体远近高低，层次分明。亭台楼阁等人文景观均精细写实，并标注地名。此图采用画轴拼成，供人悬壁观览。写实的湖山风光，犹如置身画中，是这幅全图营造的意境。此外，景观文字标注和入山环湖道路走向，使全图又具有了示意和导览功能。

[1]（清）沈明：《西湖全图》，清绘本，国家图书馆藏，索书号：074.2/223.01/1799。

《西子湖图》右上角有一段题记。这段题记基本摘抄于雍正十三年（1735）《西湖志》的《西湖全图》图说[1]，行文存在漏字和改写的情况。雍正《西湖志》是官修专志，此图摘抄其中图说，凸显了官方记录对西湖全图创作的深刻影响。这段图说首先叙述西湖的地理位置，湖山形势。然后主体介绍游览西湖的五条道路。各条道路以途经代表性的景观为参照，具有极强的指示导览作用。对比图像，此图确实标绘了入山道路，但因营造湖山意境，道路被云雾、树木、建筑等景观遮挡，若隐若现。只看图像，很难找到清晰的道路走向。但对比图说，每条路上的景观都清楚地标绘。如此，隐蔽的道路就逐渐清晰起来。图说补充了地图指示导览不明显的弱点。图文互说，地图的实用性和艺术性更加平衡。画面左下角有钤印“佑甫”。佑甫是咸丰年间绿营将领刘神山的字。佑甫少年得志，可惜在镇压太平天国的三河之战中殉国，时年二十一岁。画者出身在一定程度上反映出《西子湖图》浓重的官方背景。

图 13-4　西子湖图（局部）[2]

[1]（清）李卫等修，傅王露等纂：《西湖志》卷三《西湖全图·图说》，雍正十三年刻本影印，台湾成文出版社，1983年，第206—207页。

[2]（清）刘神山绘：《西子湖图》，咸丰年间彩绘本，国家图书馆藏，索书号：074.2/223.01/1908。

（四）《西湖胜景图》

《西湖胜景图》，光绪年间彩绘本，吴小楼绘[1]，图幅长76.3厘米，宽25.4厘米。全图以黑色为底，遵循上西下东、左南右北的图向，仿佛画者站在西湖东堤眺望湖光山色。湖景是画面的绝对主体，湖面被堤坝三分，湖心岛和船舫点缀其中。山景简略，仅象征性画出南北低山，占据画面两个远角。湖上孤山成为山景的中心，代替以往全图中的西侧背山。西湖东堤近角，可见旧城门城墙。此图以自然风光为主，在湖山之间画出少量景观建筑。由于图上既不标注地名景观，也不在意道路水系，而着重画出一时春色，所以，这幅胜景图更像是一幅写实的山水画。显然，画者表现西湖春景的想法更重要。

《西湖胜景图》是西泠印社早期成员吴小楼一时感怀而作。画面上方有题记一段。这段题记是同治十二年（1873）嘉定钱元涪所作，被民间流传的西湖全图印在图上[2]。《西湖胜景图》将流传甚广的题记抄录下来，显然受到民间创作的影响。这段题记较原文略有改动，说明绘图目的。由于西湖景观，增建、改建次数较多，所以画者创作时所见景观，与之前地图的景观有所区别。当时人画当时景，表达当时的心情。这样的西湖图，描绘胜景，借画抒情无处不在的自由和随性，体现了此图的民间特征和个人感悟。

南宋到明清，从方志舆图，到专志总图；从景观图册，到单幅全图，上西下东的图向固执地流传，成为大多数西湖全景图的选择。清代，此类图向的西湖全景图大都是示意图和胜景图的融合。又因由近及远，地势由低到高的画面布局，更容易展示湖山景观，所以，此类地图主要以呈现湖山胜景为目的。

1 （清）吴小楼绘：《西湖胜景图》，光绪年间彩绘本，国家图书馆藏，索书号：074.2/223.01/1900。

2 例如：（清）陈允叔：《西子湖图》，光绪二年石印本，国家图书馆藏，索书号：074.2/223.01/1876。

二、上南下北的西湖全景图

在雍正十三年（1735）成书的《浙江通志》和《西湖志》，都是由时任浙江总督的李卫奉诏负责总纂修的官修志书。两部志书都保存了描绘西湖的全景地图。值得关注的是，分属方志与专志的两幅全图高度相似，两幅地图应该来自于同一个母本，属于同一个编绘机构的创作成果。两幅西湖全景图都采用了上南下北、左东右西的图向，好似画者在湖景北侧山峰，俯瞰西湖全景。历代西湖全景图尚未出现这样的图向和布局。雍正年间，官修志书开创了西湖全景图新的图向和布局方式。

（一）《雍正浙江通志·西湖图》

《雍正浙江通志》中的舆图，首列政区形势，之后是山水名胜，然后是海防形势，最后是寺庙书院。《西湖图》是描绘名胜之区的胜景图（图13–5），采用一图配一说的方式呈现[1]。湖景为主，湖面占据了大部分空间。湖面主要表现湖心三岛和苏、白二堤，突出与西湖十景有关的景观刻绘。山景为辅，三面环绕湖景。其中，群山以南北高峰为主，衬托湖景风光。城景在画面左侧，以旧城城墙为东界。以山景和城墙为界，湖景被环绕在一个相对封闭的区域。此图形象直观地展现了湖山形势，同时注重对特定景观的细节刻绘。在景观选择方面，《西湖图》以康熙皇帝御题的西湖十景为重点，另选具有指示作用和最具代表的景观，呈现在图上，并用文字标注。每处景观兼具定位和展示功能。画面四个方向，均用文字标注方位，凸显地图特征。

图说与地图互说互证。图说开篇介绍西湖名称、面积、地形地貌等信息，之后详细记录西湖水系来源、去向，以及兴修水利的重要性，再次叙述西湖旧有、新建堤坝，湖景分

1（清）嵇曾筠、李卫等修，沈翼机等纂：《中国地方志集成·雍正浙江通志》卷一《图说》，雍正十三年修，乾隆元年刻，据1936年上海商务印书馆影印光绪刻本重印，凤凰出版社、上海书店出版社、巴蜀书社，2010年，第178—181页。

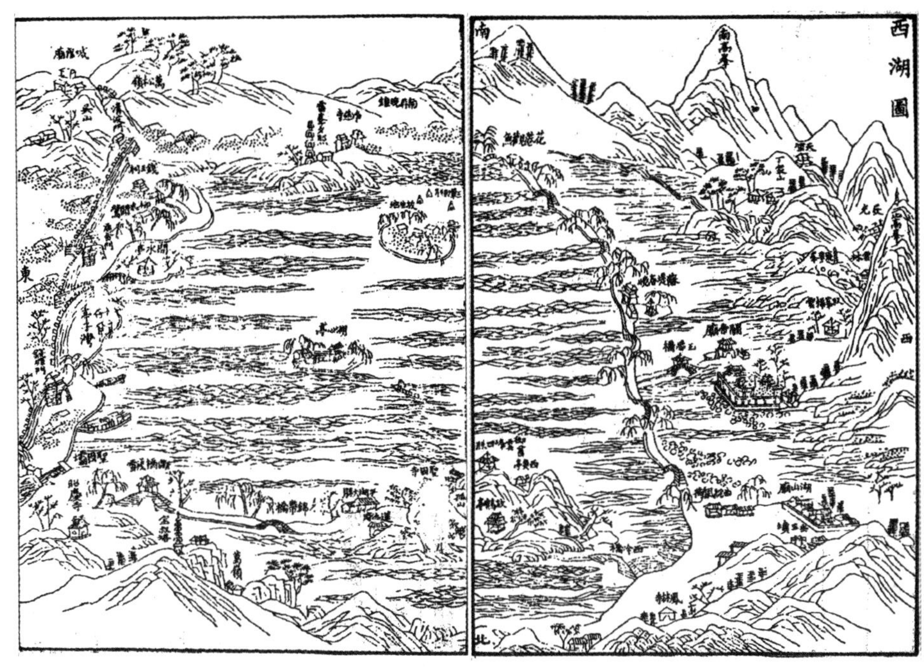

图 13–5　雍正浙江通志·西湖图

区及景观风貌，最后重点叙述康熙、雍正年间疏浚西湖的政绩。地图展示地形地势、景观分区和湖山意境等方面的内容，却无法涵盖河道水网的变迁及整治后的河工情况。《雍正浙江通志》的西湖图说与《康熙浙江通志》西湖图说具有相似的作用，将河道水网、水利河工作为重点内容，提示主政者重视河道变化。与此同时，此处图说增加了西湖风光和帝王功绩的叙述，并记录了李卫主政浙江，主持疏浚河道后的西湖风光，颂扬政绩。显然，图说表现盛世胜景的政治性愈发强烈。

（二）《雍正西湖志·西湖全图》

《雍正西湖志》作为记录西湖的专志，分门别类叙述水利、名胜、山水、堤塘、桥梁、园亭等方面的情况。名胜卷有名胜图多幅，《西湖全图》是名胜总图（图 13–6），列于名胜卷卷首。各处名胜分图分列其后。此图虽与《雍正浙江

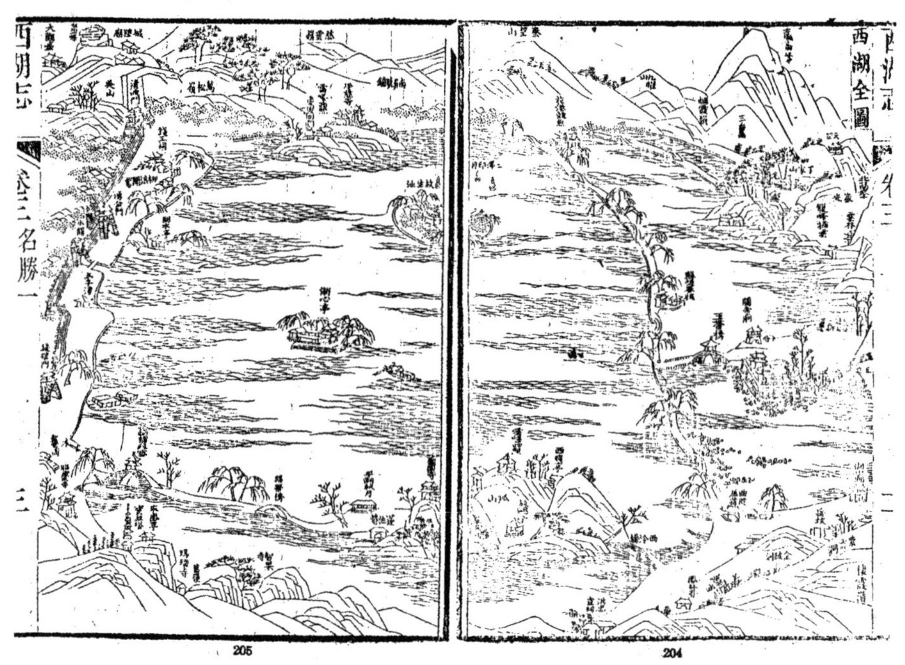

图 13-6　雍正西湖志 · 西湖全图[1]

通志 · 西湖图》同源，但也显示出专志舆图的特点。《雍正西湖志 · 西湖全图》以“全图”命名，这与总图、分图分列的体例直接相关。全图强调全景，一方面是为了便览西湖全景，另一方面还是分图景观的指示索引。此外，此图增加了部分山名标注，有助于景观定位，同时去掉方位标注。显然，《西湖全图》更重视确定各处名胜的相对位置，并不强调地图的绝对方位。

《雍正西湖志》名胜卷同样采取一图配一说的方式。此图图说与《雍正浙江通志》西湖图说的内容关注点不同，开篇叙述湖山形势，然后介绍游览道路，最后夸赞西湖胜景，说明绘图目的。连接各处景观的游览道路是图说的重点。《雍正浙江通志》重点叙述西湖水系，颂扬政绩，而《雍正西湖志》西湖全图图说重点介绍道路，并强调总图的导览指示作用。诚然，方志与专志因纂修目的不同，关注内容不

1 （清）李卫等修，傅王露等纂：《西湖志》卷三《西湖全图》，雍正十三年刻本影印，台湾成文出版社，1983年，第204—205页。

同，所绘舆图也应该有明显的区别。然而，两幅西湖全图区别较小，方志与专志的关注内容差异在图说叙述中显现。《雍正西湖志·西湖全图》“括其梗概，荟萃尺幅”，凸显地图的导览和索引功能。

（三）《西子湖图》

作为传统山水画的母题，西湖不仅是官方绘图的主题，还是众多民间人士无法割舍的内容。相对封闭的湖光山色并没有被皇家圈禁独享，开放的通道使得百姓可以畅游观景。西湖成为人们心驰神往的人间仙境。这样的背景，给民间创作西湖全景图提供了自由的空间。民间绘制的西湖胜景图广为流传。光绪二年（1876）石印本《西子湖图》就是一幅民间广泛流传的西湖全景图（图 13–7）。

《西子湖图》，陈允升绘，幅面长 135 厘米，宽 69 厘米。此图遵循上南下北、左东右西的图向，好像画者站在西湖北侧山上，俯视全景。湖景占据画面中心，被山景和城墙环绕。与上述两幅上南下北的西湖全图相比，《西子湖图》扩大了西湖全景范围，不但将山景整体表现出来，还增绘了旧城的城内景观。不仅如此，此图还将西湖景区各处景观尽量多而细地表现出来，同时画出多条入山道路。无论是湖景、山景还是城景，都细致描绘，不分主次。画面远端甚至隐约可见钱塘江边桅杆林立的江景。作为一幅山水导览图，《西子湖图》对西湖全景的描绘可谓精细，还标注便于游览的导览指示说明，如“湖面方广三十里”“古广化寺内有六一泉”等。此图兼具山水画的意境和地图的导览指示功能，尽可能详细的景观刻绘，迎合了民间大众希望多了解西湖胜景的感受。

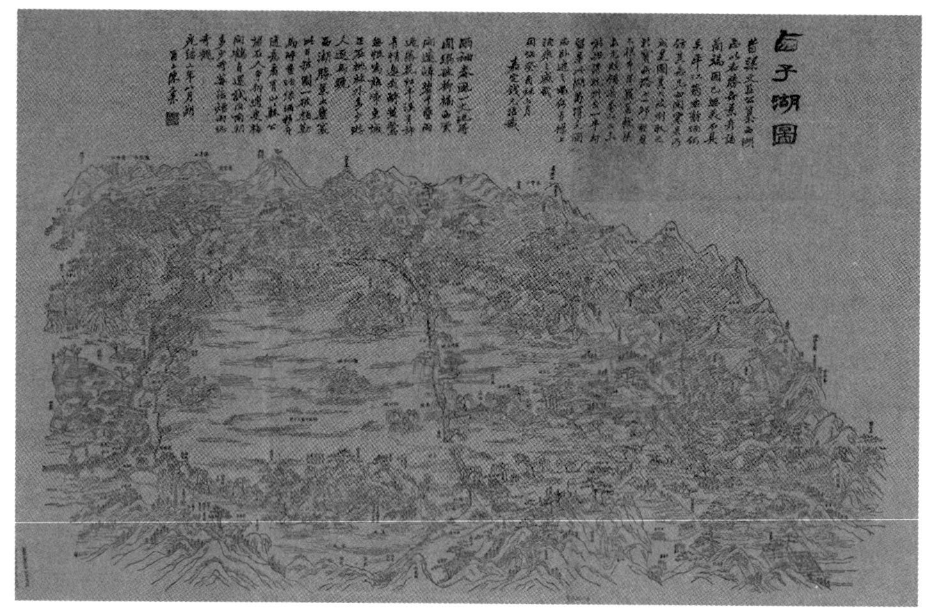

图 13-7　西子湖图

画者陈允升是清末海上画派的中坚人物。《西子湖图》应该是陈允升在陈氏得古欢室摹绘的作品。图上附有同治十二年（1873）嘉定钱元涪题记："昔梁文庄公纂西湖志，以名胜各景弁诸简端。固已无美不具已。平江翁君静涵，偶仿其意。凡四阅寒暑，乃成是图。其大致则取之于宝所塔。而一邱一壑，靡不棋布星罗。盖较梁本，尤赅备焉。香山云，未能抛得杭州去，一半勾留是此湖。留得是图而卧游之，尚何有襟上酒痕之感哉。"[1] 另有陈允升题诗一首，钤印"纫斋"。此图题记内容和画者经历，反映了民间刻印西湖全图的流传线索。根据题记记载，这幅民间创作西湖全图，受到乾隆年间梁诗正纂《西湖志纂·西湖全图》的影响，后由平江翁君静涵模仿写意创作。为迎合民间对西湖全图的需求，寓居上海的画家陈允升摹绘此前流传下来的西湖图，石印出售，并将原图题记与自题诗附于画上，说明此图传承过程，增添画作风雅志趣。需要说明的是，梁诗正纂《西湖志纂》中的

[1] （清）陈允升：《西子湖图》，光绪二年石印本，国家图书馆藏，索书号：074.2/223.01/1876。

《西湖全图》，无论是图向布局还是景观刻绘，均差异较大。由此推测，平江翁君静涵的摹绘本创作改动幅度较大。

上南下北是古代舆图最常见的图向，但在历代西湖全景图中却不是主流。这类图向的西湖全景图由雍正年间官修志书开创，推测与康熙皇帝南巡有关。帝王行宫坐落在西湖南岸附近的孤山，因此，上南下北的图向，最符合皇帝观览的视角。孤山处于两幅全图的画面近处中心位置，就是为了突出皇帝视角。清代晚期，随着志书广泛流传，上南下北的西湖图开始影响到民间西湖全景图的创作。

三、上北下南的西湖全景图

上北下南的西湖全图，最早见于《万历杭州府志·西湖图》。有清一代，此类图向的西湖图并不多见，但却非常重要。

（一）《西湖志纂》

乾隆十六年（1751），为恭迎乾隆皇帝首次南巡，大学士梁诗正、礼部尚书衔沈德潜重新修纂西湖专志《西湖志纂》，取雍正《西湖志》的内容精编，并增加近二十年间西湖景观变化等内容编纂成卷，并于乾隆十八年（1753）进呈内府。由于此部专志与特定的历史事件息息相关，修纂目的十分明确。目的就是供皇帝御览，解读西湖胜景，留存历代颂赞西湖胜景的诗文。《西湖志纂》按照胜景分类叙述，首列名胜图，其次介绍西湖水利，再次叙述孤山、南山、北山、吴山、西溪五个分区的胜迹胜景，最后记录历代诗文。《西湖志纂·西湖全图》是名胜总图，列于卷首，各处名胜分图分列其后[1]。这样的编写方式与雍正《西湖志》体例相同。

《西湖全图》（图 13-8）遵循上北下南、左西右东的图向，好似画者站在南屏山上北望西湖全景。此图与雍正《西

[1] （清）沈德潜辑：《中国名山胜迹志》第二辑《西湖志纂》卷一《名胜图》，台湾文海出版社，1971 年，第 23—140 页。

湖志·西湖全图》的视角形成隔湖对望之势，画面风格和景观选择与雍正《西湖志》类似。画面之上，湖景占据绝对主体，湖心岛和湖堤所在位置清晰明确。孤山处于湖面北侧中心位置，圣因寺行宫又处于孤山南麓中心，彰显行宫的特殊地位。山景和城景压缩，仅北侧山景相对完整。景观选择以西湖十景为中心，另绘代表性景观。为乾隆南巡增修的十八景，多与图上标注的景观有关。如果说雍正《西湖志·西湖全图》是以皇帝的视角看全景，那么乾隆年间刻印的《西湖志纂·西湖全图》就是以臣子的视角面北而立，环视全景。《西湖志纂·西湖全图》图说，前半部分摘抄自雍正《西湖志》，后半部分叙述历代名人对西湖胜景的称颂，并记录康熙、乾隆皇帝描写西湖全景的御制诗作。图说中描绘西湖景色，颂扬盛世胜景的篇幅明显增加。

图 13-8 西湖志纂·西湖全图

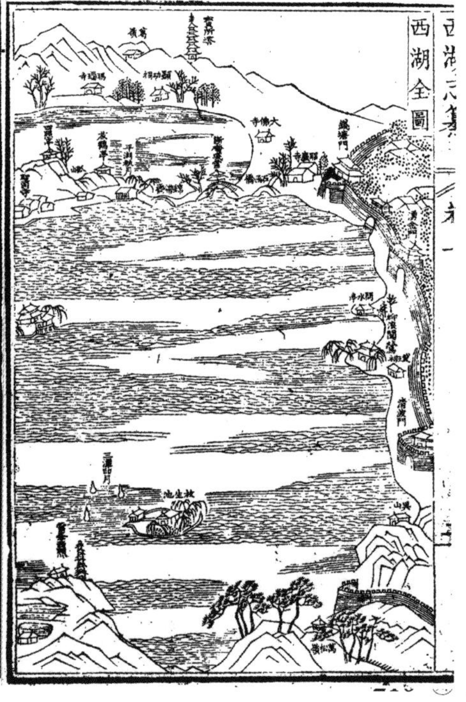

图 13-9　西湖全景图（局部）[1]

（二）《西湖全景图》

《西湖全景图》，清中期彩绘本（图 13–9），幅面长 266 厘米，宽 132 厘米。此图以西湖东南角城、山交界处为画者视角，大致遵循上为西北、下为东南的图向。图上湖景和山景被限制在东西长、南北短的幅面上，山景放大，湖景缩小。山景之中，山峦起伏，山势层叠。湖景之中，岛堤夸大，突出苏堤和孤山的中心位置。这样的湖山布局，可以利用更多空间来描绘人文景观，增加地图的导览功能。

《西湖全景图》的绘画风格和载体贴签，显示了此图不同寻常的来历。由此推测，此图为清宫内府旧藏。首先，此图是胜景地图中极为罕见的以兽皮为载体的作品。如此幅面巨大的兽皮胜景巨作，只有内府可能做到。其次，此图以金粉打底，如果不仔细辨识，很难看出画作绘于兽皮之上。图上景观均贴黄签标注。金粉打底和明黄色贴签都是皇家专

1 （清）《西湖全景图》，清中期彩绘本，国家图书馆藏，索书号：074.2/223.01/1820。

属。最后，画中的青绿山水保留明末清初山水图的遗韵。湖山之间景观建筑的画法，与《南巡图》《西湖三十二景图》等宫廷画作非常相似。与其他西湖图相比，这幅《西湖全景图》更像是一幅青绿山水图画，但贴签标注又体现了此图具有特定的指示功能。浓墨重彩的青绿山水体现了这幅地图，表现胜景如“胜境”的山水风光远比精确指示更重要。《西湖全景图》的图说同样摘抄于雍正年间《西湖志·西湖全图》。图说来源再次印证画作强烈的官绘背景和浓重的政治色彩。

（三）《御览西湖胜景新增美景全图》

容光堂摹刻本《御览西湖胜景新增美景全图》是清末民间刻绘的西湖全景图（图 13–10）。此图遵循上为西北、下为东南的图向，用形象画法尽量详尽地展现西湖所有景观，并辅以文字标注。由唐宋至清末形成的各种人文景观，几乎都可以在图上找到。与清代帝王南巡有关的西湖十景、钱塘八景和增修十八景是此图刻绘的重点。湖景、山景、城景之间，以游览道路串联起来。图上景观位置准确，游览路线清晰，具有明显的导览功能。这幅在清末民间流传的西湖全图，将写实的景观和精确的定位融合在一起，是一幅典型的名胜导览图。这样的画面布局和刻绘风格，与山水画意境格格不入。而热闹非凡的紧凑景观，却非常符合民间审美，与年画风格类似。同时，“御览”的题名和标注帝王巡幸的景点，契合民间希望看到皇帝曾经游览的西湖胜景的心理。

上北下南是现代地图最普遍的图向，但在形象画法的西湖全景图中却比较少见。此类地图发源于明代官修方志，后出现在乾隆官修专志中。清中期以后，上北下南图向出现变体，上为西北、下为东南的图向应用于西湖全图。从《西湖全景图》和《御览西湖胜景新增美景全图》中苏堤的走向判断，这两幅图大致可以归入上北下南的西湖全图分类中。上

图 13-10 御览西湖胜景新增美景全图 [1]

北下南的西湖全图，初衷是直观呈现西湖山湖形势，突出地图的示意指示作用。当图向变成上为西北、下为东南之后，西湖全图的景观细节描绘明显增多，表现胜景意境的作用增强。

[1]（清）《御览西湖胜景新增美景全图》，容光堂摹刻本。

四、清代西湖全景图的特征

清代，随着帝王南巡频繁驻跸，西湖成为歌颂盛世胜景的绝佳主题。清帝南巡，同时加快了西湖周边的景观建设和河工治理，西湖景观发生日新月异的变化。增修的景观和畅通的河道彰显了主政者的政绩，代表了四海清平的盛世。频繁变换的湖光山色，需要更多的西湖全图去记录。于是，应制而作的西湖全景图进入了最为兴盛的阶段。

（一）胜景意境与导览指示

具有特定示意指示功能的地图，在描绘西湖风光的真实性方面，远远优于写意的山水画。另一方面，山水画对意境的描绘，又是颂扬盛世胜景的绝佳视角。所以，无论是志书插图，还是单幅全图，官绘西湖全图一直试图追求写实与写意之间的平衡。

以地图图向为标准，本文将西湖全景图划分为三类。上西下东是西湖全景图最常见的图向，也是表现西湖全景的最佳图向。由近及远，地势由低到高。城景、湖景、山景层次分明，不易遮挡。此类地图南北两侧景观布局均衡，画面基本遵循南北对称的特征。《康熙浙江通志》和《西湖佳景》的西湖全图，以中天竺至涌金门连线为轴，画面两侧景观大致呈对称分布。山景之中，南北分山，南高峰与北高峰相对；湖山之间，雷峰塔与保俶塔隔湖南北相对。这样的轴对称构图，特别符合传统的审美标准，也更适合双叶分幅的线装书装帧形式。单幅全图继承了上西下东的图向，以画面中心连线为轴。佑甫绘《西子湖图》以南高峰至涌金门连线为中心，两侧景观，特别是山景，对称布景明显。吴小楼绘《西湖胜景图》虽将山景压缩简绘，但远端南北山景还是基本呈对称分布。同时，以孤山为中心，白堤和苏堤也呈对称之势。沈明绘《西湖全图》是唯一的特例，此图湖景两堤、湖边两塔相对，但山景偏重南侧，并未形成均势。此类地图在画面布局方面具有天然优势，各处景观细节可以细致表现。在此基础上，单幅全图还刻意营造湖山意境，造成胜景宛如圣境的观感。因此，上西下东的全图，展现盛世胜景的意义超越了指示导览功能。描绘盛世胜景成为此类地图最鲜明的特征。

上南下北的西湖全景图，在雍正年间官修志书中出现，与清帝南巡直接相关。康熙四十四年（1705），为了康熙皇帝南巡驻跸，在孤山南麓中心营建皇家行宫。行宫坐北朝南，背山面湖。皇帝于行宫览景，面南而坐，观览全景，具有君临天下的寓意。《雍正浙江通志》和《雍正西湖志》都是奉诏纂修，修纂完成后进呈御览。以帝王视角描绘全图，供皇帝御览，符合官修方志的目的，也体现了此类地图强烈的政治性。图中主要标绘康熙御题西湖十景，具有明确的导览指示功能。景点选择的政治性与指示性相结合，是此类地图最明显的特征。清代晚期，民间开始出现摹刻官绘本的西湖全图。上南下北的画法，走向民间书坊，并随着石印技术的普及，迅速流传。陈允升摹绘《西子湖图》不仅保持了上南下北的图向，还保留了西湖十景的标注，复刻特征明显。此外，民间地图迎合大众口味，既以帝王视角展示胜景，又在有限的幅面上尽可能增绘其他景观，胜景展示与导览功能齐备。

上北下南的西湖全景图，在明代方志中就已经出现，却直到清代乾隆《西湖志纂》再次出现。乾隆《西湖志纂》是雍正《西湖志》的增修精编本，却选择与原图对视相望的图向。北望西湖，孤山行宫处于画面的中心，好似官员百姓面北而立，有朝觐天子的感觉。此图特征与雍正《西湖志·西湖全图》相似，体现了政治性与指示性的高度融合。清代中晚期，上北下南的图向被上为西北、下为东南的图向取代。此后，地图表现景观细节的特征增强。

无论是上北下南，还是上南下北的图向，这些西湖全图都以帝王驻跸的孤山行宫作为画面的中心，具有相似的地图特征。因此，三类不同图向的地图，可归为东西向的全景图和南北向的全景图两大类。东西向的全景图流传时间更长，以湖山风光为主体，表现西湖胜景的意境。南北向的全景图出现时间较晚，以孤山行宫为中心，显示出强烈的政治性和导览指示性。

（二）官方编纂与民间刻印

由宋至清，形象画法的西湖全景图经历了从方志、专志插图，到单幅胜景图、游览导游图的演变。在这个演变过程中，西湖全图也完成了从官方走向民间的过程。

《咸淳临安志》保留了流传至今最早的西湖全景图，临安城的行都地位和纂修者潜说友的仕途背景，赋予此书浓重的官方色彩。明代，西湖全图在方志和专志中流传。因为这些志书或为官修，或纂修者为官宦出身，所以，此时西湖全图的官绘背景，以及地图的政治性特征在逐渐增强。

清代立国，以官修《康熙浙江通志》为西湖全景图的创作奠定基调。西湖全图在兼顾景观细节和定位的同时，另附图说，记录图上无法展示的诸多信息。图说与地图互为说明，共同流传。清帝南巡，西湖全图的创作进入最盛期。雍正《浙江通志》和《西湖志》与康熙皇帝数次南巡有关，乾隆《西湖志纂》与乾隆皇帝首次南巡直接相关。在方志中，西湖图一般是作为描绘此地山水的名胜分图而存在；在专志中，西湖全图作为描绘各处景观的总图而存在。因此，布局相似、风格相近的西湖全图在方志和专志中的功能并不相同。专志中的西湖全图和图说，是后世单幅西湖全图的母本。

雍正《西湖志》是清代第一部官修西湖专志，其中的《西湖全图》图说被传抄、改写，呈现在乾隆《西湖志纂》、绘本《西湖全景图》、佑甫绘《西子湖图》上。图说对西湖地形地貌、道路胜景的叙述具有强烈的官方色彩，几乎成为后世西湖全景图的官方统一表述。而这些全图又都具有官绘色彩，足见雍正《西湖志·西湖图》对后世官绘西湖全图的影响。

乾隆年间，西湖全景图开始逐渐走向民间。《西湖佳景·全图》是较早刻绘的流传于民间的西湖全图。清代中晚期，官绘西湖全图开始减少，民间刻绘的西湖全图开始增多，逐渐成为主流。同时，民间还出现了以西湖为主题的年画，流传更为广泛。民间流传的西湖全图，以刻印为主，数量较多；少数文人作画自赏，存世较少。这些流传在坊间的西湖全图，在一定程度上受到官绘地图的影响。其中，摹绘官修志书的全图，并迎合民间审美和导览需求，进行再创作，是这些地图的主流。乾隆年间《西湖佳景·全图》以《康熙浙江通志·西湖图》为底本，进行改绘调整；陈允升摹绘《西子湖图》保留雍正《西湖志》的影子；容光堂刻《御览西湖胜景新增美景全图》又是乾隆《西湖志纂》的摹改本。官修志书西湖图，与藏于内府的地图不同，是民间最有可能见到的官绘本。普通百姓对皇家生活的迷恋和对西湖胜景的无限向往，给民间西湖全图创作指明方向。仿照志书中的官绘全图，并在有限的幅面上增绘景观，形成既展示全景，又实用导览的胜景导览图，是民间的必然选择。

从官修志书到民间导览图的流传演变过程，在民间西湖全图题跋中，可以找到线索。嘉定钱元涪是乾嘉学派钱大昕的玄孙，他为西湖全图题跋时，曾提及“梁文庄公纂西湖志”，画者翁若静偶仿其意。这幅“偶仿其意”的画作未见存世，但却被清晚期的画者摹绘，记录下传承经过。陈允升绘《西子湖图》和吴小楼绘《西湖胜景图》都传抄改写了钱元涪的题跋，因此，我们才能追溯到民间西湖全图的演变历史。

至此，形象画法的西湖全景图的谱系特征基本清晰。随着同治、光绪年间，西湖景区开始进行较为精确的实地测绘，实测的西湖全图开始出现，并逐步取代形象画法的西湖全景图。这种写实与写意相结合的西湖全景地图，在清末民初退出历史舞台。

殿船与快船

——国家图书馆藏清宫样式雷御船图档的形制分析

样式雷图档保存了清宫皇家建筑设计的第一手资料，反映了清宫建筑从设计施工到最终完成，乃至室内装修陈设等方方面面的内容。样式雷图档中有一类图样，既不同于传统的建筑设计，又与传统建筑图样关系密切，这就是清宫皇家出行交通工具的图档资料。国家图书馆是目前保存样式雷图档数量最多的收藏机构，现存样式雷图档一万五千多种。其中，有关交通工具的设计制作图档大约一百一十多种。这些图档以水路出行的御船图样为主体，约有近百种。另外，还有晚清北洋水师的鱼雷艇队炮船帆船、冬季冰上出行的拖床和陆路出行的轿辇图档合计约二十种。交通工具类图档虽然不是样式雷图档资料的主流，却具有十分鲜明的特点。

除国家图书馆之外，目前所知在中国科学院文献情报中心、清华大学建筑学院资料室等机构也收藏了少量的样式雷御船图档。从中国科学院文献情报中心曾经展示的御船图样可以看出，这些收藏的御船图样大都是光绪年间的御船作品[1]。清华大学建筑学院资料室收藏的是咸丰年间在圆明园里水路出行使用的“月波舻”御船图样[2]。以往学术界对样式雷图档中的交通工具类图档研究涉及较少，其中又以光绪年间颐和园内的御船图样为主要研究对象[3]。本文采用类型学的方法，对国家图书馆馆藏清宫样式雷传统御船图档做系

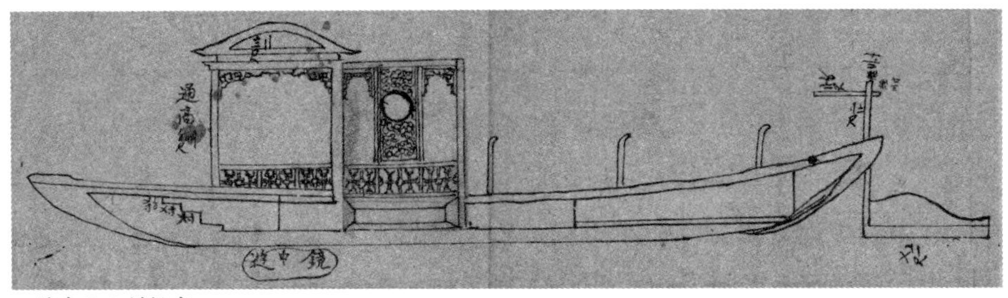

1. 镜中游立样糙底

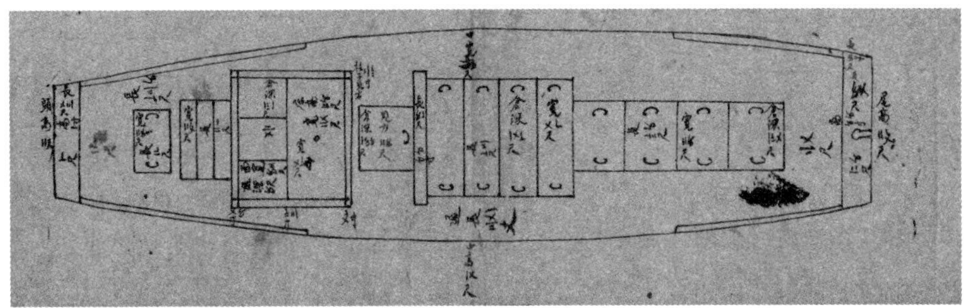

2. 镜中游平样糙底

图 14-1　A 型卷棚顶御船镜中游图样

统梳理，试图揭示清宫御用游船设计和制作的真实状态。

一、样式雷御船图样的分类

样式雷图档中的御用游船，就是专门为清宫皇家游览园林河湖，以及通过水路巡幸各处，而专门设计制作的传统木船。国家图书馆馆藏样式雷御用游船图样，可以根据船只是否具有殿式或帐式船舱分为两大类。

第一类，殿船类，有殿式或者帐式船舱。又根据船舱形制差异，特别是仿殿顶样式的差异，分为十个类型。

A 型 卷棚顶（图 14-1）。船体通长三丈[4]左右，头宽四尺有余，中宽七尺左右，尾宽五尺有余。在船体靠近船头的前三分之一或者二分之一处，搭建近方形的卷棚顶亭式中舱，突出展现御船的柔美轮廓。中舱高度尽量与宽度、进深保持协调。船帮之上，中舱明高大约五尺左右。舱深差别较大，一尺至三尺不等。中舱或四面通透，或三面通透、一面

1 北京市颐和园管理处、国家图书馆、中国科学院文献情报中心、北京市海淀区档案馆：《明珠耀“两河”——西山永定河与大运河文化带中的颐和园》，国家图书馆出版社，2019年。

2 肖金亮：《九洲清晏如意桥研究与整修》，《〈圆明园学刊〉第八期——纪念圆明园建园300周年特刊》，2008年，第21—31页。

3 翟小菊：《清代“样式雷”与颐和园御船设计初探》，《中国紫禁城学会论文集》第八辑，2012年，第366—391页。

4 样式雷图档中标注的丈尺，均为清宫营造尺，一尺约相当于32厘米。

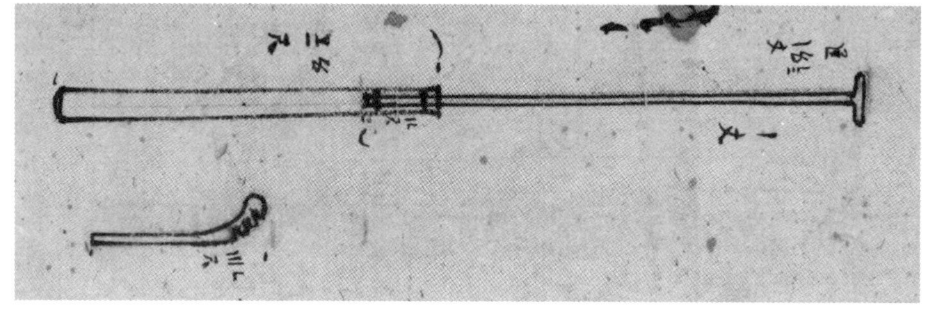

图 14-2　A 型卷棚顶御船天上座的船桨与船罩

封闭。中舱两侧，上有雕花纹饰点缀，下有雕花栏杆防护。中舱前设有进入舱内的踏跺。舱内靠近封闭面一侧安置宝座床，便于人们乘坐。部分御船在中舱与船尾之间设有船罩若干。船尾有舵盘，便于操控船只方向。部分图样还单独画出船桨和船罩样式，并标注尺寸（图 14-2）。国家图书馆馆藏卷棚顶御船图样包括一卷两罩绿船、青雀舫、般若观、拟排造新船、镜中游、天上座、镜清航、得源、涵碧舫、一卷罩船等。这些卷棚顶御船，或为单个设计制造，或为两个一组成对设计。成对设计的御船有青雀舫和般若观，以及镜中游和天上座两组。成对的御船，在样式、尺寸等方面都十分相似，仅在装饰纹饰细微处有所区别。

以镜中游和天上座一组为例。国家图书馆馆藏镜中游和天上座图样，包括平立样糙底[1]和平立样两类。镜中游通长三丈四尺一寸，头宽四尺三寸，中宽七尺五寸，尾宽五尺四寸。这组御船数据可以代表大部分卷棚顶御船的船体大小。镜中游和天上座的船体大小几乎相同。两只船在船体靠近船头三分之一处，是三面通透一面封闭的亭式中舱。中舱尺寸、装饰纹饰，以及封闭一面的圆窗设计和装饰纹样也基本相同。中舱与船尾之间设有船罩三对。两幅立样都标注了中舱和尾舵的尺寸数据。其中，对尾舵的标注格外详细。两只船的活动甲板也基本相同。平样上详细绘制了踏跺、中舱内

1 [清]样式雷制：《天上座船平立样糙底》，国家图书馆藏，索书号：164-0020。

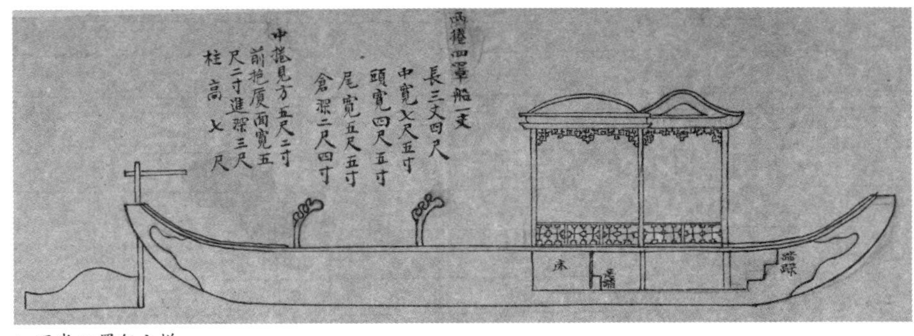

1. 两卷四罩船立样

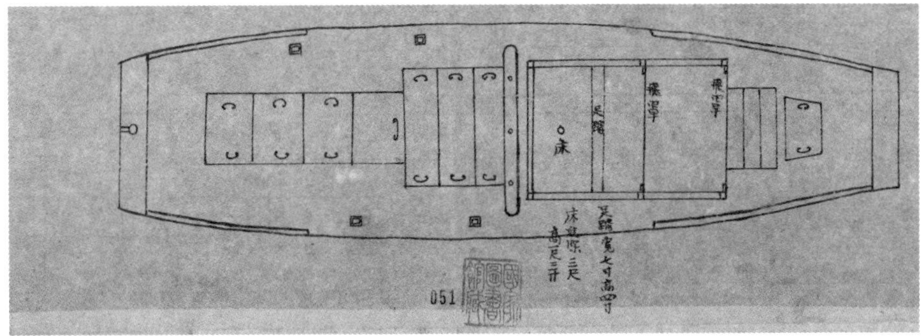

2. 两卷四罩船平样

图 14–3　B 型双卷勾连搭顶御船图样

部格局、活动甲板布局等。天上座平立样还画出了船罩和船桨的形制[1]。天上座使用的船桨通长一丈五尺八寸。其中，握杆部分长一丈，桨板部分长七尺五寸，握杆与桨板连接处长一尺七寸。船罩通长三尺六寸，罩上凹槽及各部分尺寸也都详细标出。

B 型 双卷勾连搭顶（图 14–3）。双卷勾连搭顶其实是卷棚顶的复杂版本。此型船体与 A 型御船较大者尺寸相近。两型御船的船体结构也十分相近，仅在中舱样式有所区别。B 型御船中舱分为前抱厦和中卷两个部分。其中，中卷部分相当于 A 型御船的中舱部分。在中舱之前，添建宽度略窄于中卷、高度与中卷一致的前抱厦，以达到扩大中舱空间的目的。

国家图书馆馆藏 B 型御船图样，仅存两卷四罩船画样一幅[2]。这幅画样没有题写御船名称，直接以御船形制“两卷

1 [清]样式雷制：《天上座船平立样糙底》，国家图书馆，索书号：164-0020。

2 [清]样式雷制：《两卷四罩船规制画样》，国家图书馆藏，索书号：051-0002。

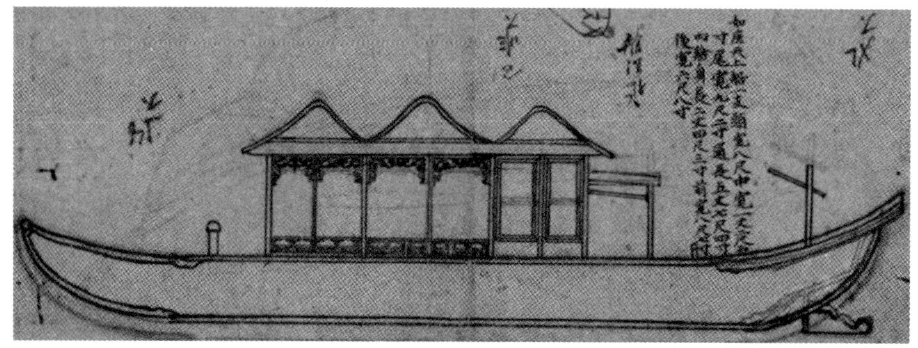

1. 如坐天上御船立样

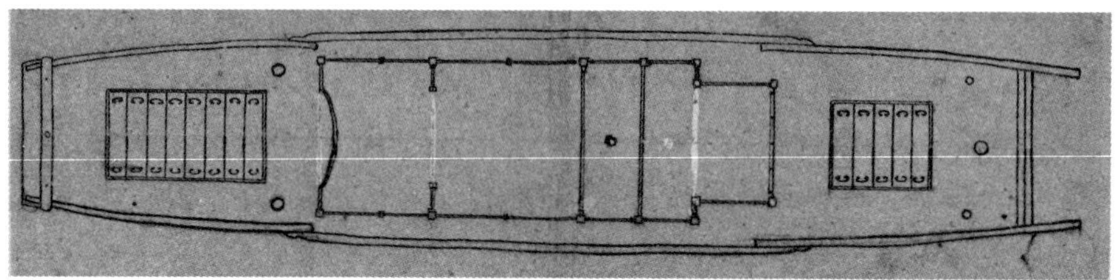

2. 如坐天上御船平样

图 14-4　C 型三卷勾连搭顶御船图样

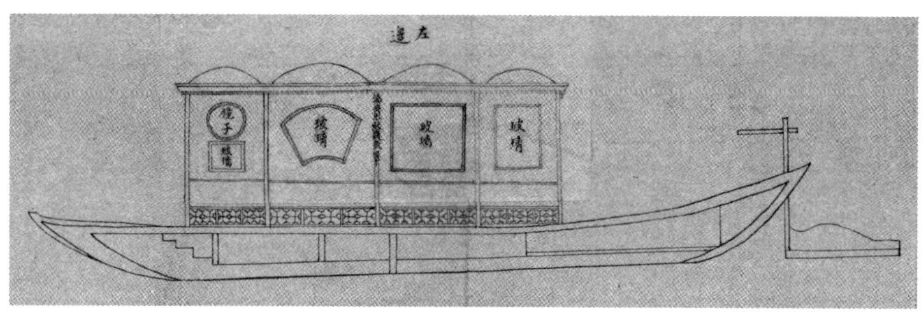

图 14-5　D 型四卷勾连搭顶月波舻立样

四罩”为名。这只“两卷四罩船”通长三丈四尺，头宽四尺五寸，中宽七尺五寸，尾宽五尺五寸。中舱前抱厦与中卷宽度均为五尺二寸。前抱厦进深三尺，中卷进深五尺二寸。从御船立样上看，前抱厦明显窄于中卷部分。前抱厦前设有入舱的踏跺，中卷后半部设宝座床。中舱与船尾之间有船罩两对，并设计“凸”字形活动甲板。

C 型　三卷勾连搭顶（图 14-4）。三卷勾连搭顶御船，船体基本结构与 A 型、B 型相似，但中舱形制比 B 型更为复杂，空间更大。为增加中舱空间，此型御船船体明显大于前两型御船。中舱舱顶设计成三卷勾连搭的样式，并以三卷之间连接处为界，分为前卷、中卷、后卷三个部分。其中，中卷船顶最高，船舱最宽，前卷和后卷船顶高度和船舱宽度，都略小于中卷。此型御船的尾舵位置与 A 型、B 型不同。A 型和 B 型船舵位于船尾最末端，舵叶位置超出船体。而三卷勾连搭顶御船，由于船体较大，尾舵安装在离船尾还有一段距离的地方。舵叶并未超出船体。

国家图书馆馆藏三卷勾连搭顶御船图样，仅有“如坐天上”御船平立样[1]，以及记录这只御船详细尺寸的略节[2]。如坐天上船通长五丈七尺四寸，长度相当于普通卷棚顶御船的二倍，头宽八尺，中宽一丈二尺五寸，尾宽九尺二寸。中舱为单檐三卷勾连搭顶，前后通透的敞厅设计，舱内三部分宽度相同，进深不同。中舱通进深二丈四尺三寸，其中，前卷进深八尺七寸，中卷进深八尺八寸，后卷进深六尺八寸。三卷中舱之后，另接平台一座。从中舱各部分尺寸来看，前卷和中卷舱内几乎呈方形，后卷呈长度稍短的长方形。中舱前卷、中卷的装饰相同，均由栏杆和雕花组成，后卷设计成两扇落地窗的样式。中舱与船头、船尾之间，各设有活动甲板。如坐天上平立样与略节记载的船体尺寸略有差别，反映出在御船设计过程中曾做过修正。

D 型 四卷勾连搭顶（图 14–5）。此型御船的船体结构、船体大小和尾舵位置，均与 A 型、B 型相似，船体明显小于 C 型。中舱船顶设计成四卷勾连搭的样式，四卷船顶连接处亦是四重船舱的分界。四卷勾连搭顶中舱，占据船体甲板上大部分空间。根据图样说明，四卷中舱最前面一卷称为前卷抱厦，第二卷称为前卷，第三卷称为后卷，第四卷称为后卷抱厦。其中，中间部分近方形，抱厦部分呈略窄的长方形。

1 [清]样式雷制：《如坐天上船平立样》，国家图书馆藏，索书号：164-0022。

2 [清]样式雷制：《如坐天上船略节》，国家图书馆藏，索书号：167-0177。

国家图书馆馆藏四卷勾连搭顶御船图样均为月波舻平立样、装饰图样及略节。月波舻通长三丈四尺，头宽四尺七寸，中宽七尺五寸，尾宽五尺四寸。中舱为单檐四卷勾连搭顶，半封闭船舱设计。中舱四部分宽度相同，均为五尺五分。中舱通进深一丈四尺，其中，前后卷进深是四尺六寸，前后抱厦进深是二尺八寸。中舱柱高七尺，舱深二尺四寸，船帮之上可见中舱高为四尺六寸。前抱厦设有入舱的台阶，后抱厦最里端添设床。中舱与船头、船尾之间设有活动甲板。月波舻的船体大小与B型两卷四罩船几乎一致，仅在中舱部分形制不同。中舱四个部分采取统一的装饰纹样，下有雕花栏杆，上有开窗。为展示御船的灵动风格，中舱四个部分在保证栏杆纹饰统一的前提下，开窗设计成不同的形状，窗面添安玻璃。中舱的装饰设计，体现了月波舻在众多御船中的特殊地位。

一般来说，御船中舱越大，形制越复杂，承载中舱的船体也应该越大。从卷棚顶船到三卷勾连搭顶御船，基本符合船体逐渐增加的规律。但作为四卷勾连搭的月波舻，地位高，装饰精致，但船体却与A型和B型御船相似，不符合中舱越大，船体越大的规律。国家图书馆馆藏月波舻中舱设计的图样内容十分丰富。通过梳理发现，月波舻是咸丰皇帝在圆明园的御用游船，在众多御船中，地位最高。但如此重要的御船，竟然是由双卷勾连搭顶御船改造而成。一幅名为《月波舻船添安装修样糙底》的图样显示，月波舻糙底完全属于B型双卷四罩船[1]。图样上标注“能否再添后抱厦，踏勘在后卷之后，用添接后卷样画”，说明了月波舻与双卷四罩船的关系。在旧有双卷四罩船中舱之后，增建了与原来中舱大小形制相似的后卷中舱，才变成改造后的四卷勾连搭月波舻。

1 [清]样式雷制：《月波舻船添安装修样糙底》，国家图书馆藏，索书号：164-0050。

E型 平台顶。平台顶御船就是中舱舱顶为平台样式的御船。此型御船船体大小、结构与A型卷棚顶御船相似。根据国家图书馆馆藏样式雷图档数据统计，平台顶御船船身通长约三丈左右，头宽在四尺五寸至五尺四寸之间，中宽在七尺四寸至八尺二寸之间，尾宽在五尺八寸至六尺五寸之间。在船体中央位置，搭建平台顶中舱。中舱以进深五间的样式最为常见。平台顶御船的中舱位置与卷棚顶御船不同，中舱至船头和船尾的距离几乎相同，而卷棚顶御船中舱距离船头更近。此型御船中舱通进深大都一丈有余，通高约四尺至六尺不等。中舱多为三面封闭、一面敞开的半封闭样式。舱内封闭三面均设有床，可以容纳多人乘坐。由于中舱占据了船体大部分空间，中舱与船头、船尾之间，安置活动甲板的空间明显小于卷棚顶御船。国家图书馆馆藏平台顶御船图样包括平台船、主位船、红船、旧有绿油船、新排船、绿油船等。这些御船样式不如卷棚顶御船华丽，但却增加了中舱空间，更加实用。从功能上看，此型御船均是供皇家水陆出行、游玩而乘坐的船只。根据平台顶是否可以登临游览，又可分为：

Ea型，不可登顶（图14–6）。不可登顶的平台顶御船，以红船为例[1]。船体通长三丈三尺，头宽五尺三尺五分，中宽七尺四寸，尾宽六尺。中舱基本位于船体的正中位置，为五间半封闭式。中舱通进深一丈七尺，面宽五尺二寸五分，舱深二尺九寸，明高五尺。与卷棚顶御船相比，平台顶御船几乎没有装饰纹样，取而代之的是简约的三节隔扇窗样式。

Eb型，可登顶（图14–7）。可登顶的平台顶御船，以悬挂龙旗平台船为例[2]。这只平台船与上述红船的船体大小和结构几乎完全相同，仅在中舱部分设计有所差别。中舱进深一丈二尺二寸，面宽七尺三寸。中舱同样为五间半封闭式。与

1 [清]样式雷制：《红船画样》，国家图书馆藏，索书号：051-0005-02。

2 [清]样式雷制：《平台式船式画样》，国家图书馆藏，索书号：051-0003-01。

1. 红船立样

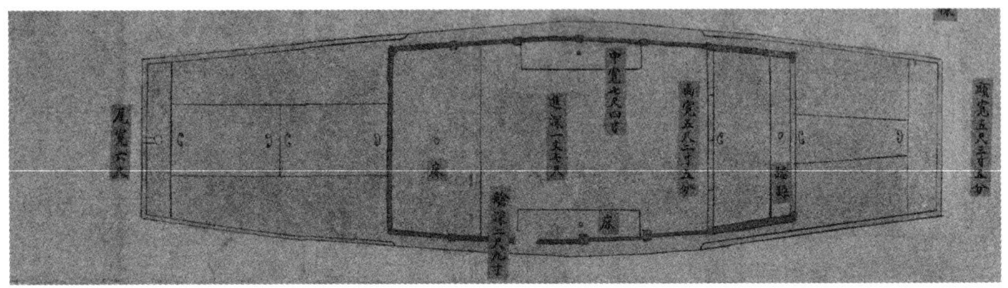

2. 红船平样

图 14-6　Ea 型不可登顶平台船图样

红船不同的是，这只平台船的中舱外观设计更像是真正的平台建筑。五间中舱中，第一间为全开放式，后四间为封闭式。中舱设计成下为仿砖墙纹样，上为雕花漏窗的样式。舱顶平台四周用雕花栏杆包围。乘船人可以登上船顶眺望景色。舱顶平台中央立旗杆，悬挂龙旗，以彰显乘船人的身份地位。

F 型 重檐攒尖顶（图 14-8）。重檐攒尖顶御船，船身形制大小与 A 型卷棚顶御船相似，或者略大，中舱为方形亭式敞厅的形制。

国家图书馆馆藏重檐攒尖顶御船图样是翔凤艇平立样[1]。国家图书馆馆藏样式雷图档中，以翔凤艇命名的御船有两只，其中一只就是 F 型御船。此船图样并未标注船体通长，但标注此船是“仿扑拉船”。从翔凤艇和扑拉船的船体数据对比发现，两只船均为头宽五尺，中宽七尺二寸，尾宽五尺

1 [清]样式雷制：《翔凤艇仿扑拉船平立样糙底》，国家图书馆藏，索书号：051-0006-01。

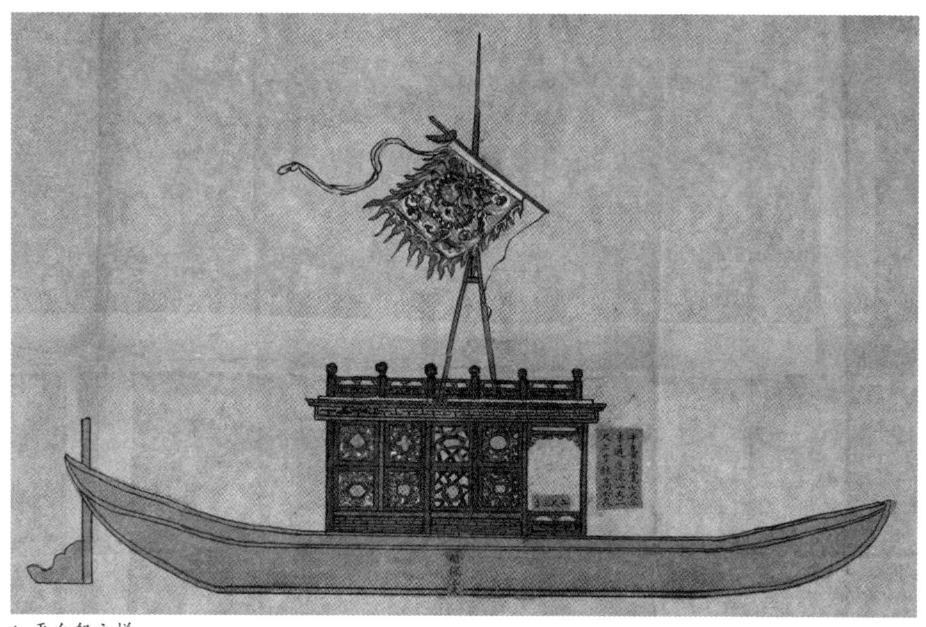
1. 平台船立样

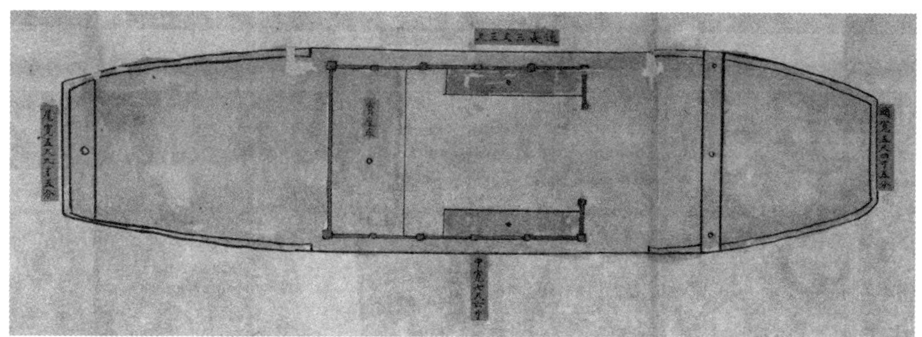
2. 平台船平样

图 14-7　Eb 型可登顶平台船图样

四寸。扑拉船标注船体通长二丈九尺九寸，推测翔凤艇通长也应与之相近。此船舱深三尺五寸，超过大多数御船舱深。舱深尺寸应该与中舱重檐舱顶的形制有关。如果舱体太浅，则头重脚轻，行船不稳，所以设计时，工匠就相应加深了船舱的深度。在船体几乎正中间的位置，搭建亭式重檐攒尖顶中舱，形制与陆上亭式建筑设计相同。舱前有抱厦，舱后接平台，形成三个独立的空间格局。中舱内靠近平台一侧，设有宝座床。船身两侧有粗绘的龙纹图样，攒尖顶还有粗绘的

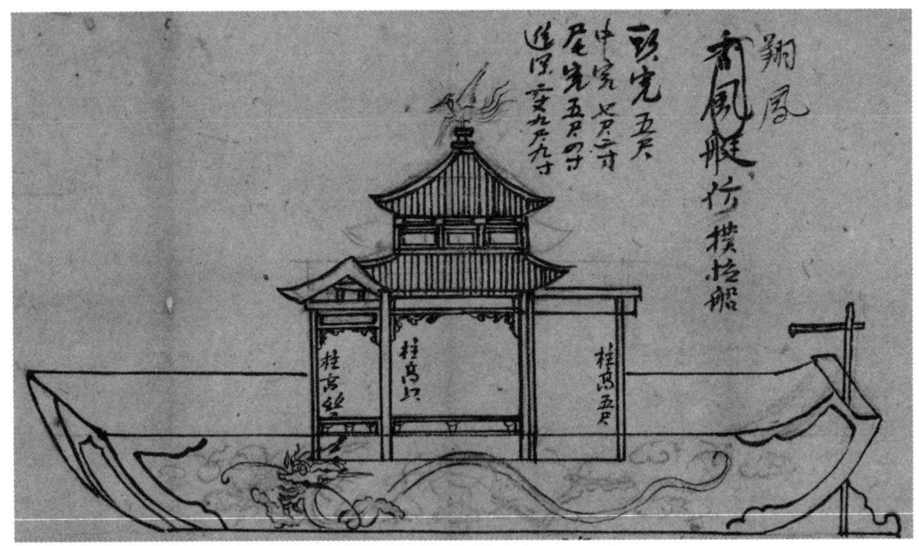

1. 翔凤艇立样

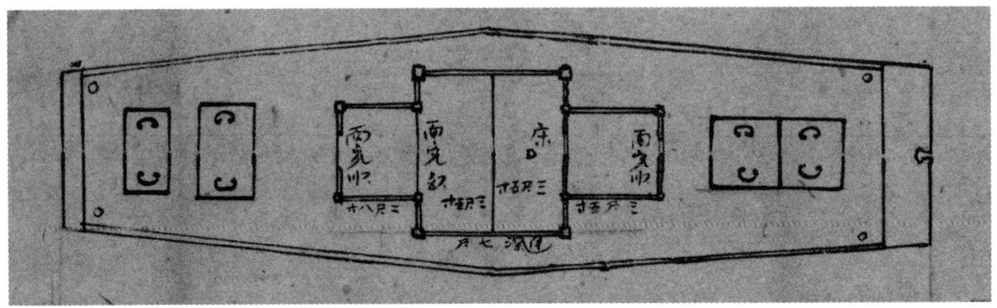

2. 翔凤艇平样

图 14-8 F 型重檐攒尖顶御船图样

凤凰图样。

G 型 单檐歇山顶（图 14-9）。单檐歇山顶御船的船体形制、大小，都与 C 型御船相似。在众多御船中，此型御船属于船体较大的一种。中舱舱顶设计成单檐歇山顶的样式，中舱几乎以歇山顶的正脊为界，分为前卷和后卷两部分。

国家图书馆馆藏单檐歇山顶御船图样是一殿牌楼平立样。图样有黑白线条平立样[1]和彩色平立样[2]各一幅。在一殿牌楼黑白图样上，标注“一殿牌楼船仿如坐天上”。这说明一殿牌楼船与 C 型如坐天上可以组成一对。两只船的船体结构和尺寸相同，仅中舱形制有别的御船组合。两只御船的船

1 [清]样式雷制：《一殿牌楼船仿如坐天上平立样》，国家图书馆藏，索书号：051-0001-01。

2 [清]样式雷制：《一殿牌楼船式样》，国家图书馆藏，索书号：051-0001-02。

1. 一殿牌楼立样

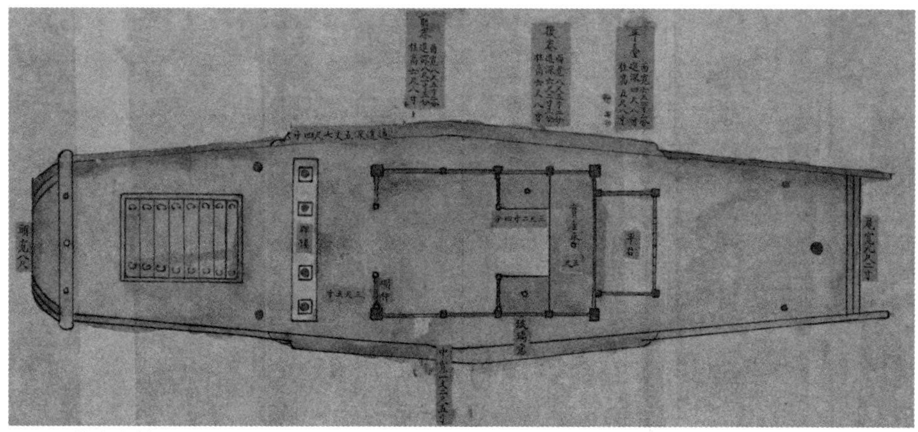
2. 一殿牌楼平样

图 14–9 G 型单檐歇山顶御船图样

体数据完全相同。一殿牌楼船中舱以舱顶正脊为界，分为前卷和后卷。在后卷外，另搭建平台抱厦。中舱整体为半封闭式，其中，前卷为敞厅样式，左右两侧设计成下有栏杆，上有雕花装饰的开放结构。后卷为半封闭样式，左右两侧下半部分为仿砖墙纹饰，上半部分为近方形玻璃窗。后卷内设三面宝座床。从图样标注尺寸来看，前卷进深八尺一寸五分，后卷进深六尺二寸三分。前卷敞厅空间大于后卷封闭空间。因为中舱前后卷的进深数据差异，造成歇山顶的前坡和后坡并不对称。这一特点与建筑中的歇山顶有别。舱顶四条垂脊尾端有神兽脊饰。后卷平台，两侧设计成建筑山墙的样

1. 扑拉船立样

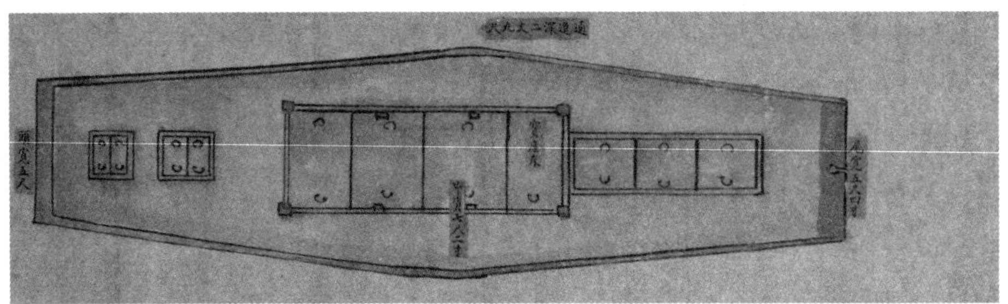

2. 扑拉船平样

图 14–10 H 型过梁帐顶御船图样

式。整个中舱看起来与陆上建筑高度相似。一殿牌楼御船最鲜明的特点就是在中舱之前搭建牌楼一座。殿前牌楼为三间四柱庑殿顶结构。牌楼的设计，使御船形制更贴近陆上殿式建筑。

H 型 过梁帐顶（图 14–10）。与其他中舱的仿建筑样式不同，过梁帐顶御船就是在船体中舱位置，搭建由多个支杆撑起的织帐舱顶。此型御船船体结构、大小，与 A 型、F 型相似。中舱四周用栏杆包围，舱内靠近船尾一侧设有宝座床。国家图书馆馆藏过梁帐顶御船图样均为扑拉船平立样[1]。从图样记录来看，同样形制的扑拉船至少有四只。扑拉船与 F 型翔凤艇船体大小最相似，仅在舱深数据略有差别。扑拉船的过梁帐有八根支杆支撑，以保证帐顶的绝对牢固。

I 型 硬山顶（图 14–11）。硬山顶船的船身形制与其他御船相似，但船体尺寸却明显缩小，通长仅为一般平台顶御

1 [清]样式雷制：《扑拉船式画样平立样》，国家图书馆藏，索书号：284-0021。

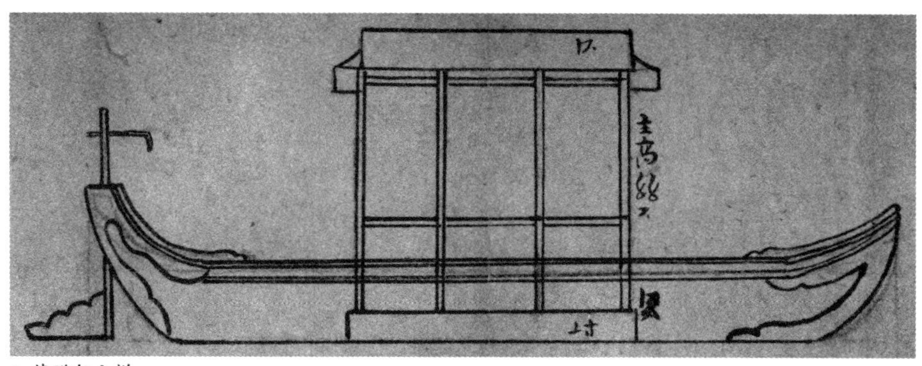

1. 茶膳船立样

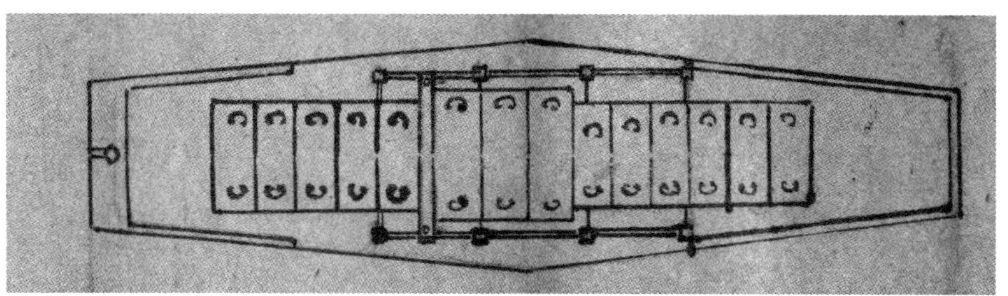

2. 茶膳船平样

图 14-11　I 型硬山顶船图样

船的一半。硬山顶船中舱位于船体的正中，舱体两侧没有雕花装饰。国家图书馆馆藏硬山顶船图样是茶膳船立样。茶膳船，也就是为帝王游玩巡幸服务的，具有特定实用功能的船只。茶膳船通长一丈八尺，头宽二尺五寸，中宽四尺五寸，尾宽二尺六寸。虽然规模小，但中舱却有三间。中舱空间足以承担特定的服务工作。据相关略节记载，同样形制的茶膳船，制作数量较多。仅在一份略节上，就记录着要制作茶膳船六只。由此可知，帝王泛舟出行时，具有特定服务功能的船只需求量大，数量众多。

J 型 复合顶。复合顶就是御船舱顶有两种不同的殿顶样式组成，均为大船。船身形制、大小，与 C 型、G 型御船更为接近。国家图书馆馆藏复合顶御船图样包括恬静舫、翔凤艇，以及尚未命名的大型御船多只。

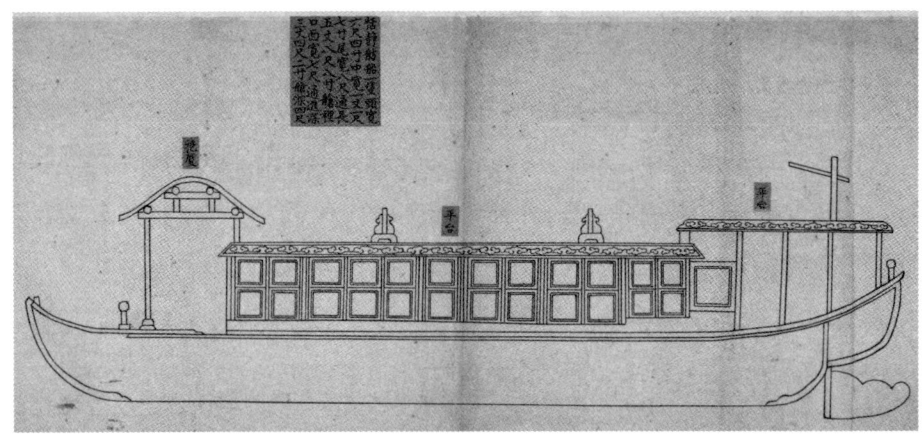

1. 恬静舫立样

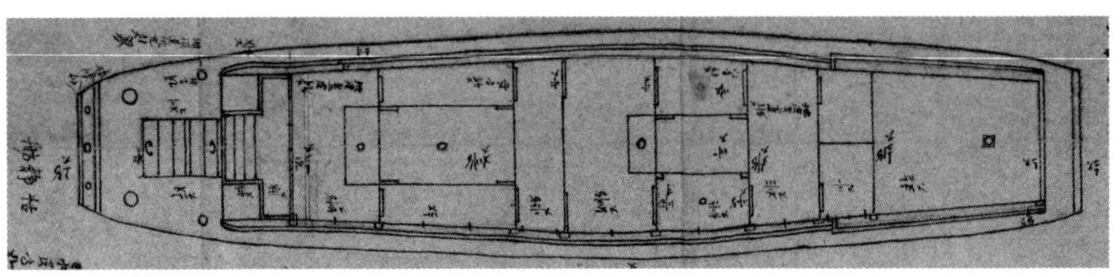

2. 恬静舫平样

图 14–12　J 型复合顶恬静舫图样

恬静舫（图 14–12），舱顶为卷棚顶抱厦接双平台式[1]，通长五丈八尺八寸，头宽六尺四寸，中宽一丈一尺七寸，尾宽八尺。恬静舫在制作时，曾参照 C 型如坐天上御船。现存两只船的船体尺寸比较记录。这段记录记载："恬静舫较比如坐天上罩船，身长长二丈五尺三寸，前宽窄六寸三分，中宽宽一尺，后宽窄二寸。"[2] 但两只御船平立样标注的通长仅相差一尺四寸，其他各部分数据也有出入。由此推测，恬静舫在设计过程中，曾试图建造规模更大的御船。后来在多次修改中大规模变更了船体尺寸。恬静舫中舱几乎占据整个甲板，为半封闭式，进深三丈四尺二寸，舱深四尺。舱体分为卷棚顶抱厦、平台客舱和平台舵楼三个部分。前抱厦和后舵楼内部结构简单，中间客舱部分内部结构复杂。抱厦是入舱踏跺的装饰建筑。客舱是御船的主体，客舱两侧均为简单的格子

1 [清]样式雷制：《恬静舫船立样》，国家图书馆藏，索书号：164-0004。

2 [清]样式雷制：《恬静舫较比如坐天上罩船略节》，国家图书馆藏，索书号：167-0172。

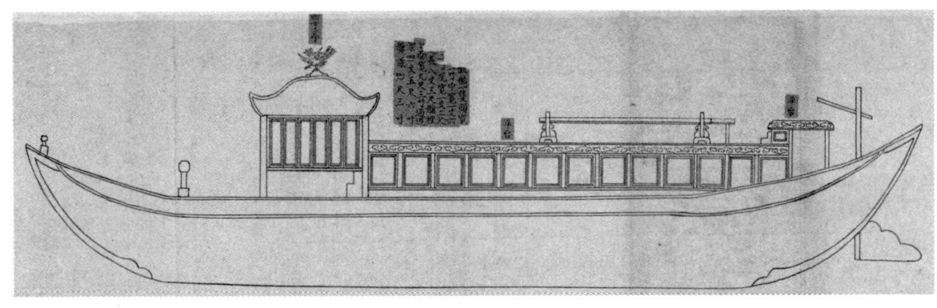

图 14-13　J 型复合顶翔凤艇立样

窗。舱内陈设基本仿照陆上殿式建筑的室内装修样式，设有碧纱橱、落地罩、宝座床、分割屏风等家具[1]。后舵楼以御船操控的实用性为主，并未添加复杂的装饰。恬静舫的船舵设计独具特色，船舵穿过舵楼平台顶，在平台之上操控御船。这样的设计在众多御船设计图中，独一无二。船舱外部装饰较为简单，仅客舱和舵楼平台顶两侧描绘有精细的云纹。

翔凤艇（图 14–13），舱顶为四角攒尖顶接双平台式[2]，通长八丈三尺，头宽九尺三寸，中宽一丈六尺二寸，尾宽一丈二尺。翔凤艇是国家图书馆馆藏样式雷御船图档中，船体尺寸最大的一只。翔凤艇在设计过程中，曾参照如坐天上和恬静舫的船体大小。翔凤艇的中舱占据甲板的大部分空间。中舱设计与恬静舫类似，为半封闭式，通进深五丈二尺，其中去除舵楼，主舱进深四丈五尺六寸，舱深四尺三寸。中舱分为四方亭抱厦、平台客舱和平台舵楼三部分。其中，前抱厦和客舱两侧均为格子窗。后舵楼设计与恬静舫不同，尾舵并未穿过舵楼平台，而是舵楼与尾舵分开的样式。翔凤艇的装饰以四方亭攒尖顶上的凤凰图样最具特色。此外，客舱与舵楼平台也装饰云纹图样，与恬静舫保持统一。由于现存图档中，并未发现这只翔凤艇的平样，所以无法具体了解舱内结构设计，推测与恬静舫舱内设计相似。

第二类，快船类，无殿式或者帐式船舱。此类船只在样

1 [清]样式雷制：《恬静舫船地盘平样》，国家图书馆藏，索书号：164-0033。

2 [清]样式雷制：《翔凤艇立样》，国家图书馆藏，索书号：164-0005。

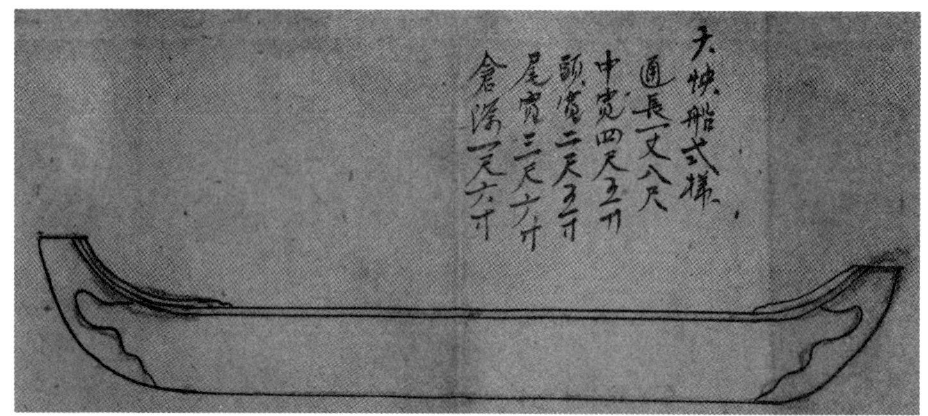

1. 大快船立样

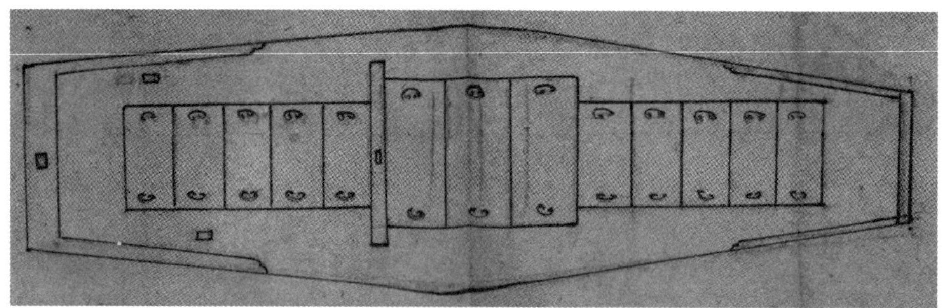

2. 大快船平样

图 14–14 A 型大快船图样

式雷图档中统称为“快船”。根据快船通长差异，又可分为两型。

A 型 大快船[1]（图 14–14）。大快船，无尾舵，通长一丈八尺，头宽二尺五寸，中宽四尺五寸，尾宽三尺六寸，舱深一尺六寸。

B 型 小快船[2]（图 14–15）。小快船，无尾舵，通长一丈三尺，头宽二尺五寸，中宽四尺，尾宽二尺八寸，舱深一尺。

通过以上样式雷图档御船图样的形制分析可知，这些清宫样式雷设计的御船图样具有以下特点：

第一，功用方面，清宫御船可以划分为供人出行游览乘坐的御用游船和服务于水上出行的随行船只。供人游览的御船均有殿式或者帐式中舱。而有殿式中舱的随行船只，仅限

1 [清]样式雷制：《大快船式样》，国家图书馆藏，索书号：002-0034。

2 [清]样式雷制：《小快船平立样》，国家图书馆藏，索书号：051-0010-01。

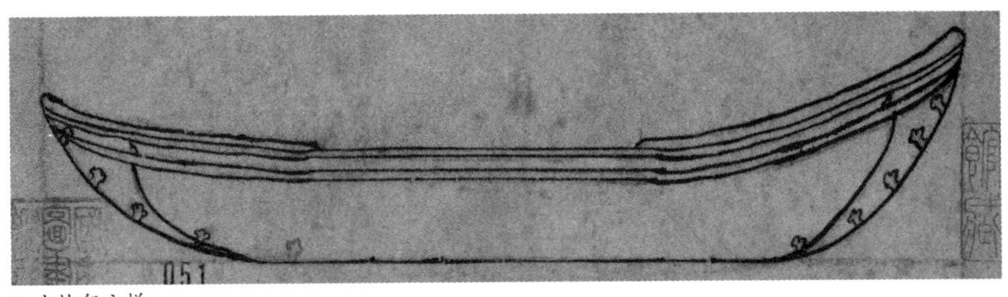

1. 小快船立样

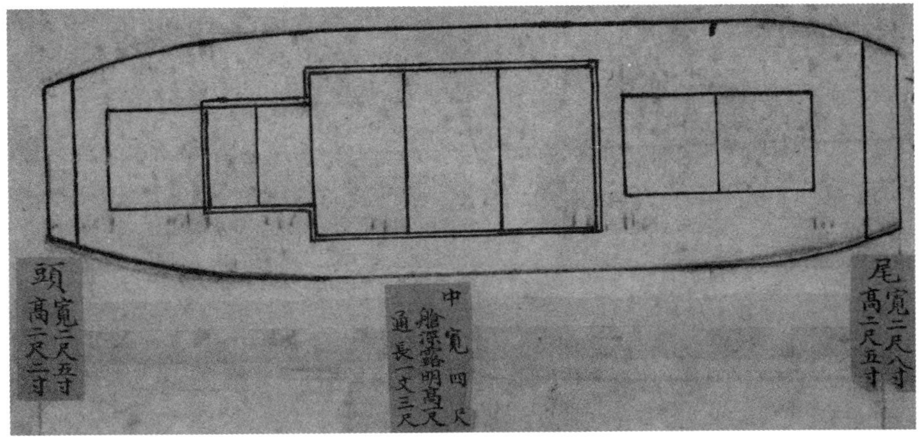

2. 小快船平样

图 14–15 B 型小快船图样

于为游览御船提供茶水膳食的茶膳船。大部分随行船只并没有殿式或者帐式船舱。

第二，根据船体长度尺寸差异，清宫样式雷御船图样可以划分为大、中、小三种规格。大型船船身长度超过五丈，殿船类 C 型如坐天上、G 型一殿牌楼，以及 J 型恬静舫、翔凤艇，均为船身超五丈的大型御船。中型船船身长度三丈左右，殿船类大部分类型，包括 A 型卷棚顶、B 型双卷勾连搭顶、D 型四卷勾连搭顶、E 型平台顶、F 型重檐攒尖顶和 H 型过梁帐顶，均属于中型船。小型船船身长度小于二丈。殿船类 I 型硬山顶和快船类均属于小型船。从船体长度划分可以看出，大型船和中型船是清宫供人游览乘坐的御船，而小型船是服务御船的随行船只。

第三，殿船类御船的不同类型，以及同一类型的不同御船，具有十分明确的关联性。不同类型的御船之间，比如，同属于大型船的C型如坐天上和G型一殿牌楼之间的关联性明显。一殿牌楼船在设计建造时，仿造如坐天上，仅在中舱设计加以区分。同样，中型船B型两卷四罩船与D型月波舻，F型翔凤艇与H型扑拉船，也仅是中舱设计的差别。同一类型之内的不同御船，也有成组的例子。同属A型的青雀舫和般若观就是其中代表。其实，小型船之间的相似性更为明显。如果说大型和中型御船，要保持每只船的特殊性，必须专门设计不同的殿式中舱，那么用于水上服务的随行船只，就不必追求个性，而是突出这些船只的实用性。所以属于小型船的茶膳船和快船，都是根据同一图样制作多只。当然，做好的成品形制也都几乎相同。

第四，殿船类御船的中舱结构设计，与陆上建筑高度相似。除了传统中式建筑的台基部分无法表现之外，清宫建筑的屋顶形制、梁柱山墙乃至室内陈设，都按比例缩小，应用于殿船的设计。清宫御用殿船，具有鲜明的明清宫廷建筑风格。E型平台顶御船是唯一与清宫建筑形制有别的殿船，保留了传统木船中舱的简约风格。殿船的中舱设计，与乘坐人的身份等级相关。供人乘坐游玩的御船，殿顶形制多样，装饰精美繁复；而用于服务的茶膳船，只能使用硬山顶舱顶设计，且没有任何装饰。从外观上看，船只的等级反差极为明显。

二、样式雷御船图样的年代

根据图样和略节上的文字记录，可以大致判断国家图书馆馆藏样式雷御船图样的制作年代。通过图档记录推测，样式雷御船图样分属清道光和咸丰两个时期。

（一）道光年间

《拟排造新船平立样》绘制了殿船类 A 型卷棚顶御船一只[1]，正式命名不详。在这幅图样上，有明确的纪年信息“道光廿年五月十六日奏准”，确定了这只御船的设计制作年代是道光二十年（1840）。

与《拟排造新船平立样》相对应，有《旧有绿油船新排船略节》一件[2]，记录新排船的船身尺寸。图样与略节对新排船的尺寸数据记录相似。由此推测，略节与图样是同一只排船的设计资料。除“新排船”外，这份略节还记录了“旧有绿油船”的船身尺寸。显然，这只旧有绿油船的建造时间应早于新排船，也是道光年间建造。

此外，《大快船式样》绘制了快船类 A 型大快船平立样，并标注纪年信息“十三年十月七日现办”[3]。由于咸丰纪年使用了十一年，此批御船图样又整体上属于道光咸丰年间，所以推测这幅大快船图样最有可能绘制于道光十三年（1833）。

（二）咸丰年间

《四卷船添安玻璃立样》绘制了殿船类 D 型月波舻平立样。这幅图样，标注明确纪年信息“咸丰九年二月二十五日奏准立样”[4]。由此确定，月波舻的设计建造时间是在咸丰九年（1859）。除此之外，国家图书馆馆藏样式雷御船图样均没有标注确切纪年。本文根据御船设计制作过程中留下的多份略节，将有准确纪年的御船与没有明确纪年的御船图样，通过桥联法相关联，大致推测其他御船的制作时间。

《四罩船等规制平立样糙底》记录了“四召（罩）船”“两召（罩）船”“扑拉船”和“小快船”的船身尺寸[5]。这份图样绘制的“四召（罩）船”糙底，就是月波舻在改建成四卷勾连搭顶之前的御船样式。船身尺寸与月波舻尺寸一致。图样上的“两召（罩）船”尺寸数据，与另一幅一卷两

1 [清]样式雷制：《拟排造新船平立样》，国家图书馆藏，索书号：164-0036。

2 [清]样式雷制：《旧有绿油船新排船略节》，国家图书馆藏，索书号：167-0179。

3 [清]样式雷制：《大快船式样》，国家图书馆藏，索书号：002-0034。

4 [清]样式雷制：《四卷船添安玻璃立样》，国家图书馆藏，索书号：164-0038。

5 [清]样式雷制：《四罩船等规制平立样糙底》，国家图书馆藏，索书号：051-0013-02。

罩绿船图样[1]标注的尺寸相同。所以，殿船类A型一卷两罩绿船，H型扑拉船和快船类A型“小快船”[2]，设计建造年代应该与月波舻相近，都是咸丰年间的作品。

《罩船快船等画样数目尺寸略节》同时记录了“一卷两罩绿船”“红船”“茶膳船”“快船”的船身尺寸数据[3]。其中，一卷两罩绿船的船身尺寸与《四罩船等规制平立样糙底》记录的绿船尺寸相同。显然这两件图档记录的是同一只绿船。由此可知，略节中记录的“红船”“茶膳船”“快船”均与一卷两罩绿船的建造年代相似。另有《快船茶膳船主位船各部件尺寸数目略节》一件，同时记录了“快船”“茶膳船”“主位船”的船身尺寸。这份略节与《罩船快船等画样数目尺寸略节》相关联。两份略节中的快船均为快船类B型小快船，I型茶膳船也同属一只茶膳船。因此，略节中提到的殿船类Ea型主位船、I型茶膳船和快船类B型小快船，均为咸丰年间建造。

另一件《扑拉船式画样等略节》同时记载了“扑拉船”“平台式船”“一殿牌楼式船”的船身尺寸[4]。其中，国家图书馆馆藏样式雷图档仅有一只扑拉船，并且船身尺寸与扑拉船平立样标注的尺寸相同。所以，这件略节中的“扑拉船”就是上文提到的咸丰年间制作的御船。略节中的“平台式船”，与Eb型可登顶的平台顶御船尺寸相同。显然略节记载的平台式船就是Eb型平台船。由此可知，Eb型可登顶平台船和G型一殿牌楼船，也都应该是咸丰年间制作的御船。

《翔凤艇仿扑拉船平立样糙底》是殿船类F型翔凤艇的图样。这幅图样说明记载“翔凤艇仿扑拉船”的信息。由这条信息可知，这只翔凤艇的设计制作曾仿照扑拉船的设计。所以，翔凤艇的制作年代也应该与扑拉船相近，同为咸丰年间建造。

1 小快船是图档中对此船的称呼，但根据文中分类，小快船的船身长度为一丈八尺，应属于快船类A型。

2 [清]样式雷制：《罩船快船等画样数目尺寸略节》，国家图书馆，索书号：284-0065。

3 [清]样式雷制：《快船茶膳船主位船各部件尺寸数目略节》，国家图书馆藏，索书号：284-0090。

4 [清]样式雷制：《扑拉船式画样等略节》，国家图书馆藏，索书号：284-0020。

《恬静舫船如坐天上船翔凤艇船略节》记录了“恬静舫”“如坐天上”“翔凤艇”三只御船的船身尺寸[1]。根据船身尺寸推测，这件略节记载的“翔凤艇”，应是殿船类J型复合顶大船翔凤艇。又根据《一殿牌楼船仿如坐天上平立样》的记载可知，一殿牌楼船与如坐天上船应属同一时期建造的御船。两只船的船身尺寸也大致相同。通过一殿牌楼是咸丰年间制作的御船推测，这件略节上记载的殿船类J型“恬静舫”“翔凤艇”和C型如坐天上，也都是咸丰年间建造。

《各座船只尺寸单》同时记录了“一殿牌楼船”“扑拉船”“翔凤艇（殿船类F型）”“太平船”“平台船”[2]。其中，“平台船”是Ea型不可登顶平台船，“太平船”没有图样保存下来。由这件尺寸单推测，Ea型平台船和太平船也是咸丰年间建造。

根据以上样式雷御船图样的年代推测，国家图书馆馆藏殿船和快船图样，除一部分殿船类A型卷棚顶御船的制作年代尚不能确定之外，其他各型船只基本上都可以推测是道光和咸丰两朝设计建造的。以往学术界对清宫御船的研究，多集中在乾隆朝和光绪朝。国家图书馆馆藏清宫御船图样，正好处于以往所知御船形制的过渡阶段，对考察清宫御船形制的演变具有重要意义。

三、清宫御船的设计制作流程

国家图书馆馆藏样式雷御船图档，以咸丰年间设计制作的游船为主。其中，四卷勾连搭顶月波舻是众多游船中图档资料保存最完整、等级最高的一只。本文对月波舻图档记录的制作过程进行梳理，试图反映清宫御船设计制作的普遍流程。

1 [清]样式雷制：《恬静舫船如坐天上船翔凤艇船略节》，国家图书馆藏，索书号：167-0174。

2 [清]样式雷制：《各座船只尺寸单》，国家图书馆藏，索书号：164-0065。

（一）实地踏勘旧有御船

咸丰九年（1859）二月初二，咸丰皇帝下旨制作新的御船，并令圆明园造办处勘察旧有御船。样式房工匠收到朱笔谕旨："着瑞文带同圆明园造办处两处司员踏勘棹船设计，钦此。"[1]这条说明透露了几个非常重要的信息。首先，新御船是咸丰皇帝亲下谕旨制作。这只新御船是在圆明园内供咸丰皇帝水路出行乘坐。其次，制作新御船是在旧有御船的基础上增建而成，所以需在确定的时间实地勘测旧御船。最后，实地勘察工作由圆明园样式房和圆明园造办处两处司员共同完成。

在接到谕旨与实地勘察之间，样式房在二月十二日曾粗绘月波舻平样糙底[2]。根据二月初二咸丰皇帝朱批，要求在旧御船添接后卷，并在后卷之后再添接后抱厦。在粗绘旧有月波舻平样时，样式房先后绘制了旧御船平样、添建后卷平样、添建后卷及后抱厦平样。三幅平样糙底，都标注了中舱至船尾之间的距离，以便估算添建后卷的设计是否可行。

二月二十四日，圆明园样式房和造办处司员进入圆明园内廷，详细踏勘需要改建的旧御船的情况[3]。改建之前的旧御船，是典型的殿船类B型双卷勾连搭顶四罩船。样式房接到任务后，实地勘察。勘察的内容包括两个方面：一方面是确定旧御船的船体基本情况，然后需要估算是否可以按照皇帝朱批的要求改建御船。如果旧御船船体过小，不能承载增建的后卷中舱，就无法改建。通过实地勘察，样式房司员瑞文得出可添做后卷中舱的结论，但在改建细节上有一定难度。因为旧御船船舱内有横梁两道。如果添建后卷，就必须拆除横梁，才能使前卷和后卷船舱相通。但旧御船的船底和船帮板都靠这两道横梁支撑，无法直接拆除。这是改建中的难点。另一方面，改建后的新御船是皇帝往来圆明园水路的

1 [清]样式雷制：《船舱添改平样》，国家图书馆藏，索书号：058-0045。

2 [清]样式雷制：《月波舻船样糙底》，国家图书馆藏，索书号：164-0049。

3 [清]样式雷制：《船舱添改平样》，国家图书馆藏，索书号：058-0045。

主要交通工具。样式房需实地考察御船行驶路线上的桥梁高度，从而确定新御船的通过高度。如果御船太高，就无法在园子里自如穿行，因此，确定水路桥梁高度和船体大小都非常关键。勘察时，实地绘制旧御船糙底（图 14–16:1）[1]，并标注各部分详细尺寸。根据此次勘察绘制的旧有月波舻糙底可知，方形中舱前有抱厦，呈三面封闭，一面开启的半封闭船舱。中舱和抱厦左右两侧，下有栏杆装饰，上有长方形玻璃窗。玻璃窗四周用字画装饰。中舱正上方还有题字匾额。中舱后侧与两侧装饰风格相似，下有栏杆，上有开窗。开窗做成圆形，并安装镜子。镜子四周以对联和蝙蝠纹样做装饰。镜窗正上方悬挂御船牌匾“月波舻”（图 14–16:2）。舱内以雕花隔断分为内、外两部分，中舱内室铺设有宝床。宝床靠近船舱两侧各有炕桌一个。中舱外室靠近船舱两侧设有楠木二人凳。雕花隔断还设有帽架，挂镜等陈设（图 14–16:3）。

（二）制定可行的新船制作或旧船改造方案

实地勘测之后，样式房抓紧绘制月波舻改造图样。绘制完成的御船设计图样和烫样，上呈皇帝。二月二十五日，样式房将前一日实地考察的情况写成书面文字，并绘制勘测后的月波舻添改图样[2]，一并上奏。当日，样式房的添改月波舻方案得到咸丰皇帝的批准，并附朱批“即照此赶紧成做后卷中间，照前卷抱厦中间花牙式样，不必安隔断”[3]。此后，样式房开始遵照旨意，着手实施旧船改造方案。

进呈给咸丰皇帝的改造月波舻平立样，要比实地勘察的糙底精细很多。实地勘察的旧船体和中舱部分用黑线画出，并贴黄签标注。计划新添建的后卷中舱用红线画出，并贴红签标注，以示区分（图 14–17:1）[4]。上呈的月波舻，平样与立样相对应，计划添建的后卷与前卷中舱形制保持一致。用不同颜色区分御船旧有和新添部分（图 14—17:2）[5]，一目了然。

1 [清]样式雷制：《月波舻船添安装修样糙底》，国家图书馆藏，索书号：164-0050。

2 [清]样式雷制：《四卷船添接前后抱厦立样》，国家图书馆藏。索书号：164-0040。[清]样式雷制：《月波舻船地盘画样》，国家图书馆藏，索书号：164-0008。

3 [清]样式雷制：《月波舻船添安装修样糙底》，国家图书馆藏，索书号：164-0050。

4 [清]样式雷制：《四卷船添接前后抱厦立样》，国家图书馆藏，索书号：164-0040。

5 [清]样式雷制：《月波舻船地盘画样》，国家图书馆藏，索书号：164-0008。

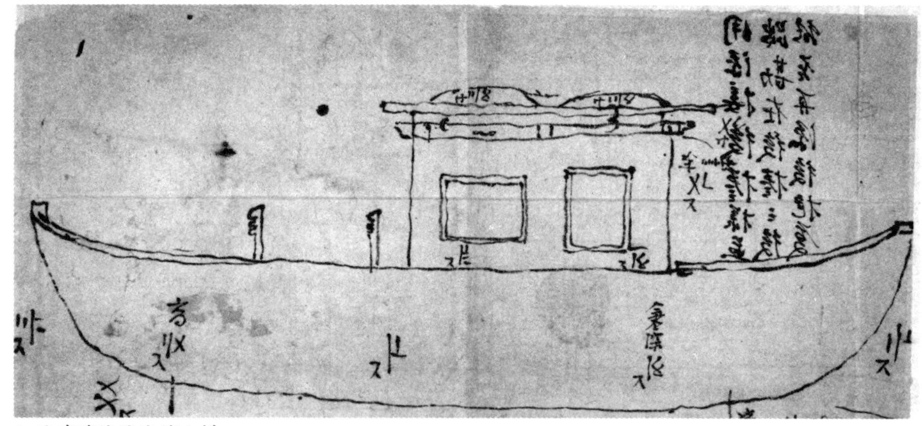

1. 改建前的月波舻立样

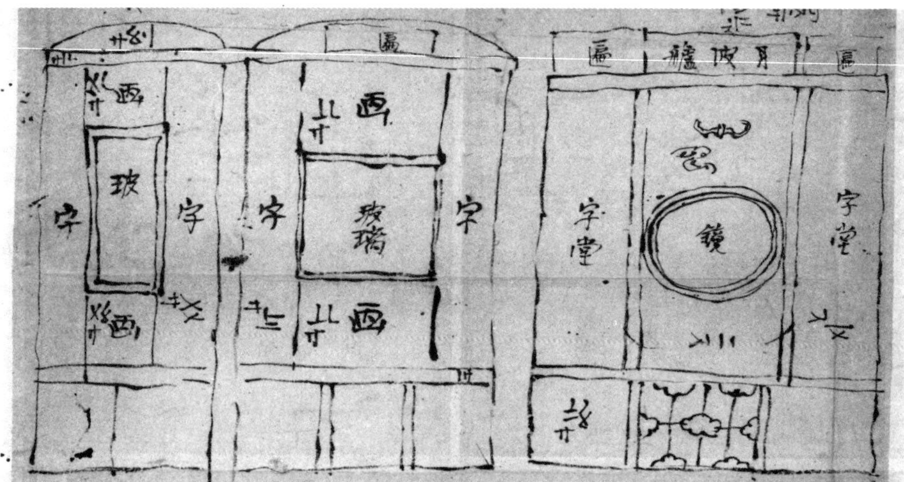

2. 改建前的月波舻中舱样式

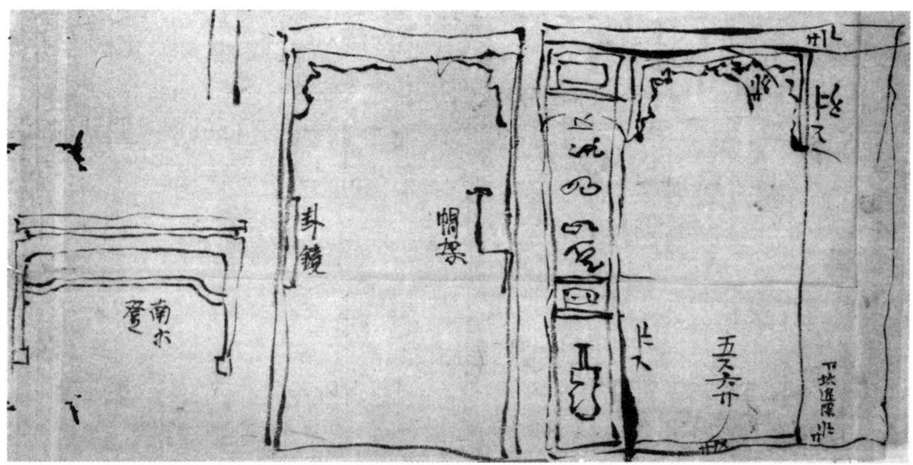

3. 改建前的月波舻舱内设计

图 14-16　月波舻船添安装修样糙底

1. 月波舻添接前后抱厦立样

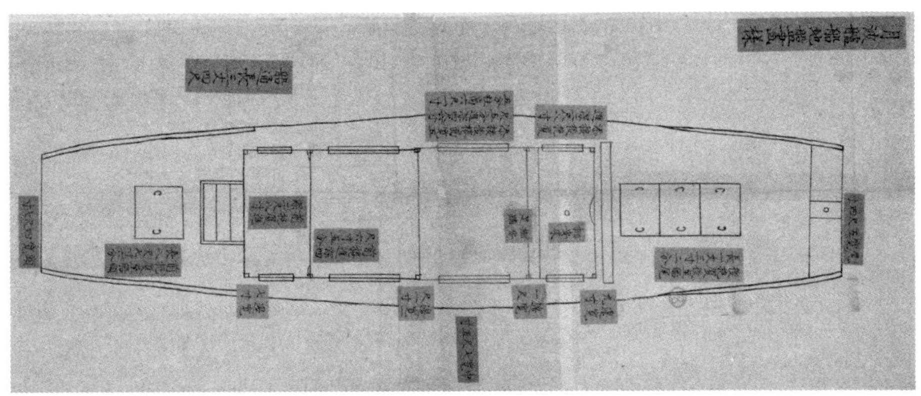

2. 月波舻船地盘画样

图 14–17　月波舻添建后卷图样

也正是因为如此，咸丰皇帝在看过图样后，做出后卷船舱不必添安隔断的旨意，以保证后卷中舱内部空间更为宽敞。从首次上呈改建月波舻图样上看，添建的后卷中舱及后抱厦，无论是样式还是尺寸，均与原有中舱相同。

（三）随时根据上谕修改并复尺

上呈的御船设计图样和烫样，随时根据上谕进行调整修改，并再次入内勘察复尺。根据准奏图样，样式房开始月波舻的细部设计工作。三月十八日，样式房再次入内踏勘月波舻[1]。踏勘后，对添建的四卷中舱两侧开窗设计感到不够美观。虽然前卷与后卷玻璃窗保持了绝对的对称统一，但却缺少了灵动活泼的动感。当日勘察之后，样式房对添建后卷及后抱厦两侧玻璃窗进行了改动。将原有与前卷保持一致的长方形

1 [清]样式雷制：《游船添安玻璃准底立样》，国家图书馆藏，索书号：164-0045。

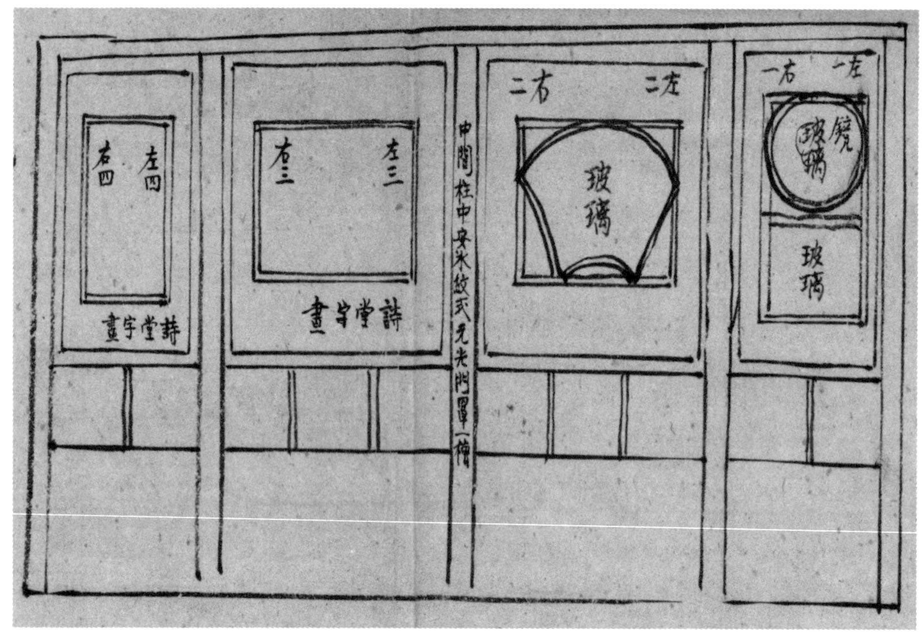

图 14–18 月波舻装修立样糙底

窗，改后卷为扇形窗、后抱厦为圆窗和方窗的组合。另一个改动是在前卷与后卷中舱内，添建柏木冰纹屏式罩（图 14–18）[1]。由于添建设计改动，样式房将改动后的方案再次上呈咸丰皇帝。

三月二十日，咸丰皇帝反馈了对月波舻最新设计方案的建议。皇帝大体同意了样式房提交的最新方案，但在细节上又提出了新的要求。着王总管传朱批谕旨："右边右二扇面式玻璃，挪安右三分位。左元（圆）光玻璃改元（圆）光镜，右边不动。"[2] 于是，样式房根据最新谕旨，重新改绘图样。四间中舱的玻璃窗形状再次调整。中舱左侧玻璃窗样式分别是左一圆镜与方形小窗组合、左二扇形大窗、左三方形大窗、左四长方形大窗。中舱右侧玻璃样式分别是右一圆小窗与方形小窗组合、右二方形大窗、右三扇形大窗、右四长方形大窗（图 14–19）。这一次的改动方案，在原有添建后卷中舱和拆减二道横梁的基础上，还要改建原有前卷中舱两

[1] [清]样式雷制：《月波舻装修立样糙底》，国家图书馆藏，索书号：164-0012。

[2] [清]样式雷制：《月波舻装修立样准底》，国家图书馆藏，索书号：164-0013。

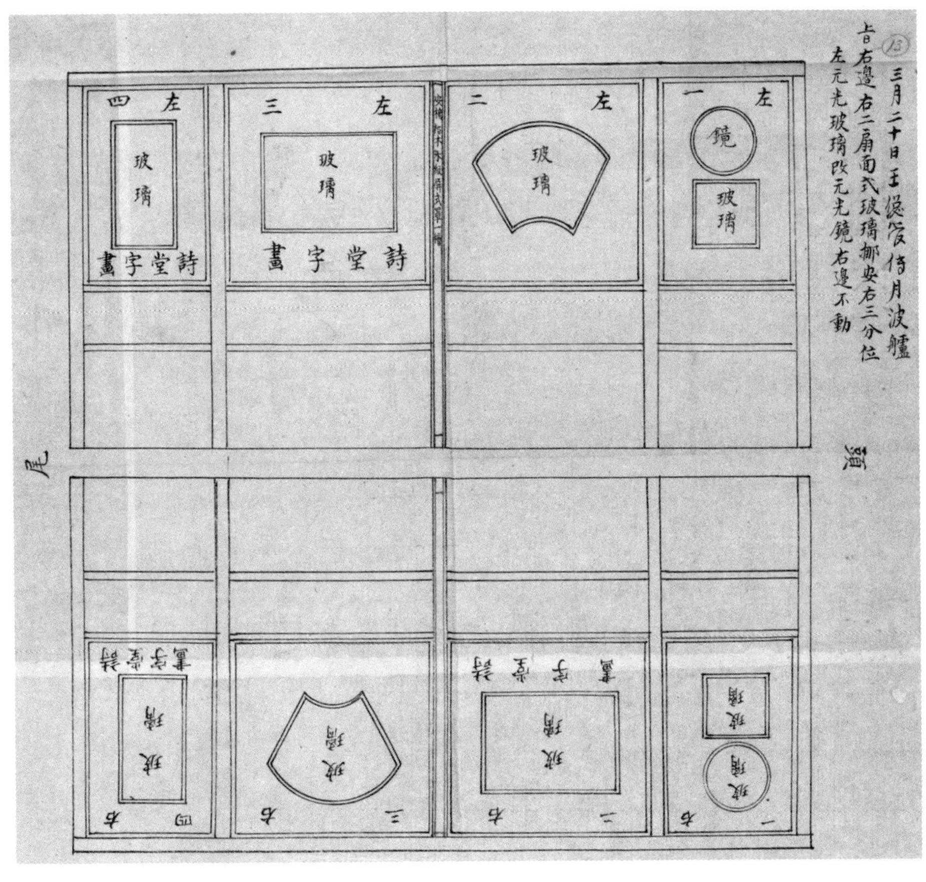

图 14-19　月波舻装修立样准底

侧玻璃窗。工作量几乎增加一倍。旧船改造的成本进一步增加。

四月二十九日，咸丰皇帝再次传旨："月波舻船上后面着添安通长栏杆比现安靠背矮一寸多些，钦此。"[1] 上文反复梳理月波舻添建后卷及中舱左右两侧的开窗设计，但却没有提到添建后卷之后，船舱后侧的设计方案。旧月波舻后侧为全封闭式。根据咸丰皇帝谕旨可知，改建后的月波舻，后侧设计也有大幅改动。将原有全封闭式改为半封闭式，下为花式栏杆，中为笔管栏杆做成的靠背。宝座床贴近栏杆放置，乘坐人坐在宝座床上正好可以倚靠后侧靠背（图 14-20）[2]。显然，在此次改建月波舻基本完成后，咸丰皇帝曾亲自登上

1 [清]样式雷制：《月波舻船做法圣旨》，国家图书馆藏，索书号：293-0046。
2 [清]样式雷制：《月波舻船添安栏杆立样》，国家图书馆藏，索书号：164-0019。

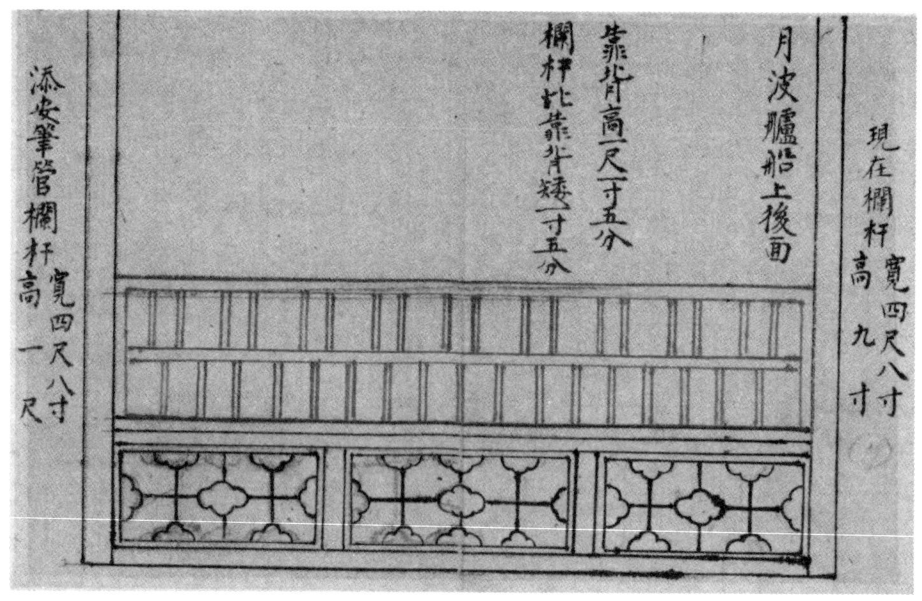

图 14—20 月波舻船添安栏杆立样

月波舻，检查改建情况。因此，四月二十九日的谕旨，可以非常准确地指出后卷靠背需改低一些。如果皇帝没有亲自试乘，如此准确的改进指示是无法做到的。

（四）御船最终完成

在根据咸丰皇帝谕旨更改月波舻靠背高度之后，御船制作最终完成。在首次接到旨意，到月波舻改建最终完成，圆明园样式房和造办处的工匠需要多次入内踏勘。除了上文记录的月波舻设计修改之外，图样记录和丈尺标记都特别重视新制月波舻船高的把控。中舱舱顶至甲板、甲板至舱内柱、船体通高及在水面之上的高度等，均一一测量标注。有一份说贴还特别记录了五月五日，造办处进内测量月波舻和扑拉船的实际船高[1]。流传至今的样式雷图档，如此重视新御船的高度，是保证御船在圆明园各处水道顺畅通行，而必须要考虑的因素。

五月五日是国家图书馆馆藏月波舻图档记录的最后一个

1 [清]样式雷制：《建造月波舻船说帖》，国家图书馆藏，索书号：293-0035。

时间。由此推测，咸丰九年五月初五之后，新的月波舻正式投入使用。从二月初二皇帝下旨，至五月初五造办处实测，这只改建的月波舻工程，前后花费了三个月的时间。如果是另造新的御船，特别是船身更大的御船，工程耗费时间应该更长。此时，距离英法联军火烧京西园林仅剩一年多的时间。咸丰十年（1860）十月，新制的月波舻随着圆明园大火毁于一旦。

四、样式雷御船图样的特点

通过国家图书馆馆藏样式雷御船图样的形制分析和制作过程梳理，本文总结一下样式雷御船图样的特点。

第一，样式雷御船图样并不重视船体内部结构的绘制，但十分重视船舱形制设计和内外装饰。造成这一特点的原因，首先是木作工匠的经验。传统木船内部结构基本相似，样式雷图档的绘制和使用人员，都是从事木工设计制造的专业人员，所以图档画出木船样式，不必刻意画出内部结构，工匠们就可以大概了解船体结构的大致状况。样式雷图档的画法，对约定俗成的建筑和器物结构省略不画。当然，对船体内部结构省略不画的特点，在实际操作过程中可能会出现问题。比如，月波舻在第一次入内踏勘时，就发现了添建后卷中舱，与原有船舱内二道横梁之间的矛盾。如果旧有月波舻图档中，已经画出船体内部的二道横梁，那么这一问题就不必在踏勘时才显现。样式房对这种船体内部结构既特殊，又没有在图样中表现的情况，采用文字说明的方式，在旧有图样上标注，以示补充。其次，作为服务清宫的御用工匠，样式雷设计制作的御船，对中舱设计、纹样装饰和御船等级等方面，具有十分明确的要求。这些要求往往是独特的、具有特定意义的、等级鲜明且乘坐人员明确的个性化要求。如此，图样对落实这些要求最重要的中舱，设计和绘制都十分细致。比如，改造月波舻过程中，玻璃窗形制的调整、栏杆靠背的变化，都直接体现了咸丰皇帝的个人意志，并无经验可以参照，所以在样式房设计、上呈和制作过程中，都需要绘制特别精细的图样，同时在图样上标注皇帝朱批，说明图样修改的具体方案。重视中舱设计和装饰纹样，而不绘船体内部结构的特点，在其他御船图样上同样表现明显。国家图书馆馆藏所有殿船类御船图样，几乎是千篇一律画出船体外形。无论是哪个类型的殿船，船体外形基本相同。而中舱部分始终是体现殿船类不同类型的最重要特征。

第二，样式雷御船图样始终保持平样和立样的完全对应，但平立样绘制的是船只的左侧还是右侧，并不固定。如果御船中舱装饰设计繁复，同时舱体两侧设计并不完全对称，就需分别画出两侧立样。以殿船类 A 型御船镜中游和天上座为例。两只御船的设计图样上，立样在上，平样在下。立样展示的是御船左侧的样式，平样中的船头船尾与立样的船头船尾对应。通过平样和立样的对应画法，看图者对船体设计一目了然。而 B 型“两卷四罩”御船图样，同样是立样在上、平样在下，平立样对应，但立样展示的是御船右侧的样式。再如月波舻的立样设计图，因为前后多次修改，众多图样既有左侧立样，也有绘制右侧立样。据初步统计，样式雷御船立样中，展示御船左侧立样的设计图比例明显高于右侧。左侧立样是御船立样的主流。仍以月波舻为例，月波舻的中舱玻璃窗，左右两侧并非对称设计。所以中舱装修立样分别画出左侧和右侧图样，并标注“左侧”“右侧”“头”“尾”等指示说明，以示区分。

第三，样式雷御船的立样和平样基本保持正投影视角，仅有少数殿船例外。样式雷御船图样以正视图为主，展现御船侧面与平面的设计结构，以保证立样与平样的完全对应。不符合这一特征的是H型扑拉船和F型翔凤艇立样。扑拉船立样从设计糙底到最终细底，立样均采用侧俯视的视角。由于扑拉船中舱是四面敞开的帐式结构，所以，从立样上可以清晰地看到扑拉船的围栏结构。F型翔凤艇是仿扑拉船的设计，所以立样的画法也采用侧俯视视角。显然，样式雷御船图样在绘制过程中，并不纠结某一固定模式，而是根据御船特点，选择适合特定御船的特定画法。

第四，同一只御船，样式雷图样根据设计、制作、上呈等功能不同，又可区分为设计糙底、实测糙底、准底、细底、上呈底等多个样稿。糙底线条简单，大都不用直尺徒手绘成，图样上的尺寸标注多用苏州码子。设计准底和细底多用直尺绘图，图样说明采用汉字，尺寸数字有时有苏州码子混用。上呈底绘制更加精细，且多以彩色绘制。图样说明采用贴签的形式。如果是添改御船，上呈底图样用黑线绘制原有部分，用红线绘制增添内容。这一特点与样式雷大部分建筑图样的做法相同。

第五，样式雷御船图样的中舱舱顶形制、装饰风格与御船等级直接相关。殿船类御船的船体大小与御船使用的水道环境直接相关。例如，国家图书馆馆藏样式雷图档有两只命名为翔凤艇的御船。这两只翔凤艇均是咸丰年间的御船，均在中舱舱顶最高位置设计了“凤凰展翅”的图案。由此推测，两只翔凤艇都是属于清宫皇后、太后出行乘坐的御船。又根据船体大小推测，两只翔凤艇使用的水域范围有一定差别。F型翔凤艇属中规格殿船，与月波舻船体相似略小，可能系在皇家园林中水上出行的御船。而J型翔凤艇是大型殿船，不便往来于园林水路，很可能是在更宽阔水道上行驶的御船。据以往学者研究，在乾隆年间和光绪年间，都存在供帝后使用的翔凤艇，可见翔凤艇是清宫御船常用的船名。

国家图书馆馆藏样式雷御船图档，为我们展示了清代道光、咸丰两朝御用游船的形制结构、制作过程，反映了清宫御用游船设计和制作的真实状态，同时也为清宫御船形制的谱系建立提供可靠的图画资料。

附：国家图书馆藏御船图样形制及船体数据统计表

船名	形制分类	形制分型	舱顶形制	通长	头宽	中宽	尾宽	通进深	舱深	年代	备注	索书号
翔凤艇	殿船类	J型	四角攒尖顶接双平台式	八丈三尺			一丈二尺	四丈五尺六寸	四尺三寸	咸丰年间		164-0005
恬静舫	殿船类	J型	卷棚顶抱厦接双平台式	五丈八尺八寸	六尺四寸	一丈一尺七寸	八尺	三丈四尺二寸	四尺	咸丰年间	恬静舫较比如坐天上罩船，身长二丈五尺三寸，前宽窄六寸三分，中宽宽一尺，后宽窄二寸	164-0004
如坐天上	殿船类	C型	歇山三卷勾连搭顶	五丈七尺四寸	八尺	一丈二尺五寸	九尺二寸	二丈四尺三寸	三尺五寸	咸丰年间		164-0071
一殿牌楼	殿船类	G型	单檐歇山顶		八尺	一丈二尺五寸	九尺二寸	五丈七尺四寸	三尺五寸	咸丰年间		164-0065
扑拉船	殿船类	H型	过梁帐顶	二丈九尺九寸	五尺	七尺二寸	五尺四寸	二丈九尺	二尺二寸	咸丰年间		164-0065
翔凤艇	殿船类	F型	重檐攒尖顶		五尺	七尺二寸	五尺四寸	二丈九尺九寸	三尺五寸	咸丰年间	仿扑拉船	164-0065
太平船	殿船类				一丈三尺五寸	一丈七尺四寸	一丈四尺五寸	六丈八尺五寸	四尺五寸	咸丰年间		164-0065
平台船	殿船类	Ea型	平台顶		五尺四寸五分	七尺	六尺五寸	三丈三尺	三尺	咸丰年间		164-0065
平台船	殿船类	Eb型	平台顶，可登顶	三丈三尺	五尺四寸五分	七尺六寸	五尺九寸五分	一丈二尺二寸	三尺	咸丰年间	挂龙旗	051-0003-01
四罩船（月波舻）	殿船类	D型	四卷勾连搭顶	三丈四尺	四尺七寸	七尺五寸	五尺四寸	一丈四尺九寸	二尺四寸	咸丰九年		164-0008 051-0013-02
两罩船	殿船类	A型	卷棚顶	二丈八尺	四尺五寸	七尺二寸	五尺三寸	五尺八寸		咸丰年间		
两卷四罩船	殿船类	B型	双卷勾连搭顶	三丈四尺	四尺五寸	七尺五寸	五尺五寸	八尺二寸	二尺四寸			051-0002
小快船	快船类	A型	无	一丈八尺	二尺五寸	四尺五寸	三尺六寸		一尺六寸	咸丰年间		051-0013-02
小快船	快船类	B型	无	一丈三尺	二尺五寸	四尺	二尺八寸		一尺	咸丰年间		051-0010-01
现办快船	快船类	B型	无	一丈三尺	二尺五寸	四尺	二尺八寸		一尺			051-0010-02
大快船	快船类	A型	无	一丈八尺	二尺五寸	四尺五寸	三尺六寸		一尺六寸	道光十三年十月七日		002-0034
主位船	殿船类	Ea型	平台顶	三丈	五尺四寸六分（五分）	七尺六寸	五尺九寸八分	一丈	三尺	咸丰年间		051-0007

附：国家图书馆藏御船图样形制及船体数据统计表

船名	形制分类	形制分型	舱顶形制	通长	头宽	中宽	尾宽	通进深	舱深	年代	备注	索书号
红船	殿船类	Ea 型	平台顶	三丈三尺	五尺三寸五分	七尺四寸	六尺	一丈七尺	二尺九寸	咸丰年间		
茶膳船	殿船类	I 型	硬山顶	一丈八尺	二尺五寸	四尺五寸	二尺六寸		一尺六寸	咸丰年间	各三支，共六支	051-0011
一卷两罩绿船	殿船类	A 型	卷棚顶	二丈八尺	四尺五寸	七尺二寸	五尺三寸	五尺八寸	二尺二寸	咸丰年间		284-0022 284-0065
青雀舫	殿船类	A 型	卷棚顶	三丈三尺四寸	四尺三寸	七尺一寸	五尺五寸	四尺七寸	一尺七寸			164-0017
般若观	殿船类	A 型	卷棚顶	三丈二尺	四尺二寸	七尺一寸	五尺四寸	四尺九寸	一尺七寸五分		与青雀舫画在一幅图样上	164-0017
拟排造新船	殿船类	A 型	卷棚顶	二丈二尺	三尺九寸	六尺五寸	四尺八寸		二尺一寸	道光二十年		164-0036
镜中游	殿船类	A 型	卷棚顶	三丈四尺一寸	四尺三寸	七尺五寸	五尺四寸	一丈四尺六寸				164-0047
天上座（镜清舫）	殿船类	A 型	卷棚顶	三丈三尺九寸	四尺五寸	七尺五寸	五尺三寸					164-0042
得源	殿船类	A 型	卷棚顶	二丈八尺五寸	四尺五寸	六尺二寸	五尺五寸	三尺九寸	一尺			002-0038-02
一卷罩船	殿船类	A 型	卷棚顶		四尺五寸	七尺二寸	五尺四寸	三丈三尺九寸三分	三尺		有贴签，有前接平台和接单檐歇山顶两个方案	164-0009
涵碧舫	殿船类	A 型	卷棚顶		四尺五寸		五尺四寸	四尺八寸五分	一尺五寸五分			164-0030
旧有绿油船	殿船类	Ea 型	平台顶	三丈三尺	五尺四寸五分	七尺六寸	五尺九寸五分	一丈三尺一寸	一尺四寸五分	道光年间		164-0032 167-0179
新排船	殿船类	Ea 型	平台顶	二丈八尺	四尺五寸	六尺六尺	五尺	一丈二尺一寸	一尺四寸五分	道光年间	与旧有绿油船对比	167-0179
绿油船	殿船类	Ea 型	平台顶	三丈	四尺五寸	八尺二寸	五尺八寸	一丈三尺	一尺二寸			051-0008

后　记

庚子年初，一场突如其来的疫情打乱了所有人的生活。原计划正月初七开始上班的我，接到了单位的通知，要求全员居家隔离。一个没有明确复工时间的假期突然到来，很多日常工作也被迫居家展开。参加工作近八年，第一次有了大量的空余时间去支配，仿佛一下子回到了校园生活。八年前，我从来没有想到过我会到图书馆工作，也从没想过我的研究方向会由考古转向地图的整理研究。八年后，我已经习惯每天沉浸在故纸堆中，鉴定考证地图版本、编目地图书目数据、整理地图书库、更换地图装具等。从田野走向室内，八年以来，虽然我的工作内容发生了翻天覆地的变化，但探索历史真相的目的却始终没有改变。田野发掘时，老师曾告诉我们，地层就是祖先留给我们的无字天书，我们的工作就是像福尔摩斯探案一样，通过科学的发掘，层层揭开谜题，去解读这本无字天书，尽可能还原真实的历史。工作之后，研究对象从地层变成了地图，但解读历史的工作从未改变。怎样才能读懂古人绘制的地图，古地图怎样表达古人的思想，古地图都是在怎样的历史背景下完成的，又是怎样流传下来的……一系列未解之谜需要解答，我们终究要像福尔摩斯一样，去解决古地图中的一桩桩悬案。

既然生活按下了暂停键，我不如在这段时间里，重新解读古旧地图中的未解之谜。所以，我挑选了工作以来曾经接触到的一部分馆藏珍贵地图，将地图的绘制背景、绘制年代、作者信息一一考证。这些地图基本是明清时期采用传统形象画法绘制而成，精确程度一般，却更为生动直观。这些山水地图，具有传统山水画的意境，但却缺少最基本的版本信息。这为图书馆的地图编目工作带来极大困难，也无法为读者提供有效的资料获取信息。经过几个月的考证，书中涉及的大部分地图，著录信息都逐渐清晰。这样的考证工作，也算给图书馆的地图编目提供一部分基础支撑。由于国家图书馆馆藏古旧地图数量庞大，针对每幅地图的考证工作仍然十分艰巨。庆幸的是，在考证地图版本的过程中，一直有舆图组的各位同事并肩前行。如果说考证地图的工作像大山一样，那我们就都是搬山的小蚂蚁。大家相互鼓励，乐此不疲。最后，非常感谢同门师妹章懿对本书编辑校对的辛苦付出，本书才能得以顺利出版。

今天，开放的图书馆将曾经秘不示人的古旧地图陆续展示出来，供更多的人观览研究。读者与文献的距离拉近了，需求也提高了。作为负责地图采编的图书馆人，我希望更多的人有兴趣关注、了解古代地图，也希望当人们走进图书馆时，我们的地图考证可以为读者提供一些有用的线索。

任昳霏
辛丑年正月于京西寓所

附录　彩版目录

图书在版编目（CIP）数据

图绘山川：古代地图中的图像与历史 / 任映霏著. -- 北京：北京联合出版公司, 2021.7

ISBN 978-7-5596-5411-3

Ⅰ. ①图… Ⅱ. ①任… Ⅲ. ①山—历史地图—中国—古代—地图集 Ⅳ. ①K928.3-64

中国版本图书馆CIP数据核字（2021）第131461号

图绘山川：古代地图中的图像与历史

出 品 人：赵红仕
责任编辑：章　懿
出版发行：北京联合出版有限责任公司
　　　　　北京联合天畅文化传播有限公司
社　　址：北京市西城区德外大街83号楼9层
邮　　编：100088
电　　话：（010）64256863
印　　刷：北京天宇万达印刷有限公司
开　　本：787mm × 1092mm　1/16
字　　数：230千字
印　　张：17.5
版　　次：2021年7月第1版
印　　次：2021年7月第1次印刷
ISBN 978-7-5596-5411-3
定　　价：88.00元

文献分社出品